上海交通大学
人文社会科学成果文库

战争审判研究丛书

东京审判
史料研究

A Research on the Historical Materials of
the Tokyo Trial

赵玉蕙 著

上海交通大学出版社
SHANGHAI JIAO TONG UNIVERSITY PRESS

内容提要

本书系统地梳理了东京审判史料，对战后对日审判史料分布、整理与编纂情况做了详尽的介绍，并深入探讨和研究了远东国际军事法庭庭审记录的版本及翻译问题、国民政府南京审判中的 A 级罪行管辖权、萨顿检察官个人资料的收藏情况及其研究、《远东国际军事法庭庭审记录》检索工具及人名问题等。

图书在版编目(CIP)数据

东京审判史料研究/ 赵玉蕙著. —上海：上海交通大学出版社，2023.12(2025.3 重印)
 ISBN 978 - 7 - 313 - 28856 - 1

Ⅰ. ①东… Ⅱ. ①赵… Ⅲ. ①远东国际军事法庭－审判－史料 Ⅳ. ①D995

中国国家版本馆 CIP 数据核字(2023)第 103465 号

东京审判史料研究
DONGJING SHENPAN SHILIAO YANJIU

著　　者：赵玉蕙				
出版发行：上海交通大学出版社		地　　址：上海市番禺路 951 号		
邮政编码：200030		电　　话：021 - 64071208		
印　　制：上海盛通时代印刷有限公司		经　　销：全国新华书店		
开　　本：710 mm×1000 mm　1/ 16		印　　张：17.5		
字　　数：233 千字				
版　　次：2023 年 12 月第 1 版		印　　次：2025 年 3 月第 2 次印刷		
书　　号：ISBN 978 - 7 - 313 - 28856 - 1				
定　　价：98.00 元				

《战争审判研究丛书》编委会

（依姓氏笔画为序）

目 录

上篇　战后对日审判史料分布与概论

下篇　史料的利用与研究

绪　论

一、作为历史学研究对象的战后对日本战犯审判

20 世纪上半叶的两次世界大战深刻地影响了人类社会的历史进程，惨烈的战争促使人们反思战争的起因，寻找防止战争再度爆发的办法。当时的国际社会已经普遍认同限制作战行为的《海牙公约》和实施人道主义保护的《日内瓦公约》，而到了第二次世界大战后期，同盟国则进一步发展了侵略战争为国际犯罪的概念，并为确立侵略战争个人刑事责任而展开合作，最终付诸法律实践：1945 年 11 月 21 日和 1946 年 5 月 3 日，位于欧洲的纽伦堡审判和位于亚洲的东京审判相继开庭。这两个国际军事法庭确立了反和平罪（crimes against peace）和危害人类罪（crimes against human）的罪名，起诉并定罪了一批轴心国政府和军队的领导人，从而开启了国际刑法和国际人道法的新发展方向。可以说，以纽伦堡审判和东京审判为代表的一系列战争罪行审判代表了人类社会对于法和正义的不懈追求。在二战结束后的 70 多年间，战犯审判不断地成为不同学科的研究对象。

英国历史学者沃特（D. C. Watt）曾指出，在这个问题上，历史学家不同于法学家的研究视角：

从东京审判衍生出了一系列关于审判的合法性和正义性问题的

讨论。首先是印度的帕尔(R. B. Pal)法官在他的判决意见书中对此发起挑战,随后是英国上议院议员汉基男爵(Lord Hanky),再然后则是美国学者麦尼尔的《胜者的正义:东京战争犯罪审判》一书,该书代表了美国国内对卷入越南战争越来越激烈的反对之声。不过,对于把审判本身看作20世纪最重要和最有意义的历史资料库的历史学者以及本部索引的目标读者而言,麦尼尔提出的论题和他们基本是不相关的。[1]

　　沃特这番言论来自他为1987年出版的五卷本《东京战争罪行审判:索引与指南》撰写的介绍(其本人也是该出版项目的主管)。[2] 他紧接着说道:"历史学家需要知道的是怎样的历史发展导致了这些资料的汇集。"这就是他提出的对东京审判的"历史研究方法",即研究审判前史、那些被审判的人如何应诉、那些指控是如何以及为什么设定的。

　　表达类似观点的还有东京审判助理检察官之一刘子健先生——他并非与大多数同事一样为法学出身,而是在燕京大学专习历史,其晚年更是成为宋史研究大家。在东京审判期间,刘子健的工作重点是梳理和分析各类文书,为检方提交证据做准备。史学出身的他对待东京审判的种种资料始终抱有与法律人不尽相同的视角。他在审判结束两年后撰文写道:"国际检察局和辩方都只感兴趣于对各自立证有利的材料,自然地就会遗漏记录和证物中的许多历史性证据,何况不是所有的律师都熟悉日本各类政策的背景,因此许多本应被囊括进证据的文件都被排除在外……总之,东京审判的记录和证物为公众展示了大量的史料,许多研究都可基于此展开。而要进行彻底的历史研究,学者们必须走到那些律师

1　D. C. Watt, "Historical Introduction," in *The Tokyo War Crimes Trial: Index and Guide*, ed. John R. Pritchard and Sonia Magbanua Zaide (New York & London: Garland Publishing Inc., 1987), p. ix. 引文重点号为笔者所加。

2　John R. Pritchard and Sonia Magbanua Zaide, *The Tokyo War Crimes Trial: Index and Guide* (New York & London: Garland Publishing Inc., 1987).

们的前头去。"[1]

刘子健和沃特两位历史学者的意见基本概括了历史学家眼中的东京审判研究范畴。前者着眼于由审判所集结的庭审记录和证据文书对于研究日本当代史的丰富性与珍贵性,后者则侧重关心审判本身的历史,即使审判成为一个重要历史事件背后的各路推手,或者说实际上将东京审判作为20世纪前半叶这段风云变幻的历史进程中的一个重要节点,而审判如何在各方势力角逐之下一步一步形成和发展是其兴趣所在。这些都成为历史学家研究东京审判不同于法学家的地方。

然而在审判结束后相当长的时间内,对东京审判展开的学术研究在数量和质量上都无法和纽伦堡审判相比。沃特指出,造成这一情况的原因之一在于围绕东京审判的基本文献资料的发掘、整理和出版工作的滞后。东京审判仅在其两年多的庭审过程中所产生的法庭庭审记录就有近5万页(英文)。除此之外,还有检、辩双方提交的大量书面文件(包括成为法庭证据的文件和被驳回文件)以及审判之前国际检察局(IPS)的大量文献,其体量和内容的复杂性都大大超出了庭审记录。由于审判结束后的种种因素,这一系列文献资料的出版并不如纽伦堡审判相关文献那样一气呵成,反而是在十几年间断断续续,拖延日久。以庭审记录为例,完整的日文版庭审记录直到审判结束20年后才在日本出版,[2]英文庭审记录则要到1981年才由加兰德出版社出版了22卷本。[3] 其他重要的资料如证据文献和国际检察局文献长期以来只是默默地躺在档案馆中。

实际上不仅是东京审判,庞大的战后对日审判史料群在很长的时间里都没有得到妥善的整理、利用和研究。各国独立组织的BC级审判涉及地区广泛、审理案件数量巨大,有关史料大多不易获取。对于中国学者来说,

---

1　James T. C. Liu, "The Tokyo Trial: Source Materials," *Far Eastern Survey 17*, no. 14 (Jul. 28, 1948): 168-170.

2　極東国際軍事裁判所,『極東国際軍事裁判速記録』雄松堂書店、1968年。

3　John R. Pritchard and Sonia Magbanua Zaide, *The Tokyo War Crimes Trial* (New York & London: Garland Publishing Inc., 1981).

研究战后对日审判所遇到的史料匮乏问题更为突出。首先,由于中文并非法庭工作语言,东京审判相关的中文资料本来就十分稀少;其次,特定的时代背景和特殊的档案馆制度,使得关于中国与东京审判的档案资料在国内的保存情况难以明了。这些都阻碍了中国学者进行东京审判研究的脚步。

围绕审判形成的原始档案资料是一切严肃学术研究的基石,而在战后审判的前、中、后期,大量文献档案源源不断地产生,使得史料本身也成为研究对象,包括研究史料的产生、形成、流传,以及同一种文献的不同版本比较等问题。因此,对战后对日本战犯审判的史料进行系统的梳理和研究便成为本书写作的初衷。

二、本书的对象和结构

本书所指的战后对日审判,系第二次世界大战后同盟国在亚洲及太平洋地区展开的对日本战争罪行的审判。其中的远东国际军事法庭,即后世所称东京审判法庭,也是唯一一个 A 级战犯法庭。法庭于 1946 年 5 月 3 日开庭,1948 年 11 月 12 日判结,所有 25 名被告均被认定有罪,7 名被判处死刑,其余被判处有期徒刑或无期徒刑。此外在东京丸之内还设有一个准 A 级战犯法庭,以 BC 级战争罪行起诉其余的 A 级战罪嫌疑人。最后还有 50 余处同盟国独立组织的 BC 级战犯法庭,除了日本还分布在中国、澳大利亚、菲律宾等国家。因此围绕这些审判形成的档案文献都是本书涉及的对象。

本书分为上下两篇,上篇(第一至第三章)围绕以东京审判为代表的战后对日审判为中心的史料,对其类型、特点、内容以及史料的产生、整理和利用情况进行概述,并对目前东京审判相关史料在世界各地的机构收藏情况进行尽可能详细和系统的阐述。下篇(第四至第七章)则通过四个案例研究来揭示对战后对日审判史料进行利用和研究的可能方向。

上篇　战后对日审判史料分布与概论

第一章　东京审判史料：审判史与战争史

　　沃特和刘子健两位学者的论述不仅指明了从历史学角度对战后审判展开研究的意义，同时也点出了战后审判历史文献的两种类型：① 记述法庭本身的经历；② 对战争进行叙事。前者关心审判本身的历史，除了庭审期间不间断的文字和视频记录、法官团及检辩双方以及被告的各类信件、电报、备忘录等，更加不能忽略的还有法庭设立之前同盟国关于审判构想和建立的系列文件。通过它们可以做成一部完整的审判史，即东京审判作为 20 世纪前半叶这段风云变幻的历史进程中的一个重要节点，是如何在各方势力角逐之下一步一步形成和发展的。至于后者则着眼于由审判所集结的文献资料对于研究日本当代史的丰富性与珍贵性，包括体量庞大的法庭庭审记录和控辩双方提出的证据文献（包括被法庭接受和驳回的部分）。这些用于检辩双方在庭上相互攻防的资料在历史学家的眼中也是勾勒战争历史的素材。东京法庭的审理从某种程度上可视为一个构建 1928 年以来日本在亚洲地区发动侵略的战争史叙事的过程，而法庭判决书则是这一构建过程的最终成果。

　　这种分类逻辑同样可以扩展到整个战后审判的体系。出于典型性和审判规模的考虑，本章以战后对日审判中最重要的东京审判为对象，对涉及的两类史料进行介绍和分析。

一、审判的历史：同盟国战争罪行委员会的记录

同盟国战争罪行委员会(UNWCC)是二战后期同盟国之间合作的产物。1942 年 10 月 7 日，美国总统罗斯福向英国政府发出了"准备惩罚纳粹战争罪犯"的倡议。[1] 同日，这一倡议在英国上议院讨论通过，随后也得到了在伦敦的各国流亡政府和自由法国的响应。[2] 翌年，在伦敦召开的外交使团会议上，同盟国通过成立专门机构调查战争罪行的决议。1944 年，同盟国战争罪行委员会正式成立。委员会的具体任务是收集和记录证据资料、制作战犯名单、就法律问题进行讨论以及对相关政府提出

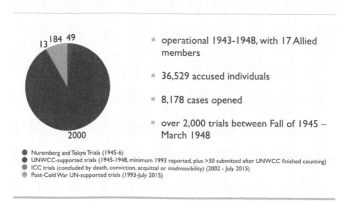

图 1-1　同盟国战争罪行委员会的资料类型(引自 Dan Plesch，*"Human Rights after Hitler: The Story of the UNWCC"*，http://www.unwcc.org)

1　Franklin D. Roosevelt, "Statement on the Plan to Try Nazi War Criminals," Online by Gerhard Peters and John T. Woolley, *The American Presidency Project*, accessed March 30, 2020, https://www.presidency.ucsb.edu/node/209969.

2　United Nations War Crimes Commission, *History of the United Nations War Crimes Commission and the Development of the Laws of War* (London: His Majesty's Stationery Office, 1948), chapter VI, pp. 109 - 111.

建议,但不具备搜查起诉的执行权与审判权。

同盟国战争罪行委员会及其远东小委员会应审判战犯的需求而设,该机构保存至今的档案总数超过 45 万页,不仅包括自身运作的所有会议记录和成员国互相往来的外交文件,还囊括了所有战犯审判的基本档案,完整地记录了战后审判这一史无前例的历史事件。

(一) 构想与调查

国际审判如何构思? 罪行如何调查? 罪名如何确定? 法庭如何设立? 同盟国之间经历了怎样的外交磋商才达成最后的合作? 在这些史无前例的战犯审判付诸实践之前,人们为了开展审判的前期工作付出了极大的努力。

同盟国战争罪行委员会在成立初期只针对纳粹德国的战争罪行展开调查。在中国和澳大利亚等国的建议下,委员会新设下辖远东及太平洋小委员会(FEC)(见图 1 - 2),1944 年年底成立于重庆,由曾担任中国外交部部长的王宠惠担任首任主席。1944 年 11 月 29 日至 1947 年 4 月 3 日之间,远东小委员会共召开了 38 次全体会议,针对日本在战争时期的国家政治、军事、外交等方面的文件、记录、档案展开收集、调查和分析工作。这些会议记录勾勒出了同盟国对日本战犯审判前期工作的轮廓:[1]

(1) 1944 年 11 月 29 日,首次会议(见图 1 - 3)选举主席、设立会议秘书处、讨论预算、委员会工作方式等。

(2) 1945 年 2 月 5 日,委员会开始接受国民政府战罪调查委员会的日本战争罪行调查。

(3) 1945 年 2 月 2 日,委员会"事实与证据"分支开始对提交的日本战罪指控逐条检视并定期汇报。

(4) 1945 年 8 月 17 日,第一批日本战犯名单提交讨论。

1　United Nations War Crimes Commission, "Summary Minutes of Meetings (S - 1841)," https://www.legal-tools.org/doc/25c73f.

（5）1945 年 9 月 21 日，第二批日本战犯名单提交讨论。

（6）1945 年 10 月 26 日，讨论美、澳、法提交的日本战犯名单。

（7）1946 年 3 月 8 日，讨论中国对日战犯逮捕和审判的进展。

（8）1946 年 4 月 3 日，审议并通过了由美国政府提出的"关于远东战争罪犯的逮捕和处罚的方针"文件。

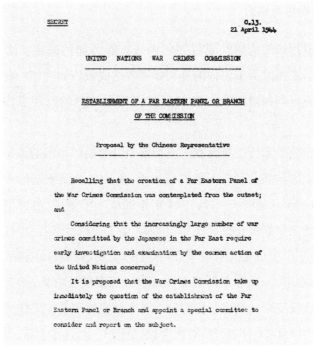

图 1-2　中国代表关于委员会设立远东分支的提议[1]

（二）法庭记录

在整个战后对日审判体系中，远东国际军事审判具有特殊和重要的意义——一则在于其首次使用"反和平罪"罪名的开创意义，二则在于其

1　UNWCC, "Establishment of a Far Eastern Panel or Branch of the Commission: Proposal by the Chinese Representative," https://www.legal-tools.org/doc/bla.

MINUTES OF THE INAUGURAL MEETING
OF THE FAR EASTERN AND PACIFIC SUB-COMMISSION
OF THE UNITED NATIONS WAR CRIMES COMMISSION.

- - - - - - - - -

Time and Place: 4 p.m. Wednesday, 29th November, 1944, at
305 Chung San Road, Chungking.

Representatives Present:

Mr. George Atcheson, Jr.	United States of America.
Mr. Keith Officer	Australia
Monsieur Robert Rothschild	Belgium
H.E. Dr. Wang Chung-hui	China
Assisted by: Dr. Wang Hua-cheng, Director Yang Yun-chu	
H.E. Mr. Stanislav Minovsky	Czechoslovakia
Monsieur Achille Clarac	France
Major A. Napier	India
H.E. Mr. A.H.J. Lovink	The Netherlands
H.E. Count Alfred Poninski	Poland
H.E. Sir Horace James Seymour	United Kingdom
Assisted by: Mr. G.V. Kitson	

- - - - - - - - -

H.E. Dr. Wang Chung-hui thanked all those present for
having accepted his invitation to attend the inaugural meeting
of the Far Eastern and Pacific Sub-Commission of the United
Nations War Crimes Commission.

1. Election of Chairman

Dr. Wang called the attention of the meeting to Article I.
Section 1 of the Rules as approved generally by the London
Commission at its Fifth Meeting on 18th January, 1944,
concerning election of the Chairman and also to Article III,
Rule 15 concerning the secret ballot.

Sir Horace Seymour stated that the Sub-Commission was
very fortunate in having as one of its members the Chinese
representative who is a gentleman very well known, in wisdom
and experience in the kind of work which the Sub-Commission
would be called upon to do and that he believed he was
expressing the wishes of all if he proposed the election of
Dr. Wang Ching-hui as Chairman of the Sub-Commission. The
motion was unanimously carried.

Dr. Wang expressed appreciation for the honour conferred
upon him and his country and expressed the confidence that
he would have the support and co-operation of his colleagues
in the task before them.

2. The following documents were distributed at the meeting:

a) List of Representatives. (Annex 1)
b) Rules (as approved generally by the London Commission at
   its Fifth Meeting on 18th January 1944). (Annex 2)
c) Report presented by the Chinese Representative on the
   establishment of the Far Eastern and Pacific Sub-Commission
   of the United Nations War Crimes Commission. (Annex 3)

The report was read before the meeting which had no
comments to make.

图 1-3　远东小委员会第一次会议记录[1]

参与者及审判的庞大规模。要了解和研究这样一场具有开创意义并且规模庞大的国际审判,最直接的资料来自法庭庭审记录。《远东国际军事法庭宪章》规定审判语言为英语和日语,故东京审判的庭审记录也存在英文(见图 1-4)和日文(见图 1-5)两种文本。从 1946 年 4 月 29 日检方向法庭正式提交起诉书开始,直至 1948 年 11 月 12 日宣判结束,每天的庭审

1　https:// www. legal-tools. org/ doc/ b7f069/.

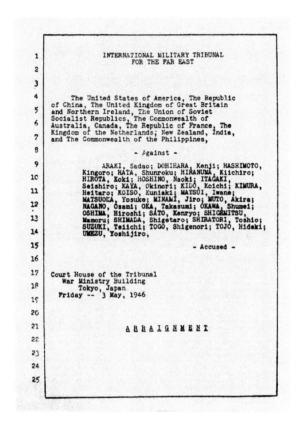

图 1-4　远东国际军事法庭庭审记录英文版,1946 年 5 月 13 日
（Microfilm M1666,RG331,NARA）

均配有专门速记员进行记录。在审判期间,英文的记录由法庭事务局逐日印刷并在第二天分发给法官、检察官、辩护律师等相关人员,而日文记录完成的速度要慢很多,经常要拖后一个月左右的时间。[1]

　　英、日文庭审记录在内容上的差异将在本书下篇谈及。此处要说的是,尽管两种文字的庭审记录在排版上有所不同,但两者都基本忠实地还原了庭审原貌。不仅包括各方当事人——庭长、检察官、辩护人、证

1　据大岛浩的辩护律师岛内龙起回忆,庭审记录的英文版当日即完成校对印刷,次日开庭前即分发给法官、检察官、辩护律师;日文记录大致隔月才能印出。岛内龍起,『東京裁判弁護雑録』,信山社,1973 年,第 417 頁。

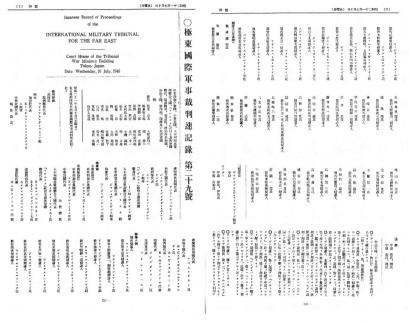

图 1-5　远东国际军事法庭庭审记录日文版(1946 年 7 月 10 日)[1]

人——在法庭上的一切正式发言,包括举证、作证、质询、辩论乃至围绕法庭程序进行的激烈争吵,连支撑法庭运作的秘书处、文件部、行政部、语言部等机构的工作痕迹也事无巨细地囊括其中。例如法庭的翻译工作:在每日的庭审记录首页都记载了当天的口译员和速记员的姓名,而记录中亦时常可以看见因口头或书面翻译问题导致的审理中断,再由语言部负责人进行纠正和解释的情况。从某种程度上说,包括判决书在内的 49 858 页的庭审记录可以视作这场长达两年半审判的一部"起居注",是了解东京审判最基本的文献。

参与审判的当事人们围绕东京审判留下的个人文书则提供了审视东京审判这一历史事件的多重视角。庭长澳大利亚人韦伯(Webb)、荷兰法官勒林(Rolin)、法国法官贝尔纳(Bernard)、印度法官帕尔(Pal)、菲律宾

1　『極東国際軍事裁判速記録』,雄松堂書店、1968 年。

法官哈拉尼利亚(Jarnilla)都留下了区别于法庭判决书(又称多数意见书)的反对意见或个别意见。此外还有法官、检察官、辩护人关于审判的通信、电报、日记、回忆录、著作等。[1] 这些作者多半是杰出的法律工作者，他们的这些文字跳出了审判的内部框架，打上了个人立场的烙印，同样是研究东京审判本身极其重要的历史文献。

二、战争叙事：销毁的档案与检方的策略

从 1945 年 9 月初驻日盟军开始逮捕战争罪犯嫌疑人起，到 1946 年 5 月 3 日远东国际军事法庭正式开庭，法庭筹备经历了 8 个月的时间。刨去各国检察团的磨合、被告的确定、起诉书的制作等环节，留给检方搜集证据的时间十分紧迫。法庭要审理的是日本自 1928 年以来在中国和亚洲各地计划发动和实施侵略战争的罪行——对检方来说，这不啻为一项艰巨的档案资料挖掘工作。然而，一个巨大客观困难在于：大量档案遭到销毁。

日本于 1945 年 8 月 15 日宣告投降，9 月 2 日正式签署投降文书。恰是在这两周的时间里，政府下令销毁包括军队机密档案在内的大量日本军事活动相关档案。东京俘虏营负责人在 1945 年 8 月 20 日向日本占领的各地区发去电报指示：

> 对于虐待俘虏和拘禁人员或者对俘虏怀有非常之憎恶感情的职员，此时允许将他们转调他处或一律作行踪不明处理。又，被敌方掌

1　这些出版物包括但不限于：梅汝璈：《东京审判亲历记》，上海交通大学出版社，2016；梅小璈、梅小侃编：《梅汝璈东京审判文稿》，上海交通大学出版社，2013；倪征燠：《淡泊从容莅海牙》，法律出版社，1987；B. V. A. Röling and Antonio Cassese, *The Tokyo Trial and Beyond: Reflections of a Peacemonger* (London: Polity Press, 1993)；島内龍起，『東京裁判弁護雑録』，信山社，1973 年；菅原裕，『東京裁判の正体』，國書刊行会，2007 年；David Nelson Sutton, "The Trial of Tojo: The Most Important Trial in All History?" *American Bar Association Journal* 36, no. 2 (Feb. 1950): 93 - 96, 160 - 165.；James T. C. Liu, "The Tokyo Trial: Source Materials", *Far Eastern Survey* 17, no. 14 (July 28, 1948): 168 - 170.

管后不利于己的文件与机密文件一样用毕后必须销毁。[1]

　　根据 2003 年日本防卫厅战史室的估计,日本在战败时毁掉了多达七成的军事档案。[2] 这一行动的重要目的之一自然是防止盟军深入调查战争罪行,所以东京审判的检方无法像他们在纽伦堡的同事们那样以文献为中心(盟军在德国尚未投降时已攻入其国境内,随即扣押了大量政府和军队档案)展开检控工作。这种情况经检方在法庭上一再披露而为法庭所知悉。另一方面,法庭对于检辩双方证人往往不甚满意,认为"他们冗长模棱两可的言辞和遁词,只会引起不信任"。[3]

　　在这种困难的境况下,国际检察局除了继续寻找尚存的政府档案,还采取了大规模的讯问手段来获取情报。讯问的对象是驻日盟军司令部自 1945 年 9 月开始陆续逮捕的 127 名战犯嫌疑人以及一些其他的证人。这一工作基本上都由以季南为首的美国检察人员完成,因为在国际检察局 1946 年 12 月 8 日成立之初,全部工作人员均为美方人员。也许是知晓日本政府销毁档案的行动,他们几乎将所有的精力都投入到对嫌疑人的讯问中去,由此产生了大量的讯问记录。

　　不过美国人这一做法遭到了迟些抵达的他国检察团,尤其是英联邦检察官们的批评,认为他们没有对从日本政府处搜集来的文书给予充分的关注。新西兰检察官罗纳德·亨利·奎廉(Ronald Henry Quilliam)在写给本国政府的报告里谈道:"讯问耗费了几个月的时间,到现在却几乎没有做出什么有益的工作。另一方面,调查日方政府档案这项显而易见的工作从一开始就十分懈怠,导致困难丛生。"[4]

1　NARA, *Transcripts of the Proceedings of the International Military Tribunal for the Far East*, M1666／RG331, pp. 14705 – 14706.
2　吉田,『敗戦前後における公文書の焼却と隠匿』;战败时档案销毁更详细的研究亦可参考 Bradsher, *World War II Japanese Records*.
3　张效林节译,向隆万、徐小冰等补校译:《远东国际军事法庭判决书》,上海交通大学出版社,2015,第 9 页。
4　The New Zealand Associate Prosecutor, International Military Tribunal for the Far East, to the Secretary of External Affairs *Documents on New Zealand External Relations*, Vol. II: *The Surrender and Occupation of Japan* (June 17, 1946), pp. 1599 – 1600.

不过，奎廉的指责也不完全正确。美国检察官们的确耽搁了确定被告和制作起诉书的时间，但不可否认的是这一工作对日后检方的举证起到了重要作用：不但一些重要证人的讯问记录本身频频成为检方提交的证据，而且通过讯问嫌疑人，检方顺藤摸瓜地找到了足以使辩方无可辩驳的几种重要文献。正如法庭在判决书中写道：

> 正式记录的丧失，是由于对日空袭中的烧毁和投降后陆海军的故意销毁……虽然正式文件的丧失，对我们探求事实是不利的，但我们从其他出处获得了大量有关的情报。在非正式的或至少是半正式性质的此类证据中，有被告木户的日记，和西园寺-原田回忆录。[1]

《木户日记》《西园寺-原田回忆录》连同《国际检察局讯问记录》代表了东京审判史料的另一个类型，它们虽然也属于重要的法庭文献，但更大的意义在于它们同样是日本近代史和二战史的重要资料。我们接下来将对这三种资料的史料价值以及检方的使用情况做出进一步的分析。

三、《国际检察局讯问记录》

保存在美国国家档案馆的国际检察局档案显示：当时检方曾先后对400 余人进行讯问，涉及日本政治、军事、财经、媒体等各领域人士，包括后来的 28 名被告以及未受到起诉的犯罪嫌疑人，此外还有对一些团体机构（如樱会）的调查，总共有 470 个案卷。[2]

1　张效林节译，向隆万、徐小冰等补校译：《远东国际军事法庭判决书》，上海交通大学出版社，2015，第 10 页。

2　Numerical Case Files Relating to Prticular Incidents and suspected War Criminals, International Prosecution Section, 1945 - 1947, RG331, Microfilm, NARA.

表 1－1　IPS 讯问记录案卷

编　号	内　容	编　号	内　容
1	东乡茂德	34	伊藤整一
2	畑俊六	35	及川古志郎
3	梨本宫守正	36	岛田繁太郎
4	杉山元	37	冈敬纯
5	木户幸一	38	中原义正
6	日本进攻计划	39	御宿好
7	日本进攻关岛计划	40	武井大助
8	日本进攻马来亚计划	41	都筑伊七
9	犬养健	42	副岛大助
10	中冈（人名不全）	43	日本政府销毁机密文件
11	山本五十六	44	朝香宫鸠彦
12	渊田美津雄	45	筱冢义男
13	片桐英吉	46	山下奉文
14	平田升	47	东久迩宫稔彦
15	伏见宫博恭	48	土肥原贤二
16	赤松克麿	49	贺屋兴宣
17	赤松贞雄	50	木村兵太郎
18	寺内寿一	51	西尾寿造
19	永野修身	52	安藤纪三郎
20	东条英机	53	多田骏
21	宣战	54	鹿子木员信
22	樱会	55	和田雄四郎
23	日本进攻珍珠港计划	56	桥田邦彦
24	吉田善吾	57	白鸟敏夫
25	保科善四郎	58	荒木贞夫
26	德永荣	59	近卫文麿
27	岩村清一	60	真崎甚三郎
28	盐泽幸一	61	松井石根
29	加藤隆义	62	小矶国昭
30	田中肥后太郎	63	降幡敏
31	百武源吾	64	富冈定俊
32	尾畑茂纯	65	石川信吾
33	泽本赖雄	66	小泉亲彦

编　号	内　容	编　号	内　容
67	有马高泰	101	日本海军司令部
68	平出英夫	102	内阁
69	星野直树	103	东条内阁
70	寺岛健	104	松本俊一
71	井野硕哉	105	葛生能久
72	井上保雄	106	源田实
73	福崎升	107	久原房之助
74	佐佐木彰	108	河田烈
75	三代辰吉	109	田边治通
76	南次郎	110	风见章
77	岸信介	111	秋田清
78	渡边安次	112	左近司政三
79	拘捕战犯	113	丰田贞次郎
80	铃木贞一	114	村田省藏
81	本庄繁	115	内容缺失
82	三户寿	116	金光庸夫
83	三川军一	117	石黑忠笃
84	大森仙太郎	118	松冈洋右
85	宇垣缠	119	藤井茂
86	黑岛龟人	120	相泽三郎
87	佐藤胜也	121	井上成美
88	福留繁	122	高桥伊望
89	森山锐一	123	高田利种
90	八田嘉明	124	樋端久利雄
91	谷正之	125	冢原二四三
92	岩村通世	126	鱼住治策
93	日本广告人报	127	杉藤马
94	小林一三	128	高桥千隼
95	柳川平助	129	草鹿龙之介
96	小川乡太郎	130	冈田次作
97	安井英二	131	大田香苗
98	小仓正恒	132	佐薙毅
99	日本战犯名单	133	草鹿任一
100	日本陆军司令部	134	三代辰吉

编　号	内　容	编　号	内　容
135	永田茂	169	高桥三吉
136	南云忠一	170	高地茂都
137	金冈知二郎	171	后宫淳
138	柿本权一郎	172	德富猪一郎
139	天谷孝久	173	丰田副武
140	白石万隆	174	津田信吾
141	近藤信竹	175	横山雄伟
142	细萱戊子郎	176	佐藤贤了
143	山本亲雄	177	近藤一马
144	柳泽藏之助	178	盐野季彦
145	清水光美	179	长友次男
146	松平恒雄	180	四天王延孝
147	渡边安次	181	正力松太郎
148	渡边安次	182	大川周明
149	藤田正路	183	樱井兵五郎
150	来栖三郎	184	太田正孝
151	加濑俊一	185	笹川良一
152	小林跻造	186	太田耕造
153	阿部信行	187	下村宏
154	野村吉三郎	188	小野耕一
155	山本英辅	189	大仓邦彦
156	真田穰一郎	190	冈部长景
157	有末精三	191	能见俊夫
158	门胁季光	192	中岛知久平
159	田中耕二	193	中村明人
160	藤田正路	194	儿玉誉士夫
161	牛场有彦	195	松阪广政
162	坂本瑞男	196	牟田口廉也
163	冈崎胜男	197	水野练太郎
164	日本投降代表	198	本多熊太郎
165	日本驻马尼拉投降代表	199	太田一郎
166	塚本清	200	河边正三
167	田尻爱义	201	木下荣市
168	水野伊太郎	202	小林顺一郎

编　号	内　　容	编　号	内　　容
203	菊池武夫	237	西春彦
204	松本俊一	238	上野图书馆
205	上砂胜七	239	暴行
206	石田乙五郎	240	监禁或下令拘留者名单
207	池崎忠孝	241	内容缺失
208	石原广一郎	242	理查德·H. 吉利兰德
209	池田成彬	243	道格拉斯·L. 华道夫
210	井田磐楠	244	汉斯·H. G. 施塔莫
211	平沼骐一郎	245	埃里希·博尔茨
212	广田弘毅	246	汉斯·乌尔里希·冯·马尔西塔勒
213	有马赖宁	247	大岛浩
214	鲇川义介	248	山冈万之助
215	青木一明	249	任务分组
216	天羽英二	250	爱国团体
217	藤原银次郎	251	政治团体
218	古野伊之助	252	日本报纸资料
219	乡古洁	253	参考书和期刊
220	秦彦三郎	254	裕仁天皇
221	后藤文夫	255	真藤慎太郎
222	太田三郎	256	冯·米尔巴赫·盖尔等
223	河边正三	257	石渡庄太郎
224	军务局	258	町野武马
225	财阀	259	日本政府机构
226	黑龙会	260	秘密情报提供者
227	国本社	261	日本兴亚同盟
228	太田知庸	262	审判
229	石原莞尔	263	若杉要
230	萨缪尔·E. 希利	264	武藤卓雄
231	约翰·雷纳德	265	大达茂雄
232	詹姆斯·J. 盖因	266	绪方竹虎
233	乔·B. 亚历山大	267	土方武彦
234	田中隆吉	268	纸芝居名单
235	田中新一	269	贺川丰彦
236	山本雄一		

编　号	内　容	编　号	内　容
270	特务机关	304	勒鲁瓦·H. 巴纳德
271	加藤外松	305	宇佐美珍彦
272	伊泽多喜男	306	哈尔·K. 约翰森
273	今村均	307	查尔斯·H. 哈奇
274	浜口雄幸	308	奥尔维·C. 普莱特
275	若槻礼次郎	309	威廉·A. 哈迪
276	犬养毅	310	威廉·O. 波特
277	斋藤实	311	查尔斯·R. 科尔特
278	冈田启介	312	杰罗姆·W. 桑德维斯
279	搜查文件	313	约翰·A. 卡斯塔尼亚
280	战俘	314	约翰·W. 科尔曼
281	须磨弥吉郎	315	N. A. 哈洛兰
282	松岛肇	316	A. B. 查普曼
283	大本营	317	内田祥三
284	最高战争指导会议	318	山田乙三
285	违反公约	319	武藤章
286	鸦片	320	黑田重德
287	安倍源基	321	末次信正
288	金泽正夫	322	乔治·R. 思普雷恩
289	荒尾兴功	323	内洛·V. 费拉拉
290	中村胜平	324	尤金·奥特
291	若槻礼次郎	325	大河内正敏
292	犬养毅	326	酒井忠正
293	斋藤实	327	古田俊之助
294	冈田启介	328	安田一
295	林铣十郎	329	原田熊雄
296	平沼骐一郎	330	约瑟夫·阿尔伯特·梅辛格
297	米内光政	331	秋水月三
298	田中义一	332	亚历山大·休斯
299	关东军	333	约翰·J. 霍兰德
300	九一八事变	334	施塔茨哈特·沃尔塔特
301	血盟团事件	335	C. P. 瓦德鲍尔
302	二二六事件	336	莉莉·阿贝格
303	中日战争	337	日高信六郎

编 号	内 容	编 号	内 容
338	月曜会	372	本尼迪特・J. 菲兹杰拉德
339	番町会	373	伯纳德・M. 费尔德曼
340	土曜会	374	丹尼斯・J. 弗莱明
341	誠司（Seiji）1	375	谷寿夫
342	昭三（高桥 Shozo）	376	内阁企划院
343	桥本欣五郎	377	森恪（人名不全）
344	东亚研究所	378	证人
345	有田八郎	379	托管岛屿
346	渡边三郎	380	次田大三郎
347	谷寿夫	381	田代重德
348	酒井隆	382	今井（人名不全）
349	矶谷廉介	383	板垣征四郎
350	影佐祯昭	384	小畑英良
351	川口清健	385	竹内可吉
352	和知鹰二	386	益男（Masuo）
353	奥特・罗维	387	下村定
354	沃伦・霍华德・瓦格纳	388	喜多诚一
355	宇垣一成	389	西义一
356	秋山定辅	390	大桥忠一
357	民间审查部	391	建川美次
358	大政翼赞会	392	寺崎太郎
359	威廉・D. 里瑟	393	植田谦吉
360	兴亚院	394	梅津美治郎
361	英日谈判	395	威廉・C. 普劳特
362	镝木正隆	396	长浜彰
363	宪兵队	397	本间雅晴
364	巴莫	398	富兰克林・E. 肯那默
365	铃木贞一	399	田边盛武
366	内容缺失	400	卡尔・豪斯霍费尔
367	长谷川清	401	坪上贞二
368	大角岑生	402	詹姆斯・M. 麦克埃文
369	笠井重治	403	植田军吉
370	M. D. 奥尔	404	吉田茂
371	哈罗德・C. 诺顿	405	大东亚省

1 不能确定对应汉字，后统加"（音）"。

编　号	内　　容	编　号	内　　容
406	币原喜重郎	439	占领南京
407	重光葵	440	对满洲的军事侵略
408	塚田攻	441	日菲关系
409	后藤让	442	内容缺失
410	田辺寅一（Tabei Toraichi）	443	对战俘和平民的犯罪
411	山本長重（Yamamoto Nagashige）	444	对中国的军事侵略
412	増永常男（Matsunaga Tsuneo）	445	对中国的经济侵略
413	岛田清	446	日本的全面备战
414	桑原义己（Kuwabara Yoshiki）	447	战争舆论准备工作
415	桥本清吉	448	对德意法泰关系
416	江口航	449	对苏关系
417	上村千男	450	对美英关系
418	加瀬俊一	451	对荷葡关系
419	梅沢道春（Umezawa Michiharu）	452	内容缺失
420	石井敬之	453	若松只一
421	寺崎英成	454	笠木良明
422	绪方勉	455	总力战研究所
423	吉田直	456	鸠山一郎
424	安保清种	457	河边虎四郎
425	桂广太郎	458	德川义亲
426	里见甫	459	苏联人的讯问
427	田村浩	460	木原次太郎
428	菅波三郎	461	大山文雄
429	宫川恒夫（MiyagawaTsuneo）	462	同交会
430	泽拉乌丁·巴索（Serajudin Baso）	463	机密费
431	福原功男（Fukuhara Isao）	464	临时满洲开拓民审会议
432	高畑吉彦（Takabatake Yoshihiko）	465	冈村宁次
433	堀切善兵	466	国策研究会
434	芳泽谦吉	467	报纸名称一览
435	清水行之助	468	原田回忆录
436	宣传和出版官制	469	地缘政治学协会
437	四方谅二	470	河边正三
438	龟井贯一郎		

在有限的准备时间里，国际检察局之所以选择首先展开大规模的讯问活动的主要原因是：初来乍到的美方团队既缺乏对日本社会情况的了解，又面临大量政府文书销毁的局面。采取侦讯的办法既可以摸排嫌疑人，同时也能积累书面证据。尽管随后到来的英联邦检察官集体抨击了这一做法，但讯问工作还是一直持续到开庭以后。不可否认的是，讯问工作对检方在被告人选的最终确定上起到了直接作用，同时检方极为重要的日方证人田中隆吉、书面证据《木户日记》和《西园寺-原田回忆录》都是通过这一途径发掘取得的。

进一步地从史料价值来说，国际检察局的讯问行动网罗了日本战前和战时大部分的政治家、军人、官僚、财经界和媒体界的精英人士、右翼活动家，甚至皇族和天皇重臣。由于讯问直接关系到被告的选定，被讯问对象在"可能成为被告"这一极端情况下，面对同一问题，纷纷出现了内容多歧的回答，不啻为一出深刻的人性戏剧。此外，除最终被告以外的其他嫌疑人如何免于起诉的内里缘由也从讯问记录的方方面面显示出来。今后涉及28名被告及东京审判相关人物的传记或者论述时，这些将是必然要参照的记录。综合这些讯问内容，后世学者给予了极高的评价，粟屋宪太郎在其主编的资料集《国际检察局讯问记录》序言中强调这些资料"不仅是东京审判研究，更是对研究十五年战争史具有第一等的价值"。[1]

表1-2展示了《国际检察局讯问记录》在法庭上作为证据文件使用的情况，共有175件讯问记录文件被接受。在涉及的审理内容上，它们涵盖了检方"对满洲的军事支配""向中国本土的扩大侵略""对满洲和中国[2]的经济控制""德意日轴心同盟""三国对苏联的共同谋议""美日交涉""珍珠港事件""太平洋战争""对俘虏及平民的暴行"等大部分立证阶段和最后的个人证据追加补遗阶段。值得注意的是，除去检方对这批文献的大规模利用，还有19份证据系辩方呈上法庭，双方截取内容不同，立

1　粟屋憲太郎、吉田裕『国際検察局(IPS)尋問調書』、日本図書センター、1993年。
2　文件原文如此。"满洲"指伪"满洲国"，"中国"指中国的其他地区。

场也针锋相对。这不但显示了双方在带有明显英美法特征的东京法庭上抗辩与举证的激烈程度，也从另一角度说明国际检察局留下的讯问记录内容的丰富性与复杂性，这恰恰需要后世学者仔细研究。

表 1 - 2　作为法庭证据的《国际检察局讯问记录》

法庭证据[1]	内　　容
PX187 - A - W	由同盟国实施的对被告[2]荒木贞夫讯问笔录摘要
PX 188 - A	由同盟国实施的对被告荒木贞夫讯问笔录(1946/2/15)：被告荒木就任陆军大臣后占领东四省决定时期
PX 188 - B	由同盟国实施的对被告荒木贞夫讯问笔录摘要(1946/2/19)：为整肃满洲与首相、大藏大臣、书记官长商量
PX 188 - C	由同盟国实施的对被告荒木贞夫讯问笔录摘要： (1) 占领范围从东三省向东四省扩大； (2) 枢府本会议(1931/2/17)：通过占领东四省军事预算
PX 188 - D	由同盟国实施的对被告荒木贞夫讯问笔录(1946/2/8)：荒木承认东四省的主权归中国
PX 188 - E	由同盟国实施的对被告荒木贞夫讯问笔录(1946/2/13)摘要：为达成占领东四省之命令
PX 229	PX187 - E、PX187 - H[3]"由同盟国实施的对被告荒木贞夫讯问调查书"摘要：承认"满洲国"独立问题
PX 255	由同盟国实施的对被告武藤章讯问笔录(1946/4/16)：俘虏待遇
PX 256	由同盟国实施的对被告畑俊六讯问笔录(1946/1/14)：被告的经历、在中国日本军的目的、夺取杭州之战
PX 257	由同盟国实施的对被告松井石根讯问笔录(1946/3/8)：南京事件
PX 258	由同盟国实施的对被告桥本欣五郎讯问笔录："帕奈"号事件
PX 453 - A	由同盟国实施的对被告星野直树讯问笔录摘要：满洲的产业经济和企划院的任务
PX 454	由美国战略轰炸调查团实施的对被告星野直树讯问调查书(1946/11/19、22、28)摘要：满洲的产业经济、企划院的任务、对美战争的展望

1　远东国际军事法庭证据编号以字母"PX"代表检方的证据，当一份证据文件本身内容较多时，往往会从中择紧要部分加以摘录数份，另附证据之后，同时在证据编号后缀以大写字母A、B、C、D等表示。

2　本表中内容为检方提交的证据，是检方对所摘录的部分日记的重新命名，并非日记原文，"被告"二字代表检方逻辑。

3　PX187 - E、PX187 - H 为原证据编号，PX229 为对这些证据的再度摘要的编号。后同。

法庭证据	内　　容
PX 477	由同盟国实施的对被告大岛浩讯问笔录摘要 1：预备《防共协定》的交涉（1935/6-10）
PX 478	由同盟国实施的对被告大岛浩讯问笔录摘要 2：《防共协定》交涉系军方当局所为、军方能强加意志于政府
PX 487	由同盟国实施的对被告大岛浩讯问笔录摘要 1：1938 年日德军事合作与被告大岛的职责
PX 488	由同盟国实施的对被告大岛浩讯问笔录摘要 2：1938 年日德军事合作与被告大岛的职责
PX 490	由同盟国实施的对被告大岛浩讯问笔录摘要 3：《防共协定》的扩张——意大利的加入
PX 497	由同盟国实施的对被告大岛浩讯问笔录摘要：1938 年以降三国同盟交涉
PX 604	由同盟国实施的对被告大岛浩讯问笔录摘：德同意不单独与美国讲和
PX 733	由同盟国实施的对被告松井石根讯问笔录（1946/4/25）
PX 768 - A	由苏联实施的对被告平沼骐一郎的讯问笔录（1946/4/24）摘要：关于诺门坎事件被告平沼首相的责任
PX 776 - A	由同盟国实施的对被告大岛浩的讯问笔录（1946/4/22）摘要：《防共协定》的根本问题及其对象
PX 811	PX776"由同盟国实施的对被告大岛浩讯问笔录（1946/4/22）"摘要：野原驹吉（柏林大使馆发言人）宣誓供述书（1946/2/15）——对德提供苏联情报
PX 1109	由同盟国实施的对被告东条英机讯问笔录（1946/1/3）的出处、真实性证明书
PX 1110 - A	由同盟国实施的对被告东条英机讯问笔录（1946/2/13）摘要：御前会议的奏请者是被告东条陆军大臣
PX 1119 - A	由同盟国实施的对被告东条英机讯问笔录（1946/3/15）：政府大本营联系会议的决定方式
PX 1123	由同盟国实施的对被告东条英机讯问笔录（1946/2/13）摘要：法属印度支那驻军的职责
PX 1124 - A	由同盟国实施的对被告东条英机讯问笔录（1946/2/15）摘要：法属印度支那驻军开战时的行动
PX 1126 - A	由同盟国实施的对被告永野修身讯问笔录（1946/3/21）摘要：山本大将的攻击珍珠港计划
PX 1127 - A	由同盟国实施的对被告永野修身讯问笔录（1946/3/27）摘要：山本大将的攻击珍珠港演习
PX 1128 - A	由同盟国实施的对被告岛田繁太郎讯问笔录（1946/1/23）摘要：攻击珍珠港的计划、训练、攻击状况

法庭证据	内　容
PX 1136 – A	由同盟国实施的对被告东条英机讯问笔录（1946/2/23）摘要：御前会议（1941/9/6）召集的目的
PX 1137 – A	由同盟国实施的对被告东条英机讯问笔录（1946/3/11）摘要：御前会议（1941/9/6）后的战争准备
PX 1153 – A	由同盟国实施的对被告东条英机讯问笔录（1946/2/11）摘要：近卫内阁辞职与被告东条英机的职责、作为陆军大臣的东条反对撤兵中国、主张对美开战
PX 1157 – A	由同盟国实施的对被告东条英机讯问笔录（1946/1/28）摘要：被告东条英机首相的政策——大东亚新秩序
PX 1157 – B	由同盟国实施的对被告东条英机讯问笔录（1946/1/28）摘要：欧洲、亚细亚新秩序的范围
PX 1157 – C	由同盟国实施的对被告东条英机讯问笔录（1946/1/28）摘要：新秩序的道义精神、八纮一宇
PX 1158 – A	由同盟国实施的对被告东条英机讯问笔录（1946/3/12）摘要：御前会议（1941/9/6）后的日美交涉与战争准备
PX 1197 – A	由同盟国实施的对被告永野修身讯问笔录（1946/3/26）摘要：赞成攻击珍珠港计划的时间是 1941 年 11 月底、与联合舰队司令长官山本的意见之抵触
PX 1201 – A	由同盟国实施的对被告东条英机讯问笔录（1946/2/20）摘要：最后通牒递交时间之陛下的悬念
PX 1202 – A	由同盟国实施的对被告东条英机讯问笔录（1946/3/18）摘要：最后通牒承认的责任与决定递交的时间
PX 1203 – A	由同盟国实施的对被告东条英机讯问笔录（1946/2/21）：最后通牒发出的时间、以外务大臣责任发出
PX 1204 – A	由同盟国实施的对被告东条英机讯问笔录（1946/2/19）摘要：偷袭的必要性与国际法的观点
PX 1205 – A	由同盟国实施的对被告东条英机讯问笔录（1946/2/18）摘要：作为宣战通告的最后通牒、自卫权
PX 1206 – A	由同盟国实施的对被告东条英机讯问笔录（1946/3/26）摘要：最后通牒的内容决定责任、对美国总统亲电的见解
PX 1207 – A	由同盟国实施的对被告东条英机讯问笔录（1946/3/11）：最后通牒的内容决定责任者、递交手续
PX 1209 – A	由同盟国实施的对被告东条英机讯问笔录（1946/2/8）摘要：御前会议（1941/12/1）出席者
PX 1243 – A	由同盟国实施的对被告东条英机讯问笔录（1946/2/7）摘要：对美英攻击的责任者

法庭证据	内　容
PX 1244 – A	由同盟国实施的对被告东条英机讯问笔录(1946/3/1)摘要：得知攻击珍珠港的时间、攻击不是杀人而是直面挑战的正当防卫
PX 1639 – A	对海军下士 S. L. 贝克美讯问调查书摘要：从威克岛出发前往横滨的"新田"号在乘船时、航海中对俘虏的虐待等
PX1693 – A	对荷兰王国荷属东印度军卢帕特讯问报告书(1945/6/25)摘要：巴厘巴板战俘营里对 3 名荷兰人俘虏的斩首处刑(1944/3)
PX 1696 – A	对海军中尉山本惣一讯问调查书摘要：在马辰港海军进行的杀害(1943/10 – 1944/6)
PX 1698 – A	对日本特警队翻译员 S. 林讯问调查书摘要：在婆罗洲西部山口洋对 130 名中国人的处刑(1944/8)
PX 1700 – A	荷兰军情报部报告书 817 号：对赛曼讯问调查书摘要：在哥打巴鲁对 7 名民众未经审判杀害(1944/7)
PX 1706 – A	荷兰王国荷属东印度军队陆军上尉莱德尔讯问报告书(1945/9/11)摘要：爪哇西部卡利贾蒂的大量虐杀
PX 1831 – A	对日本海军下士吉崎清里讯问记录摘要：在萨拉哈战俘营将 3 名美国飞行员斩首
PX 1846	对第三十六师团第五十三野战高射炮队陆军大尉小野悟讯问记录
PX 1847 – A	对藤村部队陆军大尉加藤喜八郎讯问记录摘要：在奥特库瓦对澳军的处刑
PX 1875 – A	对日本宪兵队第十七部队渡边薰大尉、同部队伊藤太一少佐讯问记录摘要：将 2 名迫降美军飞行员斩首
PX 1878 – A	对中国台湾人金城福讯问记录摘要：在巴拉莱岛上杀害 600 名白人俘虏
PX 1880 – A	对塔拉瓦的讯问记录摘要：在贝利奥将 22 名白人俘虏斩首
PX 1883 – A	对吉尔伯特岛人戴维·默多克讯问记录摘要：在奥新岛上的虐待致死
PX 1884 – A	对尼克乌岛原住民卡布纳莱讯问记录摘要：在奥新岛上杀害西方人
PX 1885 – A	对第六十七守备队坂田次郎中尉讯问记录摘要：在奥新岛上射杀当地居民
PX 1979 – A	由同盟国实施的对被告东条英机讯问笔录摘要：大本营的组织机构与缺点、陆军参谋本部与海军军令部的关系
PX 1980 – A	由同盟国实施的对被告东条英机讯问笔录(1946/3/25)摘要：大东亚战争开始后的俘虏待遇责任问题
PX 1980 – B	由同盟国实施的对被告东条英机讯问笔录(1946/3/25)摘要：俘虏情报局的设置、海牙-日内瓦条约
PX 1980 – C	由同盟国实施的对被告东条英机讯问笔录(1946/3/25)摘要：虐待美英俘虏——身为陆军大臣的责任

法庭证据	内　　容
PX 1980 - D	由同盟国实施的对被告东条英机讯问笔录(1946/3/25)摘要：俘虏情报局一周两次讨论俘虏虐待案件
PX 1980 - E	由同盟国实施的对被告东条英机讯问笔录(1946/3/25)摘要：为调查虐待俘虏事实所采取的措施、巴丹死亡行军
PX 1981 - A	由同盟国实施的对被告东条英机讯问笔录(1946/3/26)摘要： (1) 关于俘虏待遇的基本原则； (2) 俘虏待遇在实际和形式上的责任； (3) 欧美与日本关于"俘虏"基本观念的不同
PX 1981 - B	由同盟国实施的对被告东条英机讯问笔录(1946/3/26)摘要：就相关各国对俘虏待遇提出的抗议的应对措施
PX 1981 - C	由同盟国实施的对被告东条英机讯问笔录(1946/3/26)摘要：勿将俘虏一事上奏天皇——天皇无责任
PX 1982 - A	由同盟国实施的对被告东条英机讯问笔录(1946/3/27)摘要：俘虏待遇——巴丹死亡行军、赴泰国与菲律宾等其他南部地区视察的目的
PX 1983 - A	由同盟国实施的对被告东条英机讯问笔录(1946/3/28)摘要：俘虏情报局、俘虏管理部的指挥系统与军务局的关系
PX 1983 - B	由同盟国实施的对被告东条英机讯问笔录(1946/3/28)摘要：外地的俘虏待遇情况、得知情况的渠道
PX 1984 - A	由同盟国实施的对被告东条英机讯问笔录(1946/3/29)摘要：日本轰炸(1942/10/18)杜立特飞行员处刑问题
PX 1984 - B	由同盟国实施的对被告东条英机讯问笔录(1946/3/29)摘要：给俘虏的食物、陆军省局长会谈
PX 2106	由同盟国实施的对被告大岛浩讯问笔录(1946/2/1)：在印度洋上进行潜艇作战的日德合作
PX 2152	对古川信一大尉讯问笔录：强奸、虐杀法国妇女
PX 2162	对红军上尉弗拉基米尔·伊万诺维奇·科布泽夫讯问书：日军在张鼓峰虐杀苏联士兵
PX 2165	对军医上尉尼古拉·A. 罗曼诺夫讯问录：日军在多不纳市杀害 22 名中国人和欧洲人
PX 2188	由同盟国实施的对被告桥本欣五郎讯问笔录(1941/1/27—2/18)摘要：被告的极端爱国主义团体的活动及政治观点与聚集者
PX 2190 - A	由同盟国实施的对被告土肥原贤二讯问笔录(1941/1/11、2/5、2/11)摘要：被告土肥原在满洲事变中的行动与责任
PX 2207	由同盟国实施的对被告南次郎讯问笔录
PX 2216	PX187 - L"由同盟国实施的对被告荒木贞夫讯问笔录"摘要：侵略中国与第一次近卫内阁

法庭证据	内　　容
PX 2217	PX187 - N"由同盟国实施的对被告荒木贞夫讯问笔录"摘要：内阁顾问
PX 2218	PX187 - G"由同盟国实施的对被告荒木贞夫讯问笔录"摘要：文部大臣对外交问题的立场
PX 2219	PX187 - E"由同盟国实施的对被告荒木贞夫讯问笔录"摘要：中国事变与美英的权益
PX 2220	PX187 - F"由同盟国实施的对被告荒木贞夫讯问笔录"摘要：东四省的占领
PX 2221	PX187 - F"由同盟国实施的对被告荒木贞夫讯问笔录"摘要：第一次上海事变
PX 2222	PX187 - A"由同盟国实施的对被告荒木贞夫讯问笔录"摘要：退出国际联盟
PX2225	PX453"由同盟国实施的对被告星野直树讯问笔录"摘要："满洲国"总务长官、企划院总裁、内阁书记官长当时的言行
PX2238 - A	由同盟国实施的对被告佐藤贤了讯问笔录(1946/4/27、29)：俘虏待遇、总动员法、"沉默"发言、进驻南部法属印度支那
PX2239 - A	由同盟国实施的对被告武藤章讯问笔录(1946/4/19)摘要：职历、陆军的作战计划
PX2240 - A	由同盟国实施的对被告武藤章讯问笔录(1946/4/15)摘要：军务局与参谋本部之间的关系、日美开战时的情况
PX2241 - A	由同盟国实施的对被告武藤章讯问笔录(1946/4/16)摘要：被告东条的内阁政策、对美最后通牒与宣战诏书
PX2242 - A	由同盟国实施的对被告武藤章讯问笔录(1946/4/22)摘要：南京、马尼拉相关虐行
DX2347	由同盟国实施的对被告东条英机讯问笔录(1946/2/1)摘要：陆军签署的《三国同盟条约》不强加于内阁
DX2348	由同盟国实施的对被告东条英机讯问笔录(1946/2/6)摘要：御前会议与内阁会议的关系
DX2349	由同盟国实施的对被告东条英机讯问笔录(1946/2/1)
DX2350	由同盟国实施的对被告东条英机讯问笔录(1946/2/6)
DX 2693	PX776"由同盟国实施的对被告大岛浩讯问笔录(1946/4/22)"摘要：日本否决德国对废弃《日苏中立条约》的要求
DX 3022	由同盟国实施的对被告东条英机讯问笔录(1946/2/13)摘要：进驻南部法属印度支那的目的
DX 3029	由同盟国实施的对被告东条英机讯问笔录(1946/3/11)：日本陆军对美英荷战争准备

法庭证据	内　容
DX 3032	由同盟国实施的对被告东条英机讯问笔录（1946/1/30）：军队的编成及内阁与统帅部的权限关系
DX 3033	由同盟国实施的对被告东条英机讯问笔录（1946/3/13）：统帅与国务之间的关系
DX 3087	由同盟国实施的对拉古战俘营营长陆军大尉田住元三讯问笔录：拉古战俘营里的俘虏待遇
DX 3088	由同盟国实施的对拉古战俘营营长陆军大尉田住元三其他讯问笔录：拉古战俘营里的俘虏待遇
DX3212 - A	由同盟国实施的对被告星野直树讯问笔录（1946/2/7）：被告星野与"满洲国"治外法权的撤废、"满洲国"国债发行、财阀反对对满投资的问题、与被告东条的关系、御前会议
DX 3333	对被告武藤章讯问书（1946/4/15）：领受赫尔备忘录后联络会议上被告贺屋关于日美交涉问题的见解
DX 3336	由同盟国实施的对被告东条英机讯问笔录：统帅权（1946/2/7—3/13）、统帅独立的功罪（1946/3/19）
PX 3497	由同盟国实施的对河边虎四郎讯问笔录：被告大岛对德国与国家社会主义的态度
DX 3512	由同盟国实施的对被告大岛浩讯问笔录（1946/2/27）：日美开战时柏林的情况、缔结不单独讲和条约的经过
DX 3532	PX2238"由同盟国实施的对被告佐藤贤了讯问笔录"摘要：被告东条内阁成立时被告佐藤的行为、军务局在官制上的地位、杜立特飞行员处刑问题
DX 3573	由同盟国实施的对被告岛田繁太郎讯问笔录（1946/3/14）摘要：检方在已经提出的对被告岛田繁太郎讯问笔录摘要上的推论之反驳
PX 3825 - A	由同盟国实施的对被告大岛浩讯问笔录集（1946/2/1）摘要：《防共协定》相关
PX 3825 - B	由同盟国实施的对被告大岛浩讯问笔录集（1946/2/6）摘要：《防共协定》强化相关
PX 3831 - A	由同盟国实施的对米内光政讯问笔录（1946/5/15）摘要：被告畑俊六辞任米内内阁陆军大臣的经过、陆军与政府的对立之处
PX 3846	PX258"由同盟国实施的对被告桥本欣五郎讯问笔录（1946/1/17）"摘要："瓢虫"号炮击事件

四、《木户日记》

东京审判法庭上检方依赖的重要书面证据还包括《木户日记》和《原

田-西园寺回忆录》这两部政治记录。前者的作者木户幸一出身贵族，其父为日本"维新三杰"之一木户孝允之妹的长子。木户幸一后来承袭侯爵之位，并在 1930 年至 1945 年间先后担任内大臣秘书、国务大臣和内大臣，长期担任昭和天皇的机要顾问。他的日记卷帙浩繁，涉及日本政府最高层在军事、外交、内政方方面面的决策，被法庭认为是重要的文件。[1]而检方获得这一重要文献多少也存在一些偶然的成分。

　　木户幸一作为战犯嫌疑人之一，于 1946 年 12 月 21 日接受了国际检察局的讯问。当三日后讯问进入尾声之时，检察官询问木户在任公职期间是否记有日记，并希望他能上交，木户承认记有日记并表示愿意交出。检方似乎就这样毫无困难地取得了这份重要文件。但对木户而言，决定上交日记早已经过一番内心纠结。最终因为"我坚信陛下与我始终不愿开战，[2]不能就这样留有遗憾地接受审判"而下决心上交日记。[3] 按照粟屋宪太郎的解释，木户显然希望他的日记可以为自己，更为天皇开脱罪行。然而事不遂人愿，《木户日记》的许多内容恰恰表明两人与日美开战有着不可分割的关系。检方在取得木户 1930—1945 年间的日记后，尽了最大的努力进行挖掘和利用。从表 1-3 可以看出，检方将《木户日记》广泛用于日本对满洲的军事支配、日德意三国同盟、侵略法属印度支那、太平洋战争前的日美交涉、日本对苏关系、战时内阁关系等议题的立证阶段。反观辩方则几乎不曾使用，仅有的两次是在被告贺屋兴宣个人辩护和质疑《原田-西园寺回忆录》的可靠性上。

　　法庭的判决也显示，木户的日记并没有达到为他在太平洋战争问题上脱罪的目的："日益临近对西方各国开战时，因海军内部对于能否完全成功持有怀疑，木户也表现出某种程度的踌躇。即使在这种心怯的状态之下，木户仍决心实行对华侵略战争，虽然信念减低了，但是他仍尽全力

1　粟屋宪太郎、吉田裕『国際検察局(IPS)尋問調書』、日本図書センター、1993 年。
2　指太平洋战争——作者注。
3　粟屋宪太郎『東京裁判への道』、講談社、2013 年、第 137 页。

于对英国、荷兰，必要时对美国的战争。当海军的疑虑消解，木户的疑虑好像也消除了，于是他又开始去实现其阴谋的全部目的。东条一贯主张立即和西方各国开战，他能出任总理大臣，主要的原因是木户力促。木户又用其他方法，利用其地位来支持战争并故意避免有阻止战争之虞的行动，无论在最后时期还是在更为有效的初期，他从未向天皇进言采取反对战争的态度。"[1]

表 1-3　作为法庭证据的《木户日记》[2]

编　号	内　　容
PX 178	木户日记
PX179 - A - R	木户日记摘要：日本军队在满洲事变中持续增加其影响力
PX 532	木户日记(1940/7)：米内、有田内阁的没落、手段及理由 (1) 1940/7/5 检举前田一派策划直接行动； (2) 1940/7/7 散布政变说，平沼骐一郎推荐近卫文麿； (3) 1940/7/8 决意打倒米内内阁，希望近卫出山(阿南次官谈话)； (4) 1940/7/16 被告陆军大臣畑俊六提出辞呈、没有推荐继任者，敕裁后继内阁首相选定的新方法； (5) 1940/7/17 重臣会议
PX 534	木户日记(1940/7/14)：参谋本部的军事活动、为华南作战动员重炮兵、天皇依然信任米内内阁
PX 539	木户日记(1940/7/18)：天皇对陆军大臣东条与航空总监山下的内奏的疑惑
PX 619	木户日记(1940/6/18)：法属印度支那问题四长会议
PX 626	木户日记(1940/9/9)：对法属印度支那军事交涉的逆转——因为日军的越境
PX 627	木户日记：被告外务大臣松冈洋右上奏——法属印度支那的最后通牒(1940/9/14)
PX 643	木户日记(1940/9/26)：进驻法属印度支那——驻外机构的妄动
PX 775	木户日记(1939/8/22)：从《防共协定》秘密议定书来看，《苏德互不侵犯条约》是德国的背信行为

1　张效林节译，向隆万、徐小冰等补校译：《远东国际军事法庭判决书》，上海交通大学出版社，2015，第 601 页。
2　表格内容根据东京审判研究中心编纂《远东国际军事法庭庭审记录索引·附录(中)·证据索引》(国家图书馆出版社，上海交通大学出版社，2013)绘制。

编　号	内　容
PX 781	木户日记(1941/6/21)：平沼内阁因苏德互不侵犯条约的签署而辞职
PX 1058	木户日记(1941/4/3)：启用海军次官丰田为商工大臣、被告铃木贞一为企划院总裁
PX 1065	木户日记(1941/4/19)：日美关系、德苏关系之上奏、关于驻美大使野村请示《日美谅解案》与总理大臣近卫的协议
PX 1066	木户日记(1946/4/28)：对美政策谨答、陛下满意
PX 1084	木户日记(1941/6/6)：上奏被告驻德大使大岛与希特勒元首会见报告电文——德国决定攻击苏联
PX 1089	木户日记(1941/6/18)：上奏德国就法属印度支那问题向维希政府交涉
PX 1090	木户日记(1941/6/20)：近卫文麿谈德苏开战，与被告外务大臣松冈洋右的态度
PX 1093	木户日记(1941/6/22)：随德苏开战与被告外务大臣松冈洋右上奏相关联之上奏
PX 1094	木户日记(1941/6/23)：被告外务大臣松冈洋右关于德苏开战呈报内容
PX 1095	木户日记(1941/6/25)：近卫文麿与汪精卫的会谈——日华和平问题、法属印度支那进驻
PX 1098	木户日记(1941/6/28)：从被告陆军大臣东条听取德苏开战后的军方方针
PX 1108	木户日记(1941/7/2)：御前会议——陈述德苏开战后的国策决定、近卫说外务大臣松冈洋右真实心意不明
PX 1112	木户日记(1941/7/5)：被告外务大臣松冈谈话——进驻法属印度支那之交涉、外部泄露
PX 1115	木户日记(1941/7/15)：《日美谅解案》与被告外务大臣松冈洋右的态度、近卫内阁总辞职决意
PX 1116	木户日记(1941/7/16)：近卫第二次内阁总辞职
PX 1117	木户日记(1941/7/17)：重臣会议上再度推荐近卫文麿
PX 1125	木户日记(1941/7/31)：被告军令部长永野修身及被告木户幸一对美战争的见解
PX 1129	木户日记(1941/8/2)：对美强硬论与政局动荡
PX 1130	木户日记(1941/8/7)：对美战争、南进政策的预见
PX 1134	木户日记(1941/9/5)：9月6日御前会议前召见陆海两总长
PX 1135	木户日记(1941/9/6)：御前会议上原枢密院议长就"外交工作主体"向统帅部提问
PX 1138	木户日记(1941/9/11)：从被告总理大臣东条处听取对美战争准备等调查结果

编　号	内　容
PX 1141	木户日记(1941/9/26)：近卫内阁不安
PX 1142	木户日记(1941/9/29)：原枢密院议长征求日美交涉破裂之际的新规协议形态
PX 1143	木户日记(1941/10/7)：陆海军对继续日美交涉的态度——陆军不希望、海军希望继续交涉，双方中坚力量都意见强硬
PX 1146	木户日记(1941/10/9)：向总理大臣近卫的进言——没有立刻与美国开战的决意、应该全力处理中国事变
PX 1147	木户日记(1941/10/12)：总理大臣、外务大臣、陆军大臣、海军大臣、企划院总裁"荻窪会谈"——陆军大臣认为《日美谅解案》不可能达成、海军大臣提出应该尽力避免战争、总理大臣认为有交涉可能、外务大臣认为依然有希望
PX 1149	木户日记(1941/10/13)：与企划院总裁被告铃木贞一就开辟政局之恳谈
PX 1150	木户日记(1941/10/15)：近卫内阁动摇、东久迩宫将成为首相后继者的传言
PX 1151	木户日记(1946/10/16)：反对东久迩宫皇族总理大臣、近卫内阁总辞职
PX 1154	木户日记(1941/10/17)：重臣会议——奏荐被告东条英机出任首相、陆海军协力的谕旨
PX 1155	木户日记(1941/10/18)：被告东条英机中将升任大将同时保留现职、被告东条英机亲任式
PX 1156	木户日记(1941/10/20)：东条英机奏荐与木户幸一的意见、陛下认为不入虎穴焉得虎子
PX 1162	木户日记(1941/10/29)：政府大本营联络会议经过及其他
PX 1168	木户日记(1941/11/5)：御前会议召开、从被告东条英机听取南方军编制与派遣来栖任驻美国大使
PX 1181	木户日记(1941/11/19)：告知陛下对美开战的迫切与国内舆论的状况
PX 1190	木户日记(1941/11/26)：天皇的重臣会议召开期望的肯定奉答
PX 1196	木户日记(1941/11/19)：陛下在重臣会议上听取各位重臣的意见
PX 1198	木户日记(1941/11/30)：高松宫对美开战慎重论、海军大臣与军令部总长就此事的奉答
PX 1210	木户日记(1941/12/1)：御前会议上决定对美开战
PX 1220	木户日记(1941/12/7)：被告星野书记官与对英美战争之讨论
PX 1239	木户日记(1941/12/8)：罗斯福总统亲电之应对、开战时散发诏书
PX 1268	木户日记(1941/12/16)：就近卫文麿的政治责任与近卫交换意见
PX 1269	木户日记(1941/12/18)：军令部总长被告永野修身的珍珠港战果报告、被告东条英机、前总理大臣近卫文麿的封口、谈德苏和平工作的展望

编　号	内　容
PX 1273	木户日记（1942/9/1）：被告东条英机与东乡茂德就设置大东亚省起冲突——东乡辞职
PX 1274	木户日记（1943/5/13）：被告重光葵与德国驻日大使施塔默会谈——大使对德国现状的忧虑、政治外交已达极限、为了联络希望让有力的日本人访德
PX 1276	木户日记（1944/1/6）：德国败亡的忧虑、与美英讲和的展望
PX 1277	木户日记（1944/7/17）：内阁改造——在平沼府邸召开重臣会议、与被告东条英机的会谈
PX 1278	木户日记（1944/7/18）：东条内阁辞职、重臣会议始末、木户推荐小矶国昭
PX 1279	木户日记（1944/7/18）：近卫文麿构想被告小矶与米内的联合内阁
PX 1280	木户日记（1941/7/20）：向被告小矶国昭、米内光政下达敕令
PX 1281	木户日记（1945/4/4）：被告小矶国昭表明辞去首相心意
PX 1282	木户日记（1945/4/5）：小矶内阁辞职、下达敕令于枢密院议长海军大将铃木贯太郎
PX 1283	木户日记（1945/8/9）：最高战争指导会议决定有条件接受波茨坦宣言
PX 1294	木户日记（1940/6/27）：美国驻日大使格鲁维持太平洋现状的提案是使《九国公约》复活束缚日本的下策
PX 1295	木户日记（1940/7/1）：美国驻日大使格鲁的维持太平洋现状提案若仅限日美两国间值得考虑，若包括交战国领土的话则非其时
PX 1298	木户日记（1940/8/10）：军令部总长伏见宫致陛下的话——关于攻击新加坡、荷属东印度
PX 1303	木户日记（1941/2/1）：两总长上奏对法属印度支那及泰国的施策纲要
PX 1985	木户日记（1942/3/13）：香港对英残虐行为之伊顿外交大臣的演说——与宫相的恳谈
PX 1986	木户日记（1942/5/21）：美国俘虏杜立特飞行员处分问题
PX 1987	木户日记（1942/10/3）：美国俘虏杜立特飞行员处置问题——请陆军大臣东条上奏
PX 2191	木户日记（1932/1/11）：被告板垣征四郎对"满洲新国家"的构想
PX 2192	木户日记（1935/5/30）：被告板垣征四郎在华北的工作
PX2250	木户日记（1941/11）：第三次近卫内阁更迭（1941/10/16）始末： （1）关于帝国国策执行要领的御前会议（1941/9/6）； （2）荻窪会谈（1941/10/12）； （3）推荐被告东条的理由； （4）取消御前会议（1941/9/6）决定
PX2251	木户日记（1932/1/28）：被告南次郎视察满洲报告

编　号	内　　容
PX2252	木户日记(1932/5/17)："5·15"事件善后措施
PX2253	木户日记(1932/4/18)：若对苏联缔结不侵犯条约则坚决反对
PX2254	木户日记(1937/7/14)：被告松井石根对中止向华北派兵表示愤慨
PX2255	木户日记(1937/10/27)：临时内阁会议决定答复在《九国公约》基础上的布鲁塞尔会议的邀请
PX2257	木户日记(1937/11/16)：总理大臣近卫辞职的意愿
PX2258	木户日记(1937/11/19)：大本营、政府决定合作
PX2259	木户日记(1937/12/21)：关于对中国交涉问题向德国大使的答复方案之审议
PX2260	木户日记(1937/1/14)："不以蒋介石为对手"继续对华交涉的决定
PX2261	木户日记(1937/5/19)：徐州战后的形势
PX2262	木户日记(1937/8/9)：张鼓峰事件报告、收到德国提出的组成军事同盟的提案
PX2263	木户日记(1937/9/7)：一国一党运动与近卫、总理大臣近卫的辞职意愿、以蒋介石为对手论
PX2264	木户日记(1937/11/2)：枢密院会议——终止与国际联盟各机关的合作
PX2265	木户日记(1937/12/26)：就近卫内阁的去留与被告平沼骐一郎的会谈——平沼认为不能让近卫内阁总辞职
PX2266	木户日记(1938/12/29)：就近卫内阁的去留与被告平沼骐一郎的会谈——平沼认为不能让近卫内阁总辞职
PX2267	木户日记(1939/1/5)：受被告平沼骐一郎委托担任内务大臣
PX2268	木户日记(1939/3/31)：关于日德军事同盟问题与被告平沼的谈话
PX2269	木户日记(1939/4/19)：关于日德军事同盟问题与被告平沼的谈话
PX2270	木户日记(1939/5/2)：与海军大臣的会谈——陆海军在日德军事同盟问题上不一致
PX2271	木户日记(1939/5/2)：与陆军大臣板垣征四郎的会谈——陆军在日德军事同盟一事上态度强硬,发动政变的谣言
PX2272	木户日记(1939/8/28)：平沼内阁辞职、第一后继者阿部大将
PX2273	木户日记(1939/11/10)：内阁总辞职之际,下届总理大臣奏请手续
PX2274	木户日记(1940/5/10)：第二次近卫内阁组阁与新党问题——自己不出面
PX2275	木户日记(1940/5/26)：与近卫、有马谈论新党问题
PX2276	木户日记(1940/6/1)：就任内大臣的话——不得已接受

编　号	内　容
PX2277	木户日记（1940/9/21）：与武官长谈进驻法属印度支那的问题、与被告松冈洋右谈三国军事同盟问题
PX2278	木户日记（1940/11/29）：天皇担心重庆工作失败
PX2279	木户日记（1941/9/25）：大使重光葵与日美交涉会谈等
PX2280	木户日记（1941/10/1）：企划院总裁铃木贞一与日美交涉恳谈
PX2345	木户日记（1931/11/17）：若槻内阁的安达内务大臣时常与军部接触
DX 3332	木户日记（1941/11/12）：被告贺屋兴宣与东乡茂德在联络会议关于日美交涉的问题上属于自重派
PX 3341	木户日记（1938/12/12）：近卫文麿经被告木户幸一与陆军谈话的怂恿，撤回辞意
DX 3753	木户日记（1937/2/27）：原田熊雄的神经衰弱
DX 3879	木户日记（1937/2/27）：原田熊雄的神经衰弱

五、《原田-西园寺回忆录》

这部在东京审判法庭上以原田熊雄和西园寺公望二人名字命名的文献在 1950 年出版时定名为《西园寺公与政局》。[1]　其内容实为原田在昭和年间所记之日记。西园寺公望为日本明治到大正时期的重要政治家，袭公爵位，至昭和时期成为政治元老。西园寺受青年时期留学法国的影响，政治立场亲欧美，近自由主义，与日本军部等国家主义者相对立。原田熊雄则与木户幸一、近卫文麿为大学同窗，学生时代起便受到西园寺赏识，很快成为其秘书。原田支持和拥护西园寺反对天皇亲政以及对英美走协调路线的政治主张，自然也常常与军部对立。自 1931 年起，原田在近卫泰子（近卫文麿之弟媳）的帮助下口述记录了 1930—1940 年间通过西园寺获得的日本最高层政治动向与各类情报。东京审判的被告们自然

1　『西園寺公と政局』8 卷・別卷 1，岩波書店，1950—1952 年。

频繁地成为原田记录的对象。整部日记不仅体量庞大(约7 000张400字稿纸),尤为珍贵的是作者秉承忠于事实的态度,使得这部资料成为研究昭和前期政治史不可或缺之物。

《原田-西园寺回忆录》直到东京审判后半程才作为检方反证材料登场。首次提出是东条英机的个人辩护阶段,随后在"审理最终阶段第一部—检方反证阶段"由检方集中提出,所指控的对象包括东条英机、南次郎、荒木贞夫、平沼骐一郎、小矶国昭、广田弘毅、重光葵、桥本欣五郎、白鸟敏夫、板垣征四郎、大岛浩、武藤章等半数以上被告。广泛的打击面使得这部文献持续遭到各名被告辩护律师的质疑。他们否认其证据价值并激烈地反对检方将其作为证据提交。法庭在听取了双方的论辩后接受了作为证据的《原田-西园寺回忆录》,认为"西园寺公爵以最后的元老的特殊地位,通过他的秘书原田,自能充分了解真相。由于负有从政府及陆海军最高机构取得情报的特殊任务,原田长期为元老服务",所以"我们对于这些文件的重视程度超过辩方的期望"。[1]

表 1 - 4　作为法庭证据的《原田-西园寺回忆录》[2]

法庭证据	内　容
PX 3687	原田-西园寺回忆录摘要(1940/8/19):四相会议(1940/8/19)、联络会议决定(1940/7/27)——随着世界情势推移处理时局的纲要
DX 3693	原田-西园寺回忆录
DX 3693 - A	原田-西园寺回忆录摘要(1935/6/24):华北情势、梅津与何应钦缔结协定前被告梅津说明的真相—传递中国驻屯军参谋长酒井隆的意图
PX 3751	原田-西园寺回忆录原本照片版
DX 3752	原田-西园寺回忆录制作分类账,近卫泰子笔记一册

1　张效林节译,向隆万、徐小冰等补校译:《远东国际军事法庭判决书》,上海交通大学出版社,2015,第10页。
2　表格根据东京审判研究中心编纂《远东国际军事法庭庭审记录索引·附录(中)·证据索引》(国家图书馆出版社,上海交通大学出版社,2013年)。表中的"PX"字母表示法庭接受之检方证据;"DX"为法庭接受之辩方证据。此份文献受到检辩双方的重视和利用,往往从同一份文献中各自摘录对己方有利之内容提交法庭。

法庭证据	内　　容
PX 3754	原田-西园寺回忆录第 2 章
PX 3754 - A	原田-西园寺回忆录摘要(1931/7/16):陆军限制军备会议与西园寺公爵第 2 次——原田对被告荒木贞夫的侍从武官长意见的担忧
PX 3754 - B	原田-西园寺回忆录摘要(1931/7/16):原田对被告荒木贞夫的侍从武官意见的看法、其采取的行动、国本社的阴谋活动
PX 3755	原田-西园寺回忆录第 8 章
PX 3755 - A	原田-西园寺回忆录第 8 章摘要:中村大尉事件与满蒙出兵论、被告南次郎与铁道大臣江木的箱根会谈
PX 3756	原田-西园寺回忆录第 10 章
PX 3756 - A	原田-西园寺回忆录第 10 章摘要(1931/9/4):被告南次郎与大藏大臣井上会见(1931/9/4)、军政改革与被告南次郎
PX 3757	原田-西园寺回忆录第 11 章
PX 3757 - A	原田-西园寺回忆录第 11 章摘要(1931/9/14):派遣建川美次前往满洲
PX3757 - B	原田-西园寺回忆录第 11 章摘要(1931/9/19):满洲事变爆发后陆军的态度、派遣朝鲜军前往满洲与被告南
PX 3758	原田-西园寺回忆录第 12 章
PX 3758 - A	原田-西园寺回忆录第 12 章(1931/9/22、23):总理大臣若槻上奏内阁会议的情况(1931/9/22)、朝鲜军的越境、上奏经费由政府支付的决定概要(1931/9/23)
PX 3759	原田-西园寺回忆录第 13 章
PX 3759 - A	原田-西园寺回忆录第 13 章摘要(1931/9/30):被告南次郎的间岛出兵论
PX 3760	原田-西园寺回忆录第 14 章
PX 3760 - A	原田-西园寺回忆录第 14 章摘要(1931/10/1):被告南次郎在内阁会议上发表的退出国际联盟论
PX 3761	原田-西园寺回忆录第 15、16 章
PX 3761 - A	原田-西园寺回忆录第 15、16 章(1931/10/22):被告南次郎在内阁会议(1931/10/22)上发表的退出国际联盟论
PX 3762	原田-西园寺回忆录第 36 章
PX 3762 - A	原田-西园寺回忆录第 36 章(1932/3/11):内阁会议(1932/3/11)暂时不承认新成立的满洲国
PX 3763	原田-西园寺回忆录第 41 章
PX 3763 - A	原田-西园寺回忆录第 41 章摘要(1932/5/3):被告白鸟敏夫的退出国际联盟论

法庭证据	内　容
PX 3764	原田-西园寺回忆录第 51 章
PX 3764 - A	原田-西园寺回忆录第 51 章摘要（1932/9/12）：与被告白鸟敏夫的会议——让被告荒木贞夫当总理大臣
PX 3765	原田-西园寺回忆录第 52 章
PX 3765 - A	原田-西园寺回忆录第 52 章摘要（1932/8/21）：近卫文麿与被告荒木贞夫的会谈——荒木对日中直接交涉并不感兴趣
PX 3766	原田-西园寺回忆录第 60 章
PX 3766 - A	原田-西园寺回忆录第 60 章摘要（1932/11/1）：大藏大臣高桥谈话——陆军大臣荒木向近卫展示国策草案（1932/10/30）及高桥对此的见解
PX 3767	原田-西园寺回忆录第 61 章
PX 3767 - A	原田-西园寺回忆录第 61 章摘要（1932/11/7）：与陆军大臣荒木的会见（1932/11/7）——个人对被告陆军大臣荒木国策方案的见解
PX 3768	原田-西园寺回忆录第 65 章
PX 3768 - A	原田-西园寺回忆录第 65 章摘要（1932/12/26、1933/1/15）：陆军大臣荒木认为应该在处理热河问题上投入大兵力的意见
PX 3769	原田-西园寺回忆录第 66 章
PX 3769 - A	原田-西园寺回忆录第 66 章摘要（1933/1/16）：大藏大臣高桥谈话（1933/1/14）——内田外务大臣的日苏互不侵犯条约论与被告荒木贞夫的反对、来自军部舆论的压迫
PX 3770	原田-西园寺回忆录第 69 章
PX 3770 - A	原田-西园寺回忆录第 69 章摘要（1933/2/1）：荒木贞夫在内阁会议上与高桥大藏大臣的论争——陆军是否在新闻界煽动退出国际联盟的论调
PX 3771	原田-西园寺回忆录第 71 章
PX 3771 - A	原田-西园寺回忆录第 71 章摘要（1933/2/13）：内阁会议（1933/2/13）——对国际联盟的回答，就热河作战持讨伐匪贼的态度
PX 3772	原田-西园寺回忆录第 72 章
PX 3772 - A	原田-西园寺回忆录第 72 章摘要（1933/2/15）：内田外务大臣与荒木贞夫在内阁会议（1933/2/15）上发表立刻退出国际联盟的论调
PX 3773	原田-西园寺回忆录第 85 章
PX 3773 - A	原田-西园寺回忆录第 85 章（1933/5/14）：外务省情报部部长被告白鸟敏夫派调海外一事
PX 3774	原田-西园寺回忆录第 103 章
PX 3774 - A	原田-西园寺回忆录第 103 章（1933/10/19）：与被告重光葵的会谈——海军不辞废弃军缩条约

法庭证据	内　　容
PX 3775	原田-西园寺回忆录第 109 章
PX 3775 - A	原田-西园寺回忆录第 109 章摘要(1933/12/13)：高桥大藏大臣与被告荒木贞夫在内阁会议(1933/12/5)上的论争——通商问题与将要到来的关键性的 1935、1936 年
PX 3775 - B	原田-西园寺回忆录第 109 章摘要(1933/12/9)：陆海军关于军民离间说共同发表施政方针演讲(1933/12/10 新闻发表)
PX 3776	原田-西园寺回忆录第 127 章
PX 3776 - A	原田-西园寺回忆录第 127 章摘要(1934/4/17)：外务省关于天羽声明的动向
PX 3777	原田-西园寺回忆录第 148 章
PX 3777 - A	原田-西园寺回忆录第 148 章(1934/9/11)：冈田总理大臣谈话——被告荒木、真崎、柳川派的合并满洲论
PX 3777 - B	原田-西园寺回忆录第 148 章摘要(1934/9/7)：被告广田弘毅的废弃华盛顿限制军备条约的见解
PX 3778	原田-西园寺回忆录第 180 章
PX 3778 - A	原田-西园寺回忆录第 180 章摘要(1935/8/21)：与被告重光葵的会谈——海军不想受条约限制
PX 3779	原田-西园寺回忆录第 189 章
PX 3779 - A	原田-西园寺回忆录第 189 章摘要(1935/12/2)：对华北的情势丝毫不担心是因为军队能控制局面
PX 3780	原田-西园寺回忆录第 244 章
PX 3780 - A	原田-西园寺回忆录第 244 章摘要(1937/7/12)：中国事变不扩大方针与陆军的态度——不管中国军是否全面让步都维持出兵的方针
PX 3781	原田-西园寺回忆录第 249 章
PX 3781 - A	原田-西园寺回忆录第 249 章摘要(1937/8/13)：被告广田谈话——内阁会议(1937/8/12)决定发出上海事变的动员令但不公布
PX 3782	原田-西园寺回忆录第 250 章
PX 3782 - A	原田-西园寺回忆录第 250 章摘要(1937/9/24)：被告广田谈话——内阁会议决定(动员 4 个师团、准备其他 4 个师团)
PX 3783	原田-西园寺回忆录第 251 章
PX 3783 - A	原田-西园寺回忆录第 251 章摘要(1937/9/26)：总理大臣近卫的传话——英国大使的日中和平斡旋与被告广田弘毅提出的五个条件
PX 3784	原田-西园寺回忆录第 254 章
PX 3785	原田-西园寺回忆录第 255 章
PX 3785 - A	原田-西园寺回忆录第 255 章摘要(1937/11/5)：被告广田弘毅期待英国大使的和平斡旋

法庭证据	内　容
PX 3786	原田-西园寺回忆录第 257 章
PX 3786 - A	原田-西园寺回忆录第 257 章摘要（1937/12/7）：总理大臣近卫文麿谈话——外务大臣广田弘毅委托德国大使担任日中和平的中间人（1937/11/2）
PX 3787	原田-西园寺回忆录第 258 章
PX 3787 - A	原田-西园寺回忆录第 258 章摘要（1937/12/11）：总理大臣近卫文麿——由于南京政府覆灭希望发表否认蒋介石政权声明后辞职
PX 3788	原田-西园寺回忆录第 259 章
PX 3788 - A	原田-西园寺回忆录第 259 章摘要（1937/12/21）：被告广田弘毅就中国事变与被告木户幸一的谈话、参谋本部的见解——德国作为中间人的和平
PX 3789	原田-西园寺回忆录第 260 章
PX 3789 - A	原田-西园寺回忆录第 260 章摘要（1938/1/14，17）：总理大臣近卫文麿、被告广田弘毅、被告木户幸一关于日本政府中止与蒋介石的交涉在御前会议、联络会议、内阁会议上的说明
PX 3790	原田-西园寺回忆录第 264 章
PX 3790 - A	原田-西园寺回忆录第 264 章摘要（1938/2/14）：就中国事变与堀内外务次官谈话——联络会议（2/14）上陆军的慎重论与海军的积极论、天皇关于对苏准备的提问
PX 3791	原田-西园寺回忆录第 278 章
PX 3791 - A	原田-西园寺回忆录第 278 章摘要：总理大臣近卫谈话——推荐板垣为陆军大臣、白鸟敏夫为外务次官,海军反对
PX 3792	原田-西园寺回忆录第 281 章
PX 3792 - A	原田-西园寺回忆录第 281 章摘要（1838/7/5）——对于天皇对事变终结的垂询（1938/7/4）,陆军大臣板垣征四郎、闲院宫总长官回答将推翻蒋介石政权
PX 3793	原田-西园寺回忆录第 283 章
PX 3793 - A	原田-西园寺回忆录第 283 章摘要（1938/7/21）：原田、松平会谈（1938/7/21）——关于张鼓峰问题被告板垣征四郎受到天皇的叱责
PX 3794	原田-西园寺回忆录第 280 章
PX 3794 - A	原田-西园寺回忆录第 280 章摘要（1938/7/2）：向被告大川周明、外务大臣宇垣推荐被告白鸟敏夫
PX 3795	原田-西园寺回忆录第 313 章
PX 3795 - A	原田-西园寺回忆录第 313 章摘要（1939/2/7）：汤浅内府谈——参谋次长提醒被告大岛浩：外交大权属于天皇
PX 3795 - B	原田-西园寺回忆录第 313 章摘要（1939/2/7）：天皇暗示《防共协定》仅适用于苏联、陆军不同意

法庭证据	内　容
PX 3796	原田-西园寺回忆录第 314 章
PX 3796 - A	原田-西园寺回忆录第 314 章摘要（1939/2/13）：外务大臣有田谈话——与被告大岛浩、参谋本部直接进行《防共协定》强化工作
PX 3797	原田-西园寺回忆录第 317 章（1939/3/10）
PX 3797 - A	原田-西园寺回忆录第 317 章摘要（1939/3/9、10）：外务大臣有田关于军事同盟的谈话
PX 3798	原田-西园寺回忆录第 321 章
PX 3798 - A	原田-西园寺回忆录第 321 章摘要（1939/4/13）：外务大臣有田谈话——被告大岛与被告白鸟对德意两国作越权说明：与英法交战时日本也参战
PX 3798 - B	原田-西园寺回忆录第 321 章摘要（1939/4/10—12）：松平内府书记官长谈——被告陆军大臣板垣拥护被告大岛与被告白鸟的越权行为、天皇叱责板垣在此问题上侵犯了大元帅的权限
PX 3799	原田-西园寺回忆录第 322 章
PX 3799 - A	原田-西园寺回忆录第 322 章摘要（1939/4/20）：被告木户幸一谈话（1939/4/20）——天皇与陆军在《防共协定》秘密条款上的对立、政府与陆军同调、被告木户幸一对天皇的自由主义的批判、原田对木户的批判
PX 3799 - B	原田-西园寺回忆录第 322 章摘要（1939/4/22）：被告木户幸一与汤浅内府的会见（1939/4/22）——侧面胁迫天皇：若日德交涉破裂平沼内阁将辞职，即便如此也没问题吗？
PX 3800	原田-西园寺回忆录第 323 章
PX3801 - A	原田-西园寺回忆录第 324 章摘要（1939/5/9）：外务大臣有田谈话（1939/5/6）——德国外务次官高斯关于强化《防共协定》的方案由驻德武官向德国外交部提出
PX 3801 - B	原田-西园寺回忆录第 324 章摘要（1939/5/8）：被告小矶拓相的《防共协定》强化论
PX 3801 - C	原田-西园寺回忆录第 324 章摘要（1939/5/9）：外务大臣有田——被告大岛浩向德国外交部长里宾特洛甫坦言"缔约国一旦与第三国进入交战状态，日本即进入交战状态"、五相会议上被告平沼骐一郎支持大岛的见解
PX 3802	原田-西园寺回忆录第 325 章
PX 3802 - A	原田-西园寺回忆录第 325 章：山本海军次官谈话——五相会议的情况（1939/5/9）
PX 3803	原田-西园寺回忆录第 326 章
PX 3803 - A	原田-西园寺回忆录第 326 章摘要（1939/5/23）：五相会议（1939/5/20）上有田外务大臣主张撤回大岛关于主动参战的断言

法庭证据	内　容
PX 3803 – B	原田-西园寺回忆录第 326 章摘要(1939/5/23)：海军次官山本谈话——被告大岛浩与白鸟敏夫驳回日本政府的方案、陆军持相同意见、外务大臣有田谈话——被告平沼骐一郎与陆军保持一致、海军大臣米内谈话——对被告平沼表示愤慨
PX 3804	原田-西园寺回忆录第 332 章
PX 3804 – A	原田-西园寺回忆录第 332 章摘要(1939/7/1、7)：就天津问题向临时政府提供资金一事被告板垣征四郎的发言——天皇叱责板垣、愤慨陆军的胡乱作为
PX 3804 – B	原田-西园寺回忆录第 332 章摘要(1939/7/7)：汤浅内府谈话(7 月上旬)——被告板垣关于派遣寺内大将前往德国的内奏、天皇叱责被告板垣在军事参谋官会议上所作虚假报告、有田外务大臣赞成军事同盟
PX 3805	原田-西园寺回忆录第 334 章
PX 3805 – A	原田-西园寺回忆录第 334 章摘要(1939/7/23)：有田外务大臣谈话——被告板垣陆军大臣与近卫无任所相商谈是否能够改变天皇关于军事同盟的想法
PX 3806	原田-西园寺回忆录第 335 章
PX 3806 – A	原田-西园寺回忆录第 335 章摘要：被告荒木贞夫批评被告小矶国昭是玩弄权术高手
PX 3807	原田-西园寺回忆录第 336 章
PX 3807 – A	原田-西园寺回忆录第 336 章(1939/8/14)：外务大臣有田谈话——五相会议(1939/8/8)上被告板垣征四郎主张攻守同盟
PX 3808	原田-西园寺回忆录第 370 章
PX 3808 – A	原田-西园寺回忆录第 370 章(1940/7/12)：书记官长石渡谈话(1940/7/12)——次官阿南与军务局长被告武藤章透露被告畑俊六的辞职
PX 3809	原田-西园寺回忆录第 374 章
PX 3809 – A	原田-西园寺回忆录第 374 章摘要(1940/9/1)：海军军务局局长高木海军大佐谈话——与军务局局长被告武藤的会谈"解除既成政党创立亲军政党"
PX 3810	原田-西园寺回忆录第 378 章(1940/10/22)：天皇反对三国同盟时近卫总理大臣、木户是如何说服天皇的,元老诧异
DX 3866	原田-西园寺回忆录第 103 章摘要(1933/10/24)：被告荒木贞夫出席五相会议(1933/10/20)的纲要是国际亲善政策
DX 3869	原田-西园寺回忆录第 103 章摘要(1933/10/24)：被告广田弘毅的对苏政策
DX 3870	原田-西园寺回忆录第 146 章
DX 3870 – A	原田-西园寺回忆录第 146 章摘要(1934/8/29)：被告广田弘毅对限制军备的态度

法庭证据	内 容
DX 3871	原田-西园寺回忆录第 145 章摘要(1934/8/20)：被告广田外务大臣对限制军备的态度
DX 3872	原田-西园寺回忆录第 155 章
DX 3872 - A	原田-西园寺回忆录第 155 章摘要(1934/11/14)：限制军备会议上被告广田弘毅亲英工作
DX 3873	原田-西园寺回忆录第 161 章
DX 3873 - A	原田-西园寺回忆录第 161 章摘要(1934/12/30)：被告广田弘毅在限制军备条约废弃后的对华政策
DX 3874	原田-西园寺回忆录第 246 章
DX 3874 - A	原田-西园寺回忆录第 246 章摘要(1939/7/27)：被告广田弘毅对于中国事变不扩大方针的态度
DX 3875	原田-西园寺回忆录第 247 章
DX 3875 - A	原田-西园寺回忆录第 247 章摘要(1937/8/4)：至保定一线后停止前行
DX 3878	原田-西园寺回忆录第 338 章摘要(1939/9/1)：陆军反对被告广田弘毅候补——广田遭到陆军的憎恶
DX 3881	原田-西园寺回忆录第 259 章摘要(1939/12/27)：西园寺公爵对解决中国事变的意见——对德国居中调停的担忧
DX 3888	原田-西园寺回忆录第 321 章摘要(1939/4/18)：外务大臣有田谈话——被告小矶国昭对三国同盟的想法

六、小结

战后对日审判留给后人的不仅仅是法学理论和实践的进展，也留下了研究日本近代政治史、日本对华乃至整个亚洲地区的侵略战争史的珍贵资料。东京审判作为战后亚太地区唯一一个审理 A 级战争罪行的审判，与德国纽伦堡审判共为战后国际法发展的一大里程碑。人们除了事无巨细地记录这场意义重大的国际审判之外，更是为了审判而不遗余力地发掘新的资料。本章所介绍的若干种文献同时具有审判史和战争史研究资料的性质，使人们得以窥见亚太地区对日战争审判清晰和完整的面貌。

第二章　现有战后对日审判史料的分布与收藏

东京审判及其余战后对日 BC 级战犯审判涉及国家众多,法庭广泛分布于亚太各地区,留下了数量庞大的档案资料。这些档案大多长期尘封在世界各地的档案馆,其中不少重要文献迟迟未得出版。美国与日本两国自然是东京审判史料收藏最丰的国家,其官方大型文献机构几乎从一开始就与审判结下渊源。除此之外,世界各地至少还有数十家文献收藏机构专门保存了东京审判的相关文献。从文献收藏类型来看,可分为综合性收藏和个人文书收藏两大类。

本章将对目前世界各地不同机构所藏战后对日战犯审判历史文献做一系统的叙述和说明。

一、大型文献机构馆藏

(一) 美国国家档案馆

美国作为远东国际军事法庭的实际主导方,法庭结审之后的结果之一就是与审判相关的一系列资料被移交给美国国家档案馆(NARA)保存。毫无疑问,该馆是收藏东京审判相关档案最为系统和完备的机构。格雷格·布拉德谢尔(Greg Bradsher)撰有一份指南文档,对日本战争罪行及相关主题的馆藏文献加以说明,以帮助研究者在庞大的资料群中找到希望看到的内容,而这份指南本身的篇幅就超过了 1 700 页。[1] 美国国家档案馆所藏东京审判相关资料主要归在 RG125、RG153、RG238 和 RG331 几组文献中,内容涵盖远东委员会、盟军最高司令部及其下属国际检察局、远东国际军事法庭等相关机构的庞大文献。它们当中有相当一部分已被制成缩微胶卷,日本国立国会图书馆和中国国家图书馆都已先后购入。在此对几组重要的文献组展开介绍:

1. 远东委员会相关

RG43. 各种国际会议、委员会、展览会的记录(Records of International Conferences, Commissions, and Expositions)

远东顾问委员会由澳、加、中、法、印、荷、新、菲、英、美各国代表组成,作用是为占领日本期间制定的各种政策提供咨询。1946 年莫斯科会议后苏联加入,远东委员会(FEC)代替了远东顾问委员会(FEAC)。远东委员会的重要职能之一就是考虑确认、逮捕、审判日本战争犯罪嫌疑人的一系列问题,并授权盟军最高司令部建立军事法庭。同时该委员会对战争犯罪(反和平罪和反人道罪)的概念及范畴也进行了广泛和详细的说明。

该组文献下保存了大量(约 150 包)远东委员会及其前身远东顾问委员会的相关资料。包括 1946—1951 年的会议记录、备忘录、政策文件、侦办战争犯罪的探员名单、由盟军最高司令部法律部和国际检察局搜集的各种档案,以及大量的附录清单。

2. 远东国际军事法庭(IMTFE)相关

(1)RG153. 陆军军法处记录-战争犯罪条目[Records of the Judge Advocate General (Army), War Crimes Branch]

---

1 Greg Bradsher, *Japanese War Crimes and Related Topics: A Guide to Records at the National Archives*.

这是除了 RG238 组文献之外,同样较为系统地保存了远东国际军事法庭的相关文件的文献组。其内容包括:

- 到 1946 年 12 月 10 日为止的庭审中口头和书面证据的摘要,由国际检察局制作,第一册为日语,其余为英语,共计 2 包。
- 检方证据文献的人名、地名和主题索引,共计 1 包。
- 辩方证据文献的人名、地名和主题索引,共计 1 包。
- 法庭证人索引。分为检方证人和辩方证人两部分,每个索引项均标明姓名、作证类型、负责讯问的律师,以及在庭审记录中记录作证的页码,共计 1 包。
- 远东国际军事法庭庭审全记录(1—49 858 页),共计 89 包。
- 远东国际军事法庭语言订正索引清单(1946 - 1948),共计 1 包。由于法庭翻译部门对于庭审记录翻译错误的订正不记录在错误发生页,而是记录在发现该错误时的庭审记录页,所以除了显示订正的内容,该清单还给出了原始翻译错误和相应订正处的证据号和页码等信息,此外还包括一系列名为"翻译背景材料"的文件。
- 远东国际军事法庭全记录日文版,共计 4 包。
- 远东国际军事法庭庭长办公室记录(1946 - 1948),共计 2 包。庭审期间法官们在庭长办公室里的讨论通常涉及法庭的程序、管辖权等问题。
- 远东国际军事法庭诉讼事件表和诉状(1946 - 1948)。
- 远东国际军事法庭起诉书和 1946 年 5 月 3 日首日开庭时首席检察官季南的开场陈词,共计 3 包。
- 远东国际军事法庭检方回应辩方关于撤销法庭指控的动议的文件,共计 1 包。
- 远东国际军事法庭辩方动议(1946 - 1948),共计 1 包。
- 远东国际军事法庭检方最终总结陈词,共计 9 包,部分按照对被告的指控顺序排序,部分按照被告名字排序。

● 远东国际军事法庭全部证据文献索引，每个条目包括证据号、证据概要和原本的检（辩）方文书号，共计 1 包。

● 远东国际军事法庭证据文献（日文），按证据号（1－3699）排序，共计 51 包。

需要指出的是，在 RG238、RG331 组文献中亦存有法庭证据文献。前者为英文版本，后者包括英、日两个版本。RG331 组的证据文献经检查后发现不论是英文版本还是日本版本都不完整，因此有必要对这份证据文献的情况进行进一步了解。

● 远东国际军事法庭判决书，除了英、日文的法庭判决书之外，还包括庭长和另几位法官的个别意见书。此外还有一些法庭背景文件和对判决书的法律解释。共计 8 包。

（2）RG238：国家档案馆第二次世界大战战争犯罪记录-远东国际军事法庭（IMTFE）记录［National Archives Collection of World War II War Crimes Records，Records of the International Military Tribunal for the Far East（IMTFE）1946－1948］

● 1946 年 5 月 17 日至 1948 年 11 月 12 日庭审记录（听写），总计 1 包。一份为庭审记录，一份为庭长办公室审理记录，包括每次会议的时间、地点、出席人物、讨论、证据等。不过两份记录都不完整。

● 检方案件的人名及主题索引，共计 2 包。原题名为"检方案件记录的一般索引"。

● 辩方案件的人名及主题索引，共计 3 包。原题名为"辩方案件记录的一般索引"，时间截至 1947 年 10 月，包括满洲国部分、中国部分、苏联部分和太平洋战争中的三国同盟部分。

● 证人人名索引，共计 4 包。这份索引的内容描述与 RG153 组文献中的证人索引大致相同，但应该不是同一版本。

● 法庭庭审记录（1946.4.29－1948.11.12），共计 73 包。包括了起诉书、全部公开庭审的逐字记录、判决书和最终判决，不包括几位法官的个别意见书。在记录最后部分附有法庭速记员们对自己所负责的庭审内容记录的签名保证书。就内容而言，这份庭审记录应当为一个较好的版本。除了正式的庭审记录外，还有一些零散的关于法庭事务的信息文件，甚至包括对工作条件和人事变动的抱怨。

- 庭长办公室审理记录（1946.5.4－1948.9.28），共计 2 包。在庭长办公室中的讨论包括检、辩双方对于法庭管辖权、被告在法律上的限制和所享有的权利（如保外就医）、证据提交和返回的时间等问题。庭长办公室的记录频繁地引用法庭庭审记录。这是一份逐字记录的庭长办公室会议的记录，分为 6 卷（RG153 组文献保存的庭长办公室审理记录情况如何，由于描述过于简略尚不得而知）。

- 法庭日报（1946.4.29－1948.11.12），共计 8 包，5 462 页。内容包括每天的公开庭审摘要和庭长办公室记录摘要，以及庭长与最高司令部、国际检察局代表之间的会议。此外，还包括法庭判决书和荷、法、印三国法官的个别意见书。

- 法庭诉讼事件表索引，共计 1 包。其索引项有："宣誓口供书""申请""传讯""患病证明""庭审记录订正""被告""作证""指示""健康""听证会""指控""判决""动议""宣誓""命令""辩护词""对证人和文件的请求""宣判"和"传唤"。

- 法庭证人人名的卡片索引，共计 1 包。每张卡片记录了一位证人的名字、对应的法庭诉讼事件编号和作证相关信息。

- 法庭诉讼事件列表（1946.4.25－1948.11.19），共计 1 包。

- 法庭公文（1946.4－1948.11），共计 18 包。包括了被告方的动议和请愿书文件，法官、律师及证人的宣誓文件，被告健康状况证明，文件的提出、撤回及修正等申请。此外还包括了五位法官的少数意见书。

- 法庭证据登记表（1946.6.12－1948.2.10），共计 1 包。

- 法庭证据列表，共计 2 包。信息较以上登记表详细完备，可作为一份证据文献的搜索帮助文档。

- 法庭证据文献(1946－1948)，共计 216 包。包括了远东国际军事法庭接纳的证据文献，涵盖了大量美国和日本的正式和非正式出版物。大部分日语证据都附有一份英文译本。这部证据文献已被制成缩微胶卷（美国国家档案馆，编号 T918，第 8—28 及 30—36 卷）。

目前除了 RG331 组文献中的证据文献确认不完整之外，RG153 和本组文献中的证据文献具体情况尚不得而知。根据描述来看，此处的证据文献可能是完备度最高的。

- 法庭驳回证据文件列表，共计 1 包。这份列表对每份被驳回的证据文献有简要的说明，并标注检/辩方文书号以及被驳回时反映在庭审记录中的页码。

- 驳回证据(1919－1945)，共计 43 包。内容为检、辩双方被驳回的证据文献，其中包括日本政府官员与别国官员的信件往来、长期生活在日本及中国的第三国人士的著述、当时的媒体报道、被告本人的陈述等。这些文件在当年的法庭上因为各种原因被驳回，但今天的研究者不可低估其研究价值。如前文所述，日本于 1995 年依据法务省收集的资料出版了东京审判辩护方驳回及未提出文件资料，而检方驳回证据文献尚未公开出版。

- 辩方文书(1947－1948)，共计 22 包。内容包括反映日本当时社会经济和外交状况的正式和非正式出版物、一份美国驻日大使格鲁关于被告广田弘毅的宣誓口供书。需要注意的是，这批文书是所有辩方文书中没有被作为证据提出的部分，被法庭接受或驳回的辩方文书均不在此列。

- 1948 年宣判后 25 名被告给麦克阿瑟的要求重新考虑判决和量刑的请愿书，共计 1 包。系 25 名被告各自的请愿书以及一份由本·布鲁斯·布莱克尼律师为代表的辩护团请愿书。此外还附有支持请愿书观点的证人口供和法官的反对意见书。

- 关于麦克阿瑟将军对法庭判决的评估记录，共计 1 包。内容为麦克阿瑟关于法庭判决的评估声明、一份由麦克阿瑟召集各盟国代表协助其对法庭判决进行评估的会议备忘录、法国大使和荷兰代表团长撰写的对量刑的书面意见。

- 1946 年 3 月 18 日—1948 年 11 月 9 日的官方照片，共 750 张。包括法官、检察团和辩护团成员、被告、证人、其他法庭工作人员、来访者、法庭场景和部分证据的照片。其中有一组经法庭执行秘书韩德利中校挑选过的庭审照片。

- 各式记录(1946－1948)，共计 4 包。为与法庭相关的各种未分类的文件，包括庭审记录部分概要、修订记录、法庭宪章副本、法庭成员宣誓不对外泄露庭审情况的文件、辩护律师个人简历等。

- 远东国际军事法庭和国际检察局记录的缩微胶卷副本，共计 9 包。目前这组文献制作了 61 卷 35 毫米缩微胶卷的副本，除了前文提到的法庭日志(T918)外，还有法庭证据文献、法庭公文、判决书等。此外还有一部 12 卷的电影资料，为 1933 年日本拍摄的《紧急关头的日本》，该电影也是法庭第 148 号证据。

3. 驻日盟军司令部相关

(1) RG331. 驻日盟军司令部(SCAP)记录(Records of the Allied Operational and Occupation Headquarters，World War II)。

盟军最高司令部是由当时的美、英、苏、中四国政府协商成立，并按照美国总统杜鲁门的指示在 1945 年 8 月 14 日指派麦克阿瑟将军为驻日盟军最高司令官，对日本实施间接统治，迫使其遵守投降文书中的款项。1952 年《旧金山和约》签署之后，该机构便完成使命解散了。这批资料对于了解美国对占领日本时期的政策倾向、各国对于惩办战争犯罪的态度、协商和后来的实施情况非常重要。它们是研究"东京审判前史"的珍贵史料。尤其是作为盟军最高司令部下属机构的国际检察局，其档案几乎都保存在这一目录下。布拉德谢尔的指南文档对 RG331 组文献的介绍和目录清单极为详尽,研究者可善加利用。目前所有的盟军最高司令部记录都保存在美国国家档案馆的联邦档案中心(Federal Records Center),不仅限于 RG331 一组文献。

- 驻日盟军法务部记录(Records of the SCAP Legal Section 1945 - 1952)

该部门主要负责制定一般性法律事务的政策和工作准则。其直接监管的战犯审判主要为 BC 级军事法庭,而负责审判 A 级战犯的远东国际军事法庭不在其主要范畴中。不过 ABC 级审判相关资料都统一归放于名为"1946 年 5 月至 1949 年 11 月的审判"这一条目下,包括荒木贞夫、东条英机等人的卷宗,东京审判庭长办公室审理记录,东京审判判决书以及田村浩、丰田副武两个 B 级战犯的审判记录。此外还有 8 包个人口供书和声明。

- 行政部记录(Administrative Division)

该条目下相关记录包括 1945 年至 1948 年的战争罪犯的调查(2 包)和讯问报告(1 包)。不过,通过与粟屋宪太郎的《国际检察局讯问记录》中的名单对比,此处的讯问名单与同组"IPS 记录"条目下的相关内容有很大的出入,且体量也小很多。在进一步探明之前,尚不能确定两者之间的关系。

- 国际检察局记录(Records of the SCAP International Prosecution Section)

国际检察局正式成立于 1945 年 12 月 8 日(盟军最高司令官第 20 号命令),其职能是筹备远东国际军事法庭对日本战争犯罪嫌疑人的指控工作并在庭审中担任法庭检控方。审判结束后它的剩余职能被并入法务部。

如果将整个远东国际军事法庭比作一座冰山,法庭庭审记录体现了水面以上的部分,即法庭正式运作的全过程,而国际检察局文件则记录了这座冰山的基底是如何构建的过程,这对于"东京审判前史"的研究是非常重要的一环。国际检察局的记录由于长期深藏于档案馆,在粟屋宪太郎所做的工作以前从未有过哪怕部分的正式出版，所以也尚未得到研究者的足够重视。目前这批文献除了纸质版本外，大部分亦制作了缩微胶卷，总数超过1 000卷。其内容包括：1946年至1948年首席检察官季南的往来信函、检察局工作人员记录、经过编号的案宗、证人和嫌疑人文件、作为证据而搜集的各式文件、证据分析报告、辩方文书、木户幸一日记、法庭各式公文、英日两种语言的庭审记录、法庭证据文件、判决书、媒体相关报道的副本以及其他各式文件等。不过东京审判研究中心在整理此处的法庭证据文件时发现，不论是英文还是日文版本都存在缺失，并且两者缺失的地方不一致，相较而言，英文版的缺漏更为严重一些。[1]

除了RG331组文献外，另两组文献也包含一部分国际检察局记录，分别是：

RG125. 海军军法处记录-战争犯罪条目［Records of the Office of the Judge Advocate General（Navy），War Crimes Branch］

此条目下存有关于国际检察局1944—1947年间一部分调查和其他工作的记录，共14包资料。

RG153. 陆军军法处记录-战争犯罪条目［Records of the Judge Advocate General（Army）］

此条目下的"一般和行政文件1945—1947"分组编号第75包是国际检察局1946年1月28日的44页会议备忘录。另一份是编号第120包，为1946年11月21日华盛顿文献中心与国际检察局长、东京审判首席检察官季南的通信。

（2）RG554 陆军司令部、远东司令部、盟军最高司令部和联合国司令部的记录（Records of General Headquarters，Far East Command，Supreme Commander Allied Powers，and United Nations Command）。

该组文献下有"巢鸭监狱记录"共377包，内容主要为监狱日志和在

1　对日战犯审判文献丛刊编委会：《远东国际军事法庭证据文献集成》，国家图书馆出版社，上海交通大学出版社，2014。

押人员的个人文件。

此外值得一提的是编号 242 组文献。档案建立于 1947 年，为美国从战败轴心国接收的各类文件。这其中自然也包括那些未被销毁的日本外务省和陆海军文书。1945 年日本投降后不久，日本军部和政府曾进行大规模的档案烧毁行动。尽管如此，美国接收的文书数量还是相当可观，大约有 30 000 余册，此外还有 25 万册图书资料。它们被制作成缩微胶卷，原始文档后来交还给日本。这批文书尽管与东京审判庭审本身没有直接关系，但却为国际检察局的起诉准备工作提供了大量素材，同时也是研究日本战争时期国家政策和外交关系的珍贵资料。

以上罗列的各组文献对美国国家档案馆所藏东京审判相关史料有一个大致的勾勒，可以看出，以远东国际军事法庭为专题的 RG238 组文献在数量和文献完备性上显然都胜于其他编组，它与以盟军最高司令部（国际检察局）为专题的 RG331 组文献一起组成了东京审判的重要史料群。迄今为止，一些个人和机构已对其中几部核心文献进行了整理和出版，不过由于资料体量过于庞大，相关甄别和评估将是一个长期的工作。

表 2-1 美国国家档案馆缩微胶卷总表 [1]

Records of the Far Eastern Commission，1945-1952		
远东委员会记录，1945—1952		
编组：43	号码：C36	卷数：167

Records of the Department of State Relating to the Political Relations of Japan，1955-1959		
国务院关于对日政治关系的记录，1955—1959		
编组：59	号码：C10	卷数：3

1　本表由上海交通大学战争审判与世界和平研究院助理研究员龚志伟制作，此处仅作个别文字修改，对他的辛勤工作谨表谢意。

Records of the Department of State Relating to Political Relations with Japan，1955 – 1959

国务院关于对日政治关系的记录,1955—1959

| 编组：59 | 号码：C11 | 卷数：8 |

Records of the Office of Chinese Affairs，1945 – 1955

涉华事务办公室记录,1945—1955

| 编组：59 | 号码：C12 | 卷数：41 |

Confidential U. S. State Department Special Files，Japan：First Supplement，1946 – 1966

美国国务院机要文档,日本：第一次增补,1946—1966

| 编组：59 | 号码：C195 | 卷数：25 |

Navy JAG Case Files of Pacific Area War Crimes Trials，1944 – 1949

太平洋地区战争罪行审判的海军 JAG 案卷,1944—1949

| 编组：125 | 号码：C72 | 卷数：16 |

Army JAG Case Files of Pacific Area War Crimes Trials，1944 – 1949

太平洋地区战争罪行审判的陆军 JAG 案卷,1944—1949

| 编组：153 | 号码：C73 | 卷数：4 |

United Nations War Crimes Commission List，1944 – 1948

联合国战争罪行委员会清单,1944—1948

| 编组：153 | 号码：M1536 | 卷数：154 |

German and Japanese Surrender Documents of World War II and the Korean Armistice Agreements

二战德国、日本投降文件以及朝鲜停战和约

| 编组：218 | 号码：T826 | 卷数：1 |

Records of the Research and Analysis Branch（'Regular' Series），1941 – 1945

研究与分析分部记录，1941—1945

编组：226	号码：M1499A	卷数：200

Records of the Research and Analysis Branch（'Regular' Series），1941 – 1945

研究与分析分部记录，1941—1945

编组：226	号码：M1499B	卷数：191

OSS Washington Secet Intelligence/Special Funds Records，1942 – 1946

华盛顿战略办公室秘密情报/特殊基金记录，1942—1946

编组：226	号码：M1934	卷数：24

Court Papers，Journal，Exhibits，and Judgments of the International Military Tribunal for the Far East，1900 – 1948

远东国际军事法庭的法庭文件、日志、证据和审判，1900—1948

编组：238	号码：T918	卷数：62

Japanese Air Target Analyses，Objective Folders，and Aerial Photographs，1942 – 1945

日本空袭目标分析、目标文件夹和航空照片，1942—1945

编组：243	号码：M1653	卷数：7

Interrogation of Japanese Leaders and Responses to Questionnaires，1945 – 1946

日本领导人的讯问及调查答卷，1945—1946

编组：243	号码：M1654	卷数：9

U. S. Strategic Bombing Survey (Pacific)：Reports and Other Records，1928 – 1947

美国战略轰炸调查（太平洋地区）：报告和其他记录，1928—1947

编组：243	号码：M1655A	卷数：200

U. S. Strategic Bombing Survey (Pacific): Reports and Other Records, 1928 – 1947

美国战略轰炸调查(太平洋地区):报告和其他记录,1928—1947

| 编组:243 | 号码:M1655B | 卷数:177 |

Miscellaneous Documents Relating to the Atomic Bombing of Japan, Allied and Japanese Military Operations in the Pacific, and Japanese Reports on the Chinese Communist Party

对日使用原子弹,盟军和日军在太平洋的军事行动,日本对中国共产党的报告等各类文件

| 编组:243 | 号码:M1738 | 卷数:8 |

Reviews of the Yokohama Class B and Class C War Crimes Trials by the 8th Army Judge Advocate, 1946 – 1949

横滨 B、C 级战犯审理(第八军法处)的评论,1946—1949

| 编组:331 | 号码:M1112 | 卷数:5 |

Transcripts from the Case of the United States of America vs. Soemu Toyoda and Hiroshi Tamura, 1946 – 1948

关于审判丰田副武、田村浩的庭审记录,1946—1948

| 编组:331 | 号码:M1661 | 卷数:4 |

Studies, Reports, and Other Reference Documents of the Allied Operational and Occupation Headquarters, World War II, Supreme Commander Allied Powers, International Prosecution Section, 1944 – 1948

盟军总部、最高指挥部、国际检察局的研究、报告及其他相关文档,1944—1948

| 编组:331 | 号码:M1662 | 卷数:44 |

International Prosecution Section Staff Historical Files Relating to Cases Tried Before the International Military Tribunal for the Far East, 1945 – 1948

国际检察局工作人员关于远东国际军事法庭案件审理的历史文件,1945—1948

| 编组:331 | 号码:M1663 | 卷数:66 |

Miscellaneous Records of the Allied Operational and Occupation Headquarters，World War II，Supreme Commander Allied Powers，International Prosecution Section，1945 – 1948

盟军总部、最高指挥部、国际检察局的各类记录，1945—1948

编组：331	号码：M1664	卷数：9

Prosecution and Defense Summations for Cases Tried Before the International Military Tribunal for the Far East，1948

检、辩双方关于远东国际军事法庭案件审理的证据总结，1948

编组：331	号码：M1665	卷数：21

Narrative Summary and Transcripts of Court Proceedings for Cases Tried Before the International Military Tribunal for the Far East，1946 – 1948

远东国际军事法庭案件审理的法庭诉讼概述及速记录，1946—1948

编组：331	号码：M1666	卷数：62

Transcripts of Proceedings in Chambers for Cases Tried Before the International Military Tribunal for the Far East，1946 – 1948

远东国际军事法庭法官办公室审理记录，1946—1948

编组：331	号码：M1667	卷数：1

International Prosecution Section Before the International Military Tribunal for the Far East，1946 – 1948

首席检察官在远东国际军事法庭上有关案件审理的准备及实施的记录，1946—1948

编组：331	号码：M1668	卷数：18

Records of the International Prosecution Section：Prosecution's Opening Statements，Summary of Evidence，and Copies of Indictments，1946

国际检察局记录：检方的公开声明、证据摘要和起诉备份，1946

编组：331	号码：M1669	卷数：2

War Crimes Trial Documents Collected by the International Prosecution Section for Use Before the International Military Tribunal for the Far East，1945 – 1947

国际检察局收集的在远东国际军事法庭上使用的战争犯罪审判的文件，1945—1947

| 编组：331 | 号码：M1679 | 卷数：1 |

Documents Assembled for Use as Exhibits Before the International Military Tribunal for the Far East，1945 – 1947

远东国际军事法庭上作为证据而搜集的档案，1945—1947

| 编组：331 | 号码：M1680 | 卷数：34 |

Reports，Orders，Studies and Other Background Documents Gathered by the International Prosecution Section，1945 – 1947

国际检察局收集的报告、指令、研究和其他背景档案，1945—1947

| 编组：331 | 号码：M1681 | 卷数：9 |

Index to Numerical Case Files Relating to Particular Incidents and suspected War Criminals，International Prosecution Section，1945 – 1947

国际检察局关于特别事件和战争嫌疑犯的（按数字排序）案件（索引），1945—1947

| 编组：331 | 号码：M1682 | 卷数：4 |

Numerical Case Files Relating to Particular Incidents and Suspected War Criminals，International Prosecution Section，1945 – 1947

国际检察局关于特别事件和战争嫌疑犯的案件（按数字排序），1945—1947

| 编组：331 | 号码：M1683 | 卷数：73 |

International Prosecution Section Records Relating to Witnesses for the Prosecution and the Defense，1946 – 1947

国际检察局关于检、辩双方证人的记录，1946—1947

| 编组：331 | 号码：M1684 | 卷数：20 |

Documents Presented as Evidence by the Defense Before the International Military Tribunal for the Far East，1945 - 1947

辩方在远东国际军事法庭上提出的证据，1945—1947

编组：331	号码：M1685	卷数：2

Exhibits of the Prosecution and the Defense，Introduced as Evidence Before the International Military Tribunal for the Far East，1945 - 1947

检、辩双方在远东国际军事法庭上提出的证据，1945—1947

编组：331	号码：M1686	卷数：17

Index to Court Exhibits in English and Japanese，International Prosecution Section，1945 - 1947

国际检察局的(英日文)法庭证据(索引)，1945—1947

编组：331	号码：M1687	卷数：1

Court Exhibits in English and Japanese，International Prosecution Section，1945 - 1947

国际检察局的(英日文)法庭证据，1945—1947

编组：331	号码：M1688	卷数：48

Indexes to Numerical Evidentiary Documents Assembled by the Prosecution for Use as Evidence Before the International Military Tribunal for the Far East，1945 - 1947

检方搜集用以在远东国际军事法庭上出示的证据文件(编有序列)的索引，1945—1947

编组：331	号码：M1689	卷数：8

Numerical Evidentiary Documents Assembled as Evidence by the Prosecution for Use as Evidence Before the International Military Tribunal for the Far East，1945 - 1947

检方搜集用以在远东国际军事法庭上出示的证据文件(编有序列)，1945—1947

编组：331	号码：M1690A	卷数：200

Numerical Evidentiary Documents Assembled as Evidence by the Prosecution for Use as Evidence Before the International Military Tribunal for the Far East，1945 – 1947

检方搜集用以在远东国际军事法庭上出示的证据文件（编有序列），1945—1947

编组：331	号码：M1690B	卷数：200

Numerical Evidentiary Documents Assembled as Evidence by the Prosecution for Use as Evidence Before the International Military Tribunal for the Far East，1945 – 1947

检方搜集用以在远东国际军事法庭上出示的证据文件（编有序列），1945—1947

编组：331	号码：M1690C	卷数：200

Indexes to Documents Presented as Evidence by the Defense and Defense Documents Rejected as Evidence Before the International Military Tribunal for the Far East，1945 – 1947

辩方在远东国际军事法庭上作为证据出示的文件及被法庭驳回的辩方文件（索引），1945—1947

编组：331	号码：M1691	卷数：2

Documents Presented as Evidence by the Defense Before the International Military Tribunal for the Far East，1945 – 1947

辩方在远东国际军事法庭上作为证据出示的文件，1945—1947

编组：331	号码：M1692	卷数：19

Defense Documents Rejected as Evidence Before the International Military Tribunal for the Far East，1946 – 1947

被远东国际军事法庭驳回的辩方证据文件，1946—1947

编组：331	号码：M1693	卷数：16

Alphabetical Series of Defense Documents Presented for Evidence and Rejected by the International Military Tribunal for the Far East，1947

辩方在远东国际军事法庭上作为证据出示以及被驳回的证据文件（按字母排序），1947

编组：331	号码：M1694	卷数：3

Index to Names of Witnesses and Suspected War Crimes Perpetrators Who Appeared Before the International Military Tribunal for the Far East, 1945 – 1947

在远东国际军事法庭上出庭的证人和战争罪嫌犯的名单索引,1945—1947

编组:331	号码:M1695	卷数:1

Indexes to Files Showing the Receipt and Distribution of Defense Documents and the Receipt of Affidavits from Prisoners of War and Other Sources, 1946 – 1948

辩方档案和源自战俘等的书面陈述的出纳记录(索引),1946—1948

编组:331	号码:M1696	卷数:2

Analyses of the Documentary Evidence Introduced by the Prosecution Before the International Military Tribunal for the Far East, 1946 – 1948

对检方在远东国际军事法庭上作为证据出示的文件的分析,1946—1948

编组:331	号码:M1697	卷数:6

Indexes to Court Documents Including Orders, Rules of Procedure, and Copies of the Indictment and Motions of the Defense, 1946 – 1948

法庭档案,包括命令,程序规则,辩方起诉、动议的副本(索引),1946—1948

编组:331	号码:M1698	卷数:1

Court Documents Including Orders, Rules of Procedure, and Copies of the Indictment and Motions of the Defense, 1946 – 1948

法庭档案,包括命令,程序规则,辩方起诉、动议的副本,1946—1948

编组:331	号码:M1699	卷数:3

Indexes and Lists of Witnesses for the Defense and for the Prosecution Before the International Military Tribunal for the Far East, 1946 – 1948

远东国际军事法庭上出席的检、辩双方证人(索引和清单),1946—1948

编组:331	号码:M1700	卷数:1

Numeric Records of the Prosecution Attorneys Relating to the Prosecution's Evidence Before the Military Tribunal of the Far East，1946－1948

检方律师关于检方在远东国际军事法庭上提出的证据的记录(按数字排序)，1946—1948

| 编组：331 | 号码：M1701 | 卷数：4 |

Records Pertaining to Rules and Procedures Governing the Conduct of Japanese War Crimes Trials，Atrocities Committed Against Chinese Laborers，and Background Investigations of Major Japanese War Criminals

日本战争罪行审讯中施行的规则和程序，对中国劳工的暴行，对主要日本战犯的背景调查

| 编组：331 | 号码：M1722 | 卷数：17 |

Miscellaneous Documents Relating to Japan's Economic，Industrial，Military，and Diplomatic Activities，Used as Background Materials by the International Prosecution Section，1929－1945

国际检察局作为日本经济、工业、军事、外交活动的背景材料，1929—1945

| 编组：331 | 号码：M1723 | 卷数：7 |

Nuremberg Transcripts Used as Reference Documents by the International Prosecution Section for the International Military Tribunal for the Far East，1945－1947

国际检察局为准备远东国际军事法庭而使用的作为参考资料的纽伦堡审判记录，1945—1947

| 编组：331 | 号码：M1724 | 卷数：8 |

Supreme Commander for the Allied Powers Report on the Summation of U. S. Army Military and Non-Military Activities in the Far East，1945－1947

盟军最高司令部关于美军在远东的军事及非军事行动的总结的报道，1945—1947

| 编组：331 | 号码：M1725 | 卷数：3 |

Records of Trials and Clemency Petitions for Accused Japanese War Criminals Tried at Yokohoma, Japan, by a Military Commission Appointed by the Commanding General, Eighth Army, 1946 - 1948

对在横滨受审的日本战犯们的庭审记录和豁免提议（第八军总司令任命的军事委员会），1946—1948

编组：331	号码：M1726	卷数：59

Records of Trials of Accused Japanese War Criminals Tried at Manila, Philippines, by a Military Commission Convened by the Commanding General of the United States Army in the Western Pacific, 1945 - 1947

在马尼拉受审的日本战犯的庭审记录（西太平洋美军总司令召集的军事委员会），1945—1947

编组：331	号码：M1727	卷数：34

Records of the Trial of Accused War Criminal Hiroshi Tamaura, Tried by a Military Tribunal Appointed by the Supreme Commander of the Allied Powers, Tokyo, Japan, 1948 - 1949

田村浩的审讯记录（盟军最高指挥部任命的军事法庭），1948—1949

编组：331	号码：M1728	卷数：3

Records of the Trial of Accused War Criminal Soemu Toyoda, Tried by a Military Tribunal Appointed by the Supreme Commander of the Allied Powers, Tokyo, Japan, 1948 - 1949

丰田副武的审讯记录（盟军最高指挥部任命的军事法庭），1948—1949

编组：331	号码：M1729	卷数：7

Miscellaneous Documents Relating to the Japanese Attack on Pearl Harbor and Other Japanese Military Activities, 1941 - 1945

日本袭击珍珠港和其他军事行为的各类档案，1941—1945

编组：331	号码：M1730	卷数：1

Photostatic Copies of Newspaper Articles Relating to Japanese War Crimes and War Crime Trials，1943－1948

报刊上关于日本战争罪行和战争罪行审判的文章（影印件），1943—1948

| 编组：331 | 号码：M1731 | 卷数：1 |

Miscellaneous International Prosecution Documents Used as Background in Preparation for the International Military Tribunal for the Far East，1940－1948

供筹备远东国际军事法庭参考的各类国际诉讼文件，1940—1948

| 编组：331 | 号码：M1732 | 卷数：19 |

Photographs of Japanese Soldiers and of Allied Prisoners of War，1942－1945

日军士兵和盟军战俘的照片，1942—1945

| 编组：331 | 号码：M1733 | 卷数：1 |

Records of the Secretary of State's Staff Committee，1944－1947

国务参谋委员会机要处记录，1944—1947

| 编组：353 | 号码：M1054 | 卷数：5 |

State-War-Navy Coordinating Committee （SWNCC） and State-Army-Navy-Air Force Coordinating Committee （SANACC） Decimal Subject Files，1944－1949

国务-战争-海军统筹委员会、国务-陆军-海军-空军统筹委员会的十进分类文档，1944—1949

| 编组：353 | 号码：M1195 | 卷数：12 |

Minutes of Meetings of the State-War-Navy Coordinating Committee （SWNCC），1944－1947

国务-战争-海军统筹委员会的会议记录，1944—1947

| 编组：353 | 号码：T1194 | 卷数：1 |

Minutes of Meetings of the Subcommittee for the Far East，1945 - 1947		
远东小委员会的会议记录，1945—1947		
编组：353	号码：T1198	卷数：1

Records of the Subcommittee for the Far East，1945 - 1948		
远东小委员会的会议记录，1945—1948		
编组：353	号码：T1205	卷数：1

（二）美国国会图书馆

日本投降后，美国国会图书馆作为接收日本政府文书的机构之一，很早就制作了较为完备的东京审判庭审资料的缩微胶卷，包括：庭审记录、法庭证据、总结陈词、庭审记录概要、法官办公室审理记录、辩方驳回证据、法庭判决书和法官个别意见书。中国国家图书馆和日本国立国会图书馆都曾从该馆购入东京审判的缩微胶卷。2013 年中国国家图书馆-上海交通大学出版社出版的英文庭审记录所依据的底本即为该馆保存的 36 卷庭审记录缩微胶卷。但国会图书馆网站目前并没有给出关于这批资料的来龙去脉的详细情况，它们很可能来自美国国家档案馆的资料复制。

此外，国会图书馆也收藏了曾在东京审判中担任检方调查官和检察官的弗兰克·法里尔（Frank Farrell）1945—1975 年期间的个人文书，总量超过 28 000 件。其中还包含了他赴上海调查日本战争罪行的资料。

（三）日本国立公文书馆

日本国立公文书馆从政府机构处接收重要的档案文献作为历史资料保存，现藏档案超过 130 万件，其中与二战后战犯审判相关的档案文献有两大专门的资料群，分别为宫内厅和法务省移交的东京审判相关档案。

除此之外，外务省、厚生省等机构收集制成的资料亦极为可观。

1. 宫内厅移交远东国际军事法庭相关资料

日本宫内厅是一个较为特殊的政府机构，它是掌管天皇、皇室及皇宫事务的机构，其前身为"宫内省"与"宫内府"。这批资料为 1974 年由日本宫内厅移交的远东国际军事法庭相关资料，共有 64 箱。直到 2002 年底，相关的整理和目录制作的工作最终完成，资料内容主要包括：

（1）法庭庭审记录 995 件，其中 992 件为完整的英文庭审记录（49 858 页），剩余 3 件为开庭第一天的日文记录。

（2）检方证据资料 6 979 件（英语 6 668 件，日语等 311 件），包括所有采用和未采用的证据文件。

（3）辩方证据资料 12 236 件（英语 11 103 件，日语等 1 113 件），包括所有采用和未采用的证据文献。

（4）其他资料 3 655 件（英语 3 603 件，日语等 52 件）。

可以看出宫内厅这批资料的一个特点是英文文献占绝大多数，目前这批资料在日本国立公文书网站上还无法浏览。

2. 法务省移交战争犯罪审判相关资料

这批资料由日本法务省司法法制调查部制成，总计 6 003 件，1999 年移交国立公文书馆，内容包括：

（1）A 级审判记录、速记录、法庭判决书、法官个人意见书。

（2）A 级战犯相关资料，含日记、新闻剪报、远东军事审判资料目录、丰田副武和田村浩的审判记录。

（3）A 级战犯辩护相关资料、A 级战犯辩护研究资料、纽伦堡审判相关资料。

（4）BC 级战犯审判记录。

各地 BC 级战犯审判记录，包括美军组织的关岛、马尼拉、上海审判等,英军组织的新加坡、吉隆坡、香港审判等,澳大利亚组织的拉包尔、香港、新加坡审判,荷兰组织的巴达维亚审判,法国西贡审判(部分公开),汉口审判、北京审判、广东审判、沈阳审判、南京审判、徐州审判、上海审判、台北审判、太原审判。

战后在中国国内举行的 BC 级战犯审判资料分散藏于中国第二历史档案馆、各法庭所在地方档案馆以及台湾地区若干档案机构。这批保存在日本国立公文书馆的 BC 级战犯审判资料亦非当时审判原始记录。一部分来自引渡回日本的 BC 级战犯,其内容主要有三:一为法庭对他们的起诉书和判决书(多数都同时附有日文译本);二为战犯本人狱中日记、陈情书、抗辩书等;三为法务省司法调查部在 20 世纪 60 年代开始的对原战犯和当时参与审判的相关人士(多为辩护律师)的采访记录。此外少数几个法庭资料还有少部分的检察官讯问概要、法庭辩论要旨等文件。因战犯回到日本后归驻日盟军司令部管辖,当时还对这批资料制作了英文译件。总的来说,在中国战后 BC 级战犯审判原始资料缺失的情况下,国立公文书馆这批资料的研究价值不言而喻,但其中超过半数的内容仍处于半公开或要审查的状态,客观上限制了进一步的研究,但下文将要谈到的台湾地区所藏档案可与之互为补充。

(5)厚生省移交资料,包括 A 级审判、BC 级审判、复员援助关系等资料。

(6)司法法制调查部研究调查资料,包括各审判国参考资料,战争受刑者关照会资料。

目前这批资料中的 477 件已经提供网络浏览,内容标示为两部英文庭审记录和一部日文庭审记录,但其中 170 卷的"A 级極東国際軍事裁判記録(英文)"就其内容来看应为证据文献。另一部英文庭审记录在版本上与美国国家档案馆所藏一致。而日文庭审记录便是 1968 年雄松堂以之为底版经过重拍之后出版的《远东国际军事法庭速记录》。

3. 其他政府机构的相关资料

此外尚有不少与东京审判相关的零散文件分布在国立公文书馆所藏其他政府机构(国土交通省、内阁总理府等)的历史档案中,包括上述两大批档案汇总在内,绝大部分的档案都处在"行政文书"这一分类下。

日本是东京审判的受审国,日本国立公文书馆与东京审判相关馆藏文献或许在总量上不及美国国家档案馆馆藏,但在文献系统性和完整性上并不输于美国国家档案馆。另外,国立公文书馆馆藏的特点在于:第一,收录了日本与东京审判相关的各种政府文书。例如一份东京审判法庭翻译的应聘书以及法庭关于工作薪酬及其他事项的文件,[1]或者法庭判决书(含法官个人意见)的分配和印刷经费情况的文件。[2] 这些文件有助于对东京审判进行全方位的审视和研究;第二,极为丰富的辩方资料以及辩护研究资料。我们已知在东京审判法庭上,辩方对各名被告的辩护方针并非一成不变,并且始终存在国家辩护与个人辩护的矛盾。对馆藏辩护资料的初步分析显示,在东京审判开庭之前,日本就已经着手开展对A级战犯辩护方针的研究,从中亦可反映出日本战败后对审判的态度与立场。

(四) 日本国立国会图书馆宪政资料室

日本国立国会图书馆成立于1948年,是唯一一家收存日本国内全部出版物的法定呈缴本图书馆,因此日本所有研究东京审判的著书基本都可以在此找到。在基本的文献史料方面,该馆在东京审判结束后几十年间陆续接收了几处机构的重要馆藏。除了日本本土保存的资料,图书馆还向美国国家档案馆、美国国会图书馆等机构购入了大量胶卷资料(包括

1　『副領事山本晃外一名極東国際軍事裁判所の法廷通訳として極東国際軍事裁判所に応聘中同裁判所より俸給及び其の他の給与を受くるの件』,请求番号本館-2A-029-01・纂03119100。

2　『極東国際軍事裁判判決文配賦の件』,请求番号-2A-029-04・昭57総00057100。

前文提到的 RG238、RG331、T918 等重要文献组），从而成为东京审判史料收藏的最重要机构之一。目前主要相关资料都藏于该馆的宪政资料室中。

宪政资料室的前身可以追溯到 1937 年为纪念日本帝国宪法制定 50 周年而设立的"宪政史编纂会"。1986 年，宪政史编纂会与保管日本占领相关资料的现代政治史资料室合并成立了现在的宪政资料室。2002 年，国立国会图书馆特别资料室关闭，其所藏日本移民资料移交宪政资料室保管，从而形成了目前宪政资料室馆藏资料的三个大类：日本近现代政治史料、日本移民相关资料和日本占领相关资料——大部分与东京审判相关的资料即归于此类。[1]

1. 原最高裁判所图书馆藏远东国际军事审判记录（最高裁判所図書館旧蔵　極東国際軍事裁判記録）

这批资料共 763 册，系日本最高法院图书馆——为日本国立国会图书馆下属的支部图书馆，也是专业法律图书馆——在东京审判庭审期间收集制作而成。2007 年移交国立国会图书馆保管。其内容涵盖全面，包括英、日两种语言资料，主体内容分为十二部，索引六部，索引附录三部：[2]

第一部：起诉书。

第二部：庭审记录（18 册）。

第三部：检方最终陈述（45 册）。

第四部：辩方最终陈述（40 册）。

第五部：检方对辩方最终陈述的回应（1 册）。

第六部：判决书，不含法官个别意见（6 册）。

第七部：法庭证据（46 册），从 45 号证据开始。

1　宪政资料室所藏资料目录见：http://rnavi. ndl. go. jp/kensei/tmp/kenseishozoichiran. pdf.

2　日本最高法院对这批资料制作了英、日两种语言的目录，见：https://rnavi. ndl. go. jp/kensei/tmp/IMTFE_Saikosai. pdf.

第八部：检方被驳回证据文献（1 册）。

第九部：辩方被驳回证据文献（9 册）。

第十部：检方未提出的证据文献（14 册）。

第十一部：辩方未提出的证据文献（25 册）。

第十二部：辩方开场陈词（2 册）。

索引：6 部（法庭文书总目录、检方文书索引、辩方文书索引、法庭证据索引、证人索引、驳回文书索引）。

索引附录：3 部（法庭章程一览、日语辩方文书索引、日语 IPS 证据文献索引）。

这其中有些资料是朝日新闻报社资料中所不包含的，故而具有较高价值。不过在 2007 年的移交过程中，一部分文献丢失。

2. 原朝日新闻社调查研究室藏远东国际军事审判记录（朝日新聞社旧蔵　極東国際軍事裁判記録）

资料共 216 箱，系朝日新闻社的法庭记者团从 1947 年开始收集整理编制而成的东京审判资料，其体量仅次于法务省收集的资料。朝日新闻社为此还制作了详细的检索目录。[1] 1979 年，这批资料被赠给了日本国立国会图书馆，一同赠与的还有它们和日本法务省司法法制调查部（即前述最高法院）所藏资料相互对照的卡片——这些卡片显然为史料研究打下了良好的基础。其资料包括：

日文资料：庭审记录，起诉书，检、辩双方证据，法庭证据，检、辩双方最终陈词，判决书（包括五位法官的个人意见书）以及辩方在庭审各个阶段的开场陈词。

英文资料：庭审记录，起诉书，庭长办公室审理记录，法庭文书，检、辩双方证据，最终陈词，判决书，证人及证据索引，辩方文书目录，驳回文

1　朝日新聞調査研究室、『極東国際軍事裁判記録　目録及び索引』、朝日新聞調査研究室、1953 年。

书目录,语言部门对法律词汇的解释记录及其他各种文件。

可以看到,以上两大部门收集的东京审判相关资料有很多重合之处,但并非完全一致。朝日新闻社资料中的日文判决书包含了几位法官的个人意见书,而最高法院资料则没有这部分内容。至于检、辩双方的证据文献,即便是将两者结合起来仍然不完整。[1] 而美国国家档案馆 RG331 组文献中英、日文证据文献也存在这个问题。笔者尚未检阅 RG238 组所藏的证据文献情况,不清楚是否为同一个版本,下文还将提到其他几处证据文献馆藏。不管怎么说,设法利用现存于各地的若干个证据文献藏本修补出一个完整版本恐怕是将来文献整理的工作之一。

3. 国士馆大学附属图书馆藏远东国际军事审判相关资料集成(第 1 期)英文速记录和日文证据资料[2][国士館大学附属図書館所藏　極東国際軍事裁判関係資料集成　(第 1 期)英文速記録及び和文証拠資料]

国士馆大学的这批资料为缩微胶卷,共 161 卷。原本属于日本法务省从东京审判各辩护人处收集来的资料。1970 年,法务省将其中重复的部分资料让渡给国士馆大学,后来这批资料又交东京大学保管。[3] 原始资料有日文 282 册,英文 486 册,后由日本柏书房制成缩微胶卷,国立国会图书馆于 1995 年购入其第 1 期资料。其重要内容包括日文版法庭证据、英文版庭审记录、英文版判决书及法官个别意见(庭长个别意见未收录)。需要指出的是,这批资料中的庭审记录缺页情况较多,并非善本。

此外,日本国立国会图书馆向世界其他机构购入档案的情况大致如下:

1. 美国国家档案馆(NARA)

(1) 盟军最高司令部文书(Records of the General Headquarters

1　见日本国立国会图书馆网站: https:// rnavi. ndl. go. jp/ kensei/ entry/ IMTFE. php。

2　国士馆大学图书馆目前也存有该套资料的缩微胶卷,见 http:// libw01. kokushikan. ac. jp。

3　豊田隈雄,『戦争裁判余録』,泰生社,1986 年、第 476 頁。

Supreme Commander for the Allied Powers，GHQ/SCAP)。

为缩微胶卷，共 1 539 卷，系日本国立国会图书馆本着对 GHQ/SCAP 档案"全收"的方针，自 1978 年至 2000 年间陆续从美国国家档案馆拍照、复印而来，当中除去日本国内已有的重复资料。图书馆亦制作了与美国国家档案馆 RG331 组文件中的盟军最高司令部文书的内容对照表。[1]

（2）国际检察局文书［Records of the International Prosecution Section（IPS）］。

为缩微胶卷，共 1 148 卷，来源同样是美国国家档案馆 RG331 组文献。国立国会图书馆于 1991 年开始对这批胶卷进行复制，至 1993 年完成。

（3）远东国际军事审判法庭文书、证据及判决书（Court Papers，Journals，Exhibits，and Judgments of the International Military Tribunal for the Far East）。

为缩微胶卷，共 61 卷，来源为美国国家档案馆 RG238 组文献，缩微胶卷号 T918，图书馆于 1979 年全部购入。

（4）远东国际军事审判部分记录［Selected Records of the International Military Tribunal for the Far East（IMTFE），1946 - 1948］。

为缩微胶卷，共 259 卷，系图书馆 2010 年购入，缩微胶卷号 M1060，同属于 RG238 组文献。

2. 美国国会图书馆（Library of Congress）

（1）远东国际军事法庭庭审记录（1946 - 1948）。

为缩微胶卷，共 36 卷，系国立国会图书馆 1969 年购入。这份英文庭审记录中没有收录判决书的部分。购入的原因可能与彼时美国国家档案

1　https://rnavi.ndl.go.jp/kensei/tmp/taisho.pdf.

馆许多文件尚未解密而无从寻找有关。（相关文件的大规模解密在1974年）

（2）日本外务省文书。

为缩微胶卷，共2 164卷。美国接收的留存下来的日本外务省文书不久后被国际检察局借用，那些后来未成为法庭证据的文书又被返还给美国中央情报局、联邦档案中心和美国国家档案馆。东京审判结束后，日本外务省旋即向美国提出返还所有外务省文书。1952年底，美国政府在留下文书的缩微胶卷副本后将这批文书交还日本政府，但其中不包括成为东京审判法庭证据的部分，理由是要维持东京审判文书的完整性。此后在日本的一再要求下，美国于1955年归还余下的部分文书。国立国会图书馆于1971—1977年、1996—1997年间从美国国会图书馆陆续购入的这批资料是国会图书馆在1949年4月至1951年夏天对这批外务省文书筛选后制作的副本。其主要内容包括日本明治、大正和昭和年间外务省与驻各国使馆之间的往来文书电报、外交官员松本忠雄个人文书、条约文书、被国际检察局借走的外务省文书影像和其他一些未分类的文件。

3. 澳大利亚战争纪念馆［威廉·韦伯爵士文书（Papers of Sir William Webb）］

资料为3卷缩微胶卷。为日本国立国会图书馆从2007年开始从澳洲战争纪念馆收集的PDF文件，2013年制成胶卷后向社会公开。

（五）英国国家档案馆

参与东京审判的11个国家中，除英国以外，澳、加、印、新亦为英联邦国家。同盟国战犯委员会等一系列战后审判相关的机构也都设在伦敦。因此英国国家档案馆是继美、日之后又一处保存了丰富的战犯审判资料的文献机构，主要集中在外交部和陆军部档案的若干目录下：

1. 外交部档案 FO 371

● 同盟国战争罪行委员会及远东小委员会相关档案,这批资料体量超过 1 万页,内容涉及委员会的建立、会议记录、战争罪犯名单形成过程等各方面内容。

● 东京审判筹备工作档案(FO371/57422 – 57429),8 000 页左右。

● 日本战犯逮捕(FO371/57430 – 57432),7 000 页左右。

● BC 级战争罪行调查(上海、缅甸、西贡)和审判。

2. 陆军部档案

● WO203:东南亚战区司令部档案,包含部分战俘和战争罪行相关的政策。

● WO235:包含盟军东南亚战区司令部(ALFSEA)战争罪行小组对日军制造的惨案和战俘营状况的调查,以及二战后英国在欧洲和远东地区接受审判的个人卷宗,包括庭审记录、检辩双方陈词、证据等。

● WO311:英国陆军军法处档案。

● WO325:东南亚地区与同盟国军队有关的战争罪行的记录(Records of War Crimes groups attached to the Allied Forces in South East Asia)。

● WO353:战争罪行文件及其索引(War crimes files of the Military Deputy,with personal name and other indexes)。

● WO354,WO355,WO356,WO357:盟军东南亚战区司令部对远东地区战争罪行调查档案,内容包含证据评估、嫌疑人筛选、审判的进展和结果、判决和服刑详情,以及战争罪行调查嫌疑人名单及索引。

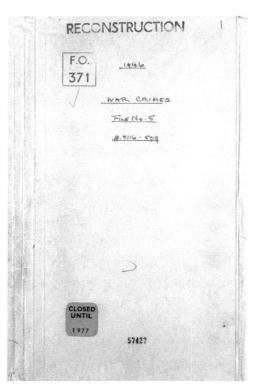

图 2 - 1　英国外交部关于日本战争罪行调查的档案

（六）中国第二历史档案馆

　　中国在第二次世界大战中既是日本侵略战争的受害者，也是世界反法西斯战争的战胜方之一。带着这两种身份参与东京审判，赋予了审判和国家两方面同样重要的意义：于审判而言，中国作为独立主权国家，区别于作为亚洲殖民地宗主国的西方国家，凸显了东京审判的正义性质；于中国自身而言，东京审判是中国司法体系近代化以来首次参与的国际审判，对抗战胜利后中国在国际政治外交舞台的重新定位意义重大。中国自战争后期开始参与对日本罪行的审判，而且是从筹备到实施的全过程参与。这一时期的档案内容涉及中国参与同盟国战争罪行委员会及主持设在重庆的远东小委员会的工作情况，国民政府对日战犯的决策，组织与派遣东京审判中国代表团的经过，国内 BC 级战犯审判法庭的设立、运行与收尾工作等方面，对研究中国与东京审判以及国民政府对日审判的课题来说，资料丰富且重要。然而，东京审判进行之时却值中国内战正酣，审判结束不久便迎来了政权交叠的混乱时期，这使得相关档案资料的去向变得复杂。

通过近年来有关机构与学者的努力，基本探明现今有关中国与东京审判的档案资料除了由上述美国及日本主要档案机构收藏之外，其国内收藏地主要在南京中国第二历史档案馆、台北"国史馆"及"国家发展委员会档案局"。此外国民政府的十个 BC 级战犯法庭所在地档案馆也保存了部分审判档案。由于中国特殊的档案制度，这些档案长期以来不曾对外公布，世人难以知晓详情。不过在各方推动下，中国第二历史档案馆所藏国民政府对日审判档案经过整理编目，于 2020 年正式付梓出版。[1] 档案总数约 5 万页，内容主要包括：国民政府设在北京、上海、广州等十处对日审判军事法庭的各类文书；日本战争罪行调查文书；同盟国战争罪行委员会部分文书；纽伦堡及东京审判相关背景资料；部分日本战犯个人卷宗；国民政府战争罪犯处理委员会文书。这批档案最终得以面世的背后是许多有识之士的努力呼吁和精诚合作。即便仍有部分档案未能公开，但对于国民政府审判研究而言已是弥足珍贵。

表 2-2　中国第二历史档案馆所藏国民政府对日审判档案名录（部分）

编号	标　　题
1	第一绥靖区司令部审判战犯军事法庭人员官兵名册、编制表及调整编制的文书
2	第一绥靖区司令部审判战犯军事法庭人员委任、调派及免职等人事文书
3	第一绥靖区司令部审判战犯军事法庭呈报到差日期及发给职员服务证的文书
4	第一绥靖区司令部审判战犯军事法庭职员请假、辞职、借支薪饷的文书

[1]　中国第二历史档案馆、上海交通大学东京审判研究中心编：《中国对日战犯审判档案集成》（102 卷），上海交通大学出版社，2020。

编号	标　　题
5	日本战犯名单及《新华日报》公布之日本战犯名单(内有英文)
6	行政院、司法行政部、国防部等单位调查日本侵华罪行案(内有英文)
7	日本侵华期间历届内阁内政外交动态以及人员名单资料
8	外交部、司法行政部搜集之关于国际军事法庭审判日本战犯的资料(内有英文)
9	司法行政部及各地司法处、地方法院调查日军罪行案
10	战争罪犯处理委员会、司法行政部调查日本战犯罪行之办法、会议记录、函件等资料
11	司法行政部对日军第三十四师团团长伴健雄罪行审查表目录
12	日本战犯伴健雄罪行调查表(一)至(七)
13	国防部上海战犯拘留所一九四七年六月羁押战犯月报表
14	国防部上海战犯拘留所一九四七年一月中、下旬羁押战犯旬报表
15	国防部上海战犯拘留所一九四七年二月羁押战犯月报表
16	国防部上海战犯拘留所一九四七年二月上、中、下旬羁押战犯旬报表
17	国防部上海战犯拘留所一九四七年三月上、中旬羁押战犯旬报表
18	国防部上海战犯拘留所一九四七年四月羁押战犯月报表
19	国防部上海战犯拘留所一九四七年五月羁押战犯月报表
20	国防部上海战犯拘留所一九四七年五月上、中、下旬羁押战犯旬报表
21	国防部上海战犯拘留所一九四七年六月羁押战犯月报表
22	国防部上海战犯拘留所一九四七年六月上旬羁押战犯旬报表
23	国防部上海战犯拘留所一九四七年七月中、下旬羁押战犯旬报表
24	国防部上海战犯拘留所一九四七年八月上旬羁押战犯旬报表
25	国防部上海战犯拘留所羁押战犯累积人数报告表
26	国防部审判战犯军事法庭一九四七年六月羁押战犯人数月报表
27	国防部审判战犯军事法庭一九四七年七月上旬羁押战犯人数旬报表
28	国防部审判战犯军事法庭一九四七年七月羁押战犯人数旬报表、月报表
29	日本战犯土肥原贤二、谷寿夫、奈良晃等人起诉书及判决书(内有英文)
30	第一绥靖区司令部审判战犯军事法庭对森田丰造、饼田实、姜将虎等人起诉书
31	第一绥靖区司令部审判战犯军事法庭关于移解日本战犯、检送战犯案卷及罪证的收文事由单
32	第一绥靖区司令部审判战犯军事法庭关于提审战犯、查报战犯行踪、选任辩护人及其他处理战犯事项的收文事由单(一)(二)
33	第一绥靖区司令部审判战犯军事法庭关于受理群众控诉战犯申诉的收文事由单
34	司法机关编造的日本战犯索引

编号	标　　题
35	第一绥靖区司令部审判战犯军事法庭案件进行簿
36	国民政府主席武汉行辕审判战犯军事法庭移送已结束案卷清册
37	国防部审判战犯军事法庭审判及检察之部未结、已结未归档案件移交清册
38	第一绥靖区司令部审判战犯军事法庭战犯案件审理月报表
39	全国各地拘留战犯阶级人数统计表及羁押战犯名册
40	第一绥靖区司令部审判战犯军事法庭羁押日本战犯人数统计表、月报表及旬报表
41	第一绥靖区司令部审判战犯军事法庭处理战犯案
42	"日军暴行令人发指、竟用战俘练习冲锋""日本战犯纷纷自首""远东国际法庭接获日本极端秘密档案"等远东军事法庭审判日本战犯的剪报
43	"纳粹战犯宣判、戈林等十二人绞刑""国际军事法庭开会筹议审讯纳粹要犯""戈林刑前自杀"等纽伦堡军事法庭审判纳粹战犯的剪报
44	"罪行调查小组举行联席会议""日本如何统治东北、溥仪将提重要证据""杀人比赛两少尉将由东京引渡来"等军事法庭审理日本战犯侵华罪行资料剪报
45	"处理汉奸案件条例""越军残杀华侨案迄今仍悬而未决""美国战后外交政策、杜鲁门列举十二点"等剪报资料
46	第二方面军司令部第二处调制《中日战争华南日谍间谍活动内幕》
47	上海战犯拘留所战犯名册、国民政府主席武汉行辕审判战犯军事法庭已起诉无人犯案卷册及陆军总部人员表等战犯资料
48	国防部审判战犯军事法庭羁押战犯清册、日本主要战犯正误表及日本战争罪犯事实等战犯资料
49	外交部编制日本战犯名单、一百三十二名重大将级日籍战犯名单及罪行(内有英文)
50	外交部、司法行政部审理战犯及外交部转送联国战罪审查委员会战犯材料的文书
51	远东国际军事法庭审判日本战犯的起诉书(英文、日文)
52	联合国战罪审查委员会编制之德国、意大利、日本等国战犯、嫌疑犯名单、犯罪事实及审判等文件(内有英文)
53	联合国战犯罪行委员会德国、意大利、日本等国战犯、嫌疑犯名单(英文)
54	中国战地美军司令部及国民政府司法机关搜集整理之日军侵略中国、虐杀战俘、强奸妇女等项罪行材料(英文)
55	联合国战罪审查委员会、联合国最高指挥部、军事委员会等部门关于审判战犯、实施市民裁判权、推行法律教育等事项的材料(英文)
56	联合国战罪审查委员会远东及太平洋分会编制的有关日籍战犯及见证人名单(第一至二十六册)(内有英文)
57	联合国战罪审查委员会关于审理战犯的报告及会议记录(内有英文)
58	盟军统帅部、美国驻华大使馆与外交部等有关战犯引渡、居民遣返及其他日帝情报、商业情况等材料抄件(内有英文)

编号	标　题
59	联合国战罪审查委员会整理有关战罪问题的资料(内有英文)
60	纽伦堡国际军事法庭起诉书及审判摘要(内有英文)
61	联署及其工作人员享有特权及豁免等问题的规定及联总外籍人员适用中国刑事法令问题备忘录
62	第一绥靖区司令部审判战犯军事法庭整饬军风军纪及上海各剧院公示劳军公演时间的文书
63	第一绥靖区司令部审判战犯军事法庭请拨借车辆、核发汽油及装置电话等事项的文书
64	第一绥靖区司令部审判战犯军事法庭请拨经费案
65	第一绥靖区司令部审判战犯军事法庭请核发经费、免缴所得税及缴纳水电费等事项的文书
66	第一绥靖区司令部审判战犯军事法庭关于房屋交接、租赁、登记等事项的文书
67	第一绥靖区司令部审判战犯军事法庭关于官兵服装、证章、符号之制发、式样修整、穿戴规定等事项的文书
68	第一绥靖区司令部审判战犯军事法庭关于官兵待遇、抚恤及生活用品配售等福利事项的文书(内有英文)
69	国防部审判战犯军事法庭、上海战犯拘留所及第一绥靖区司令部审判战犯军事法庭关于调卷、收押及释放战犯等事项的文书(内有英文、日文)
70	第一绥靖区司令部审判战犯军事法庭关于配发手枪、启用关防、解释法令等事项的文书
71	第一绥靖区司令部审判战犯军事法庭关于处理战犯、检举汉奸、执行死刑等事项的文书
72	第一绥靖区司令部审判战犯军事法庭关于审判战犯、参加会议、收集照片等事项的文书(内有英文、日文)
73	联合国战罪审查委员会远东及太平洋分会会议记录、简明报告及决议(内有英文)
74	司法行政部通令调查战犯罪行案
75	司法行政部制定战争罪犯处理办法案
76	司法行政部关于远东国际军事法庭审判日本战犯案
77	第一绥靖区司令部检发远东国际军事法庭调查罪证纲要案
78	司法行政部处理日本战犯调查、审判疑义的文书
79	司法行政部处理日本战犯调查、审判问题的文书
80	战争罪犯处理委员会关于拟定战犯名单、引渡战犯、处理战犯等事项的会议记录
81	美军在华逮捕、引渡及审讯战犯问题讨论会议记录及有关文书(内有英文)
82	远东国际军事法庭审判战犯记录摘要(内有英文)
83	战争罪犯处理委员会对日战犯处理政策会议记录

编号	标　题
84	战争罪犯处理委员会会议录(成立会、第一次至第八十八次)
85	第一绥靖区司令部审判战犯军事法庭关于逮捕、解送日本战犯的文书(内有英文)
86	日军乘船停止者军阶级别、所属驻地等调查报表(内有日文)
87	徐州绥靖公署审判战犯军事法庭编制人员名单
88	外交部抄送日军罪行资料中与澳洲有关部分的文书
89	第一绥靖区司令部审判战犯军事法庭关防、钤记、官章颁发及启用案
90	司法行政部关于遣送日侨、日俘的文书
91	上海字林西报社、大英晚报及大通新闻社等媒体机构请第一绥靖区司令部审判战犯军事法庭发旁听证的文书
92	司法行政部处理日本战犯罪行审核案
93	日本东京横滨军事法庭审判日本战犯的文书
94	第一绥靖区司令部审判战犯军事法庭奉令停止国民政府二十二种法规及填送中央各军事学校毕业同学调查表的文书
95	敌人罪行种类统计对照表
96	国防部检送各战犯拘留所羁押战犯人数及国籍统计表
97	第一绥靖区司令部审判战犯军事法庭奉令填送审理战犯案件报表
98	第一绥靖区司令部审判战犯军事法庭填报战犯羁押表的文书
99	日本主要战犯、作战部队调查表(内有日文)
100	国民政府主席武汉行辕审判战犯军事法庭、第一绥靖区司令部战犯拘留所、第二绥靖区司令部济南战犯拘留所等单位羁押战犯及各地逮捕战犯统计报表
101	谷寿夫、入山博、膳英雄等战犯判决书(内有英文)
102	战犯二瓶利夫杀人审判案(三十五年度侦字第四九二号、三十六年度审字第一二二号)(内有日文)
103	战犯二宫松三、渡部要三妨害自由审判案(三十五年度侦字第八十二号、三十五年度审字第六十一号)
104	战犯山本莲水、中丸重满、谷本进、前田清、大石孝雄杀人审判案(三十五年度侦字第九号)(内有英文、日文)
105	战犯山本莲水、中丸重满、谷本进、大石孝雄杀人及肆意破坏财产审判案(三十五年度审字第十七号)
106	战犯山口久雄杀人审判案(三十五年度侦字第四六七号、三十六年度审字第一二三号)
107	战犯山田正光、盐山大二、丸冈贞二郎、小林芳树、福田梅男残杀审判案(三十五年度侦字第四七九号)
108	战犯山下奉文、公车感杀人放火审判案(三十五年度侦字第三十七号)
109	战犯山下广司、山下义雄焚毁民房审判案(三十五年度侦字第五一五号)

编号	标 题
110	战犯山内卯助侵占审判案(三十五年度侦字第六十号)
111	山口作太郎战罪审判案(三十六年度审字第一三一号)
112	山村温勇战犯嫌疑审判案(三十五年度侦字第一七六号)
113	战犯大野嘉郎(武剑峰)战争罪犯审判案(三十五年度侦字第一二六号、三十五年度侦字第五二七号、三十六年度审字第一三七号)
114	大野留市、大野武战犯嫌疑审判案(三十五年度侦字第四六五号)
115	战犯小林政芳强奸幼女审判案(三十五年度侦字第四七四号)
116	战犯三谷宗明、古川武、三浦益己、西尾秀一杀人审判案(三十五年度侦字第七十五号、三十五年度审字第四十七号)
117	战犯古川武杀人审判案(三十五年度审字第四十七号)
118	战犯川村太一、大田万三、大村俊夫、田村诚杀人、抢夺、强奸审判案(三十五年度侦字第七十七号)
119	战犯井口登放火嫌疑审判案(三十五年度审康字第二十五号)
120	战犯中川文雄杀人审判案(三十五年度侦字第三四三号)
121	战犯田村二二男、服部盛次、山田正光、矢吹俊作、街道芳夫、寺坂正藏拘留非军人加以不人道之待遇及抢劫审判案(三十五年度审字第五十一号)
122	战犯北川三郎杀人审判案(三十五年度侦字第二八二号)(内有英文、日文)
123	日军玉琦中义部队在汉口杀人审判案
124	战犯伊庭治保屠杀掳掠审判案(法永字第五六〇八号)
125	有元俊夫战犯嫌疑审判案(三十五年度侦字第一二六号)
126	战犯吉田春良杀人嫌疑审判案(三十五年度侦字第一五六、三四九号)
127	战犯宇野武雄杀害审判案(三十五年度侦字第三三七号)(内有日文)
128	伴健雄战犯嫌疑审判案(三十五年度战侦字第五十四号)
129	战犯伴健雄纵兵殃民审判案(三十六年度侦字第六四八号、三十七年度审字第一四八号)
130	战犯岛田满雄、奈须正行、谷口敏雄、中谷登、贵田直利、八木泽茂树毁损杀人审判案(三十五年度审字第一一二号)
131	战犯佐佐木正(铃木健一)(刘明泉)杀人审判案(三十六年度侦字第六一三号)
132	战犯佐藤甲子寿、牧野喜一、长谷川喜一郎、五十岚保司、清水信一郎强盗审判案(三十五年度侦字第四十号)
133	坂田朝男、加藤直治战罪嫌疑审判案(三十五年度侦字第十七、十八号)
134	战犯河村贞雄、山村俊郎破坏电机厂审判案(三十五年度侦字第十九号)(内有日文)
135	战犯河村贞雄及山村俊郎破坏、杀人、毁损审判案(三十五年度审字第〇三六号、三十五年度审字第〇三六号)(内有日文)

编号	标　题
136	战犯松下郁二郎、松下稔三郎、洼田正夫违反和平及侵占审判案(三十五年度侦字第二十六号、三十五年度审字第三十号)
137	战犯青木暸藏、有田清人侵占及强盗审判案(三十五年度侦字第二十五号、三十五年度审字第三十二号)
138	战犯长谷川信生(张勋)、长谷川只一、田进武雄贩卖鸦片审判案(三十五年度侦字第二十八号、三十五年度审字第九十号)(内有日文)
139	战犯林弘藏伤害审判案(三十五年度侦字第一〇九号)
140	日军奈良部队战罪审查表、罪行调查表及结文
141	战犯奈良晃、前崎正雄酷刑惨杀平民审判案(审字第八十一号、三十五年度审字第八十一号)
142	战犯宫地春吉、吉原喜助、中丸重满、高井守夫杀人审判案(三十五年度侦字第五号、三十五年度审字第三号)
143	战犯宫坂重乡毁损建筑物审判案(三十五年度侦字第二十七号、三十五年度审字第十五号)
144	战犯南甫富次郎、渡边一男杀人审判案(三十五年度侦字第二七七号)
145	战犯星川实美滥用职权为凌虐之行为审判案(三十五年度侦字第一五九号)
146	湖北省江陵地方法院检察处调查日本宪兵杀人罪行笔录
147	高桥直吉、小林政芳、加藤逸三、河西重次、岩田实、坂田升、山田正光、渡边政材、薮野清、佐佐木诚、古川澄人、小野一行、佐佐木顺乘、小林芳树、宇野武雄、二瓶利夫、高野孝、三浦睦雄、渡边幸次郎、内藤芳夫杀人审判案(三十五年度侦字第五一九号)
148	战犯高野孝杀人审判案(三十六年度审字第一二一号)
149	战犯高桥敬逸杀人审判案(三十五年度审字第四十四号)
150	战犯神谷传七、五岛茂、中原重雄、田伏军曹杀人及伤害审判案(三十五年度侦字第三十六号)
151	战犯神谷传七杀人及伤害审判案(三十五年度审字第十二号)
152	战犯神谷传七、推谷曹长伤害审判案(三十五年度侦字第一百一拾号)
153	战犯原胜吾毁损、破坏财产审判案(三十五年度审字第七十一号、三十六年度审字第七十一号)
154	战犯海冈俊雄、坂田升、土居杀人审判案(三十五年度侦字第三三四号、三十六年度审字第一一五号)(内有日文)
155	战犯梶浦银次郎使用毒气、杀人抢劫审判案(三十五年度侦字第三七二号)
156	酒井勇一战犯审判案(三十六年度审字第一一三号)
157	野上诚战罪审判案(三十六年度审字第一二六号)(内有日文)
158	战犯野口祐重杀人审判案(三十六年度审字一二五号)
159	战犯堤三树男纵兵殃民审判案(三十五年度审字第三十八号)(内有日文)

编号	标　题
160	湖南省攸县县政府调查日本战犯堤三树男罪行笔录
161	战犯滨场乂彦杀人审判案(三十五年度侦字第四十六号、三十五年度审字第二十二号)
162	战犯永地又一、樫本清、宫崎情隆杀人审判案(三十五年度侦字第八十五号)
163	战犯渡边幸次郎杀人审判案(三十五年度侦字第五三四号)
164	渡边幸次郎、友部进、永地又一、樫本清战罪审判案(三十五年度审字第六十五号、三十五年度审字第七十六号)
165	战犯渡边清治、渡边义雅、渡边弘美、渡边贞夫、渡边正材、渡边幸次郎、渡边大次郎杀人嫌疑审判案(三十五年度侦字第三二五号)
166	森冈阜、山本为之助、堀川芳雄、福山宽邦等特务机关所属战犯审判案(三十五年度侦字第二十二号)
167	战犯堀川芳雄非刑拷打审判案(三十六年度审字第一四五号)
168	战犯远藤进、上田龟次郎、中野正治、谷口猛、国府田、初谷宋次郎、中井贬抑货币及发行伪钞审判案(三十五年度侦字第一二五号)
169	战犯上田龟次郎、远藤进发行伪钞及贬抑货币审判案(三十五年度审字第四十号)(内有日文)
170	战犯铃木伴作妨害自由审判案(三十五年度侦字第四十七号)
171	战犯福安铁一、片野敬二摧残青年审判案(三十五年度侦字罪号)
172	战犯福安铁一诈欺杀人案(三十五年度审字第六号)
173	战犯福田梅男创设赌场、贩卖毒品审判案(三十六年度审字第一二九号)
174	战犯稗田幸男强奸杀人审判案(三十五年度侦字第二十三号)
175	筱冈规矩夫、武藤幸定、山本英雄、本吉谷市太郎、赤座真龟太、岩本松平、矶田泰、奥村治郎、高山实、高冈光男、中山定雄、伊藤静夫、梅村吉彦战争犯罪审判案(三十五年度侦字第四十五号)
176	筱冈规矩夫、武藤幸定、奥村治郎、高山实、高冈光男、伊藤静夫、梅村吉彦、山本英雄、本吉谷市太郎、赤座真龟太、岩本松平、矶田泰、中山定雄战罪审判案(三十五年度审字第十八号)
177	筱冈规矩夫、武藤幸定、山本英雄、本吉谷市太郎、赤座真龟太、岩本松平、矶田泰、奥村治郎、高山实、高冈光男、中山定雄、伊藤静夫、梅村吉彦战罪审判案(三十五年度审字第十八号)
178	战犯泽田留治、贞广昌男、佐藤锐胜、杉野一郎、岛田广义、奥田幸一、桥本松夫杀人审判案(三十五年度侦字第一六九、一七〇、一七一、一七二、一七三、一七四、一七五号)
179	战犯泽田留治、贞广昌男、佐藤锐胜、杉野一郎、岛田广义、奥田幸一、桥本松夫杀人审判案(三十五年度审字第一〇二号)
180	战犯薮野清杀人审判案(三十六年度审字第一三三号)

编号	标　题
181	战犯李炳华诈财勒索、摧残民众、对人民施以酷刑审判案(三十五年度审字第七号)
182	日军川崎部队陆雄司令官审判案(三十六年度侦字第二三一号)
183	湖南高等法院侦办西尾秀一、古川、柳板、大西幸男战犯案
184	战犯大木伤害人致死审判案(三十五年度侦字第二五四号)
185	日军户田部队柴田队奸淫掳虐及放火审判案
186	战犯田中茂、宗村部、小岛少将、后藤、吕岛、倪玉、后藤竹二非刑拷打审判案(三十五年度侦字第三五四号)
187	战犯田中三郎抢劫杀人审判案(三十五年度侦字第二二三号)
188	战犯有元俊夫、策多、森本、刚本、田源、法丁、渡边、伏本、良本、高桥、南部、智水、冈本、稻田酷刑抢劫及强奸拐劫审判案(三十五年度侦字第四四四至四五七号)
189	战犯寺尾重笼杀人抢劫强奸妇女审判案(三十五年度侦字第二二四号)
190	战犯宇田川强卖存粮审判案(三十五年度侦字第六〇六号)
191	日军门胁部队屠杀审判案(三十五年度侦字第二七三号)
192	战犯杉本正藏、岸良辰己、道岭实一杀人审判案(三十五年度侦字第三四一号)(内有日文)
193	战犯东本愿寺及日本宪兵队破坏财产审判案(三十五年度侦字第一三〇号)
194	战犯长谷川只一侵占家具审判案(三十六年度侦字第六二三号)
195	战犯长谷川吉雄抢劫审判案(三十五年度侦字第三六一号)
196	战犯冈幸弘抢劫杀人审判案(三十六年度侦字第五七七号)
197	河合、大冈四次郎战犯嫌疑审判案(三十五年度侦字第二六七号)
198	战犯林芳太郎屠杀平民审判案(三十五年度侦字第三六四号、第五五三号)
199	战犯板本强奸杀人审判案(三十五年度侦字第三二〇号)
200	战犯板西一良烧杀掳掠强奸妇女审判案(三十五年度侦字第一五一号)
201	战犯牧野砂南强奸审判案(三十五年度侦字第三七九号)
202	战犯松木正实抢劫强奸审判案(三十五年度侦字第三八四号)
203	战犯松下、清水擅自逮捕中国人民审判案(三十五年度侦字第二六六号)(内有日文)
204	战犯青木成一放火杀人审判案(三十五年度侦字第二六〇号)
205	战犯青野日出郎屠杀劫财审判案(三十五年度侦字第三五七号)
206	战犯武田正雄杀人审判案(三十五年度侦字第三五〇案)
207	战犯管野队长、春日井伤害致死审判案(三十五年度侦字第二三六号)
208	战犯南富没收审判案(三十五年度侦字第三二三号)
209	战犯信田、信之审判案(三十五年度侦字第八十三号)
210	战犯郑澈扣发工资审判案(三十五年度侦字第一七九号)

编号	标　题
211	战犯秋山肆意破坏财产审判案(三十五年度侦字第一三七号)
212	战犯秋山光太郎杀人审判案(三十五年度侦字第二五五号)
213	战犯畑俊六杀害审判案(三十六年度侦字第五五二号)
214	战犯春日景纵火烧毁审判案(三十五年度侦字第二五一号、第六三九号)
215	国防部向军事委员会委员长武汉行辕颁发宫城宇平、日野秀人、门胁正等战犯罪行资料一览表(三十五年度仁字第九〇一号)
216	战犯宫崎正吉杀害抢劫审判案(三十六年度侦字第五七〇号)
217	战犯宫泽齐四郎屠杀抢劫审判案(三十五年度侦字第三八七号)
218	战犯宫协、安田、黑田杀人审判案(三十五年度侦字第四七六号)
219	战犯釜野稔杀人及破坏财产审判案(三十六年度侦字第五六〇号)
220	战犯都高四郎强奸妇女及非法征用民物审判案(三十五年度侦字第二〇五号)
221	战犯稻叶、纳春吉、绀田修一、土谷金次郎、冈村适之、服部守次杀人审判案(三十五年度侦字第十号)
222	战犯柴田多得郎杀人审判案(三十五年度侦字第四一二号)
223	战犯荒木杀害审判案(三十五年度侦字第三三三号)
224	战犯高乔、沽口审判案(三十五年度侦字第二七四号)
225	战犯高野杀害审判案(三十六年度侦字第六〇三号)
226	战犯高野进吉、高野孝劫夺审判案(三十六年度侦字第六〇七号)
227	日军高木六部队士兵杀人审判案(三十五年度侦字第一八〇号)
228	战犯高木印一杀人审判案(三十五年度侦字第二二一号)
229	战犯高塚一男杀人抢劫审判案(三十五年度侦字第二二二号)(内有英文)
230	战犯酒井杀害审判案(三十六年度侦字第五八〇号)
231	战犯植田邦夫杀人、抢劫等审判案(内有英文)
232	战犯木村进一强奸审判案(三十五年度侦字第三一四号)
233	战犯国分芳男强奸审判案(三十六年度侦字第五六四号)
234	战犯副岛俊行抢劫强奸审判案(三十五年度侦字第三五九号)
235	日俘梶原蕃夫审判案(三十六年度侦字第六三〇号)
236	湖北省广济县武穴警察所呈解日俘黑木与志(马真钧)案(内有日文)
237	战犯黑濑平一强奸抢劫审判案(三十五年度侦字第三七八号)
238	日军黑濑部队强征民夫审判案(三十五年度侦字第一一七号)
239	战犯黑须屠杀平民、施用酷刑、强奸妇女审判案(三十六年度侦字第五六六号)
240	战犯黑田、川野土郎纵属强奸杀人审判案(三十五年度侦字第二八八号)

编号	标 题
241	战犯黑田、平野仪一、野津、尼达三、富得米三杀人审判案(三十五年度侦字第二七六号)
242	战犯野沟式彦破坏财产审判案(三十五年度侦字第二一二号)
243	战犯野田抢劫杀人审判案(三十五年度侦字第二一一号)
244	战犯野坂正郎杀人审判案(三十五年度侦字第三九五号)
245	战犯菅井幸男抢劫杀人审判案(三十五年度侦字第四一三号)
246	战犯富田肆意蹂躏破坏财产审判案(三十六年度侦字第六〇四号)
247	战犯藤田、舒野强奸杀人审判案(三十五年度侦字第二三四号)
248	战犯汤本抢劫审判案(三十六年度侦字第五九六号)
249	战犯森木三造屠杀平民抢劫财物审判案(三十五年度侦字第二〇七号)
250	战犯森山抢劫强奸审判案(三十六年度侦字第五七二号)
251	战犯森田、哥云尼纵属杀人审判案(三十五年度侦字第二九四号)
252	战犯新垣强奸妇女审判案(三十五年度侦字第三九三号)
253	战犯远藤隆项杀人审判案(侦字第四六五号)
254	战犯新妻良乘强奸杀人审判案(三十六年度侦字第五四四号)
255	战犯堀静一使用毒气审判案(三十五年度侦字第三六八号)
256	战犯堀川正雄杀人审判案(三十五年度侦字第二四四号)
257	战犯铃木杀人审判案(三十五年度侦字第三二七号)
258	战犯铃木小高抢劫财物审判案(三十五年度侦字第二二〇号)
259	日俘铃木繁、宏濑武一审判案(三十六年度侦字第六五二号)
260	战犯铃木、早川破坏机场、拆毁飞机、毙伤平民及奸淫掳掠审判案(三十五年度侦字第五十三号)
261	战犯铃木正男强奸杀人审判案(三十五年度侦字第四一七号)
262	战犯铃木诚二抢劫审判案(三十六年度侦字第五八六号)
263	战犯铃木喜代一审判案(三十五年度侦字第四十六号)
264	铃木、早川战犯嫌疑审判案(三十五年度战侦字第七十二号)
265	战犯满野杀人审判案(三十五年度侦字第二三九号)
266	战犯榎本信一强奸劫掠审判案(三十六年度侦字第五四六号)
267	战犯福田杀害审判案(三十五年度侦字第三二九号)
268	战犯福谷杀人审判案(三十五年度侦字第三六六号)
269	战犯福本龟治非法逼供审判案(三十五年度侦字第三十一号)
270	战犯熊泽福海屠杀酷刑、抢劫蹂躏、破坏财产审判案(三十六年度侦字第五六五号)

编号	标　　题
271	战犯横丹抢劫审判案(三十五年度侦字第四二九号)
272	战犯横尾阔强奸杀害审判案(三十六年度侦字第六〇一号)
273	战犯澄田来四郎使用毒气审判案(三十五年度侦字第四一六号)
274	战犯桥本一美蹂躏及破坏财产审判案(三十六年度侦字第五五一号)
275	战犯桥本繁夫强奸审判案(三十五年度侦字第三六二号)
276	战犯桥本屠杀蹂躏、破坏财产审判案(三十六年度侦字第五五〇号)
277	战犯龟井杀人强奸审判案(三十五年度侦字第二〇一号)
278	战犯财津杀人审判案(三十五年度侦字第四七三号)
279	战犯熊谷万藏杀人审判案(三十五年度侦字第二〇四号)
280	战犯齐藤庄一脱逃审判案(三十五年度侦字第二二八号)
281	战犯镰田抢劫及破坏财产审判案(三十五年度侦字第三〇一号)
282	战犯滨崎杀人审判案(三十六年度侦字第五四九号)
283	战犯胁山重男杀人审判案(三十五年度侦字第四二三号)
284	战犯白川、藤田杀人放火审判案(三十五年度侦字第二五八号)
285	战犯藤原抢劫杀人审判案(三十五年度侦字第三一六号)
286	战犯藤井青杀人审判案(三十五年度侦字第三五八号)
287	战犯鹰森孝强奸抢劫审判案(三十五年度侦字第四三七号)
288	日军名古屋等队掳人审判案(三十五年度侦字第三四七号)
289	日军沙口警备队放火掳掠审判案(三十五年度侦字第二五七号)
290	日军骑兵队强奸王保秀致死审判案(三十五年度侦字第二五九号)
291	日军第三军第十三师团官兵奸掳烧杀审判案(三十五年度侦字第四七八号)
292	日军九斤麻守备队强奸李秀贞致死审判案(三十五年度侦字第二五六号)
293	战犯总卫屠杀审判案(三十六年度侦字第五四七号)
294	日军湖南省华容县警备队破坏金融审判案(三十五年度侦字第二五〇号)
295	日本海军病院院长肆意破坏财产审判案(三十五年度侦字第一四二号)
296	宪兵司令部特高组组长王建勋检举日军特务部、汉口宪兵队、武昌宪兵队等罪行案(三十五年度侦字第六十九号)
297	汉口日本宪兵队拘捕高维科毒打缢死审判案(三十五年度侦字第二六八号)
298	汉口日本宪兵队谋害和屠杀审判案(三十五年度侦字第八十九号)
299	日本汉口大孚宪兵队将人质处死审判案(三十五年度侦字第九十七、九十八、九十九、一〇〇号)
300	汉口日本宪兵队西入口宪兵部队将人质处死审判案(三十五年度侦字第九十五号)

编号	标　题
301	汉口日本宪兵部队野口部队将人质处死审判案(三十五年度侦字第九十三号)
302	日军会原部队淹毙平民审判案(三十五年度侦字第一八七号)
303	日军驻浏阳部队纵火抢劫审判案(三十五年度侦字第一九〇号)
304	日军鲸部队杀人审判案(三十六年度侦字第六二五号)
305	日军第四十师团屠杀民众审判案(三十五年度侦字第二七一号)
306	战犯龙献、糙粘、立化杀害审判案(三十五年度侦字第二九〇、二九一、二九二号)
307	日军鲇市警察队杀人、放火、伤害审判案(三十五年度侦字第二三二号)
308	日军万庚分遣队峰第二部队杀人审判案(三十五年度侦字第二四〇号)
309	日本驻湖北省大冶县刘仁八部队抢劫审判案(三十五年度侦字第一二二号)
310	日本汉口大孚宪兵队谋杀审判案(三十五年度侦字第一二二号)
311	日军宫部队第四十师团烧杀掳掠及强奸妇女审判案(三十五年度侦字第五一一号)
312	日军湖北石首警备队高基庙分遣队伤人致死审判案(三十五年度侦字第二四七号)
313	日军板垣部队杀人放火审判案(三十五年度侦字第二六一号)
314	日军驻汀泗桥坂东部队处死人质审判案(三十五年度侦字第一〇一号)
315	日军南山警备队强奸杀人审判案(三十五年度侦字第二四九号)
316	战犯松原功强奸审判案(三十五年度侦字第三八〇号)
317	行政院战争罪犯处理委员会日本重要战犯名单(三十五年度收文仁字第一七三六号)
318	行政院战争罪犯处理委员会第十五批日本战犯名单(三十五年度收文仁字第一八九〇号)
319	日军对平民施以酷刑审判案(三十五年度侦字第一一五号)
320	日军破坏有关红十字会规则审判案(三十五年度侦字第一四五号)
321	湖北省监利县驻县日本宪兵杀人审判案(三十五年度侦字第四八二号)
322	国民政府主席武汉行辕转送湖南省政府敌人罪行调查表给国防部的文书(三十五年度侦字第五四〇号)
323	日军杀人审判案(三十六年度助字第三十九号)
324	国民政府主席武汉行辕请湖南省政府代查日军侵占湖南衡阳暴行证据案(三十五年度侦字第六一二号)
325	日军杀人审判案(三十五年度侦字第六五七号)
326	八木义男、盐村森作、金广松一战犯嫌疑审判案(三十五年度战侦字第一八三、一八四、一九二号)
327	战犯八木义男、盐村森作、金广松一审判案(三十六年度战审字第三十号)(内有日文)
328	八木泽茂树战犯嫌疑审判案(战侦字第七十四号)
329	十川次郎战犯嫌疑审判案(三十六年度战侦字第第十三号)

编号	标　题
330	山田英雄战犯嫌疑审判案(三十六年度战侦字第一三四号)
331	山崎昇战犯嫌疑审判案(三十六年度战侦字第四号)
332	山本敦三战犯嫌疑审判案(战侦字第一六四号)
333	战犯丸山茂审判案(三十六年度战审字第三十二号)
334	山东省青岛市警察局市北区分局检送日本人丸山辰幸伤害致死及侵占一案受害人王连汉等讯问笔录
335	战犯丸山辰幸杀人及侵占审判案(三十五年度侦字第三十五号、第一七四号、第四一六号、三十六年度战审字第十一号)
336	丸山安雄战犯嫌疑审判案(三十五年度战侦字第一〇五号)
337	川口正人、松井日出男(松崎日出男)、东勇一郎、福山胜好、福田正雄、芦田国光、竹之内实男、松尾正澄、溜芳光、福山十四八、山方贡、福岛邦夫、冈田福一、小谷又作、山口金寿、濑井武一、平原力战犯嫌疑审判案
338	战犯川崎茂夫酷刑残害审判案(三十五年度侦字第一一五号)
339	战犯川崎茂夫被告诈伪罪审判案(三十五年度诉字第二十二号)
340	战犯川崎茂夫被告诈伪罪复审案(三十五年度原诉字第二十二号)
341	战犯川崎茂夫滥施酷刑复审案(三十六年度原诉字第二十二号)
342	川添长次郎战犯嫌疑审判案(三十五年度战侦字第一一八号、战审字第一号)(内有英文、日文)
343	久保江保治战犯嫌疑审判案(三十五年度战侦字第二十八号)
344	笹谷传造、早原勋战犯嫌疑审判案(三十五年度战侦字第四十八号)
345	大野茂战犯嫌疑审判案(三十五年度侦字第八十二号、战审字第十一号)
346	战犯久保江保治、片冈晃、大森满雄、野间贞二、森下宗雄、笹谷传造、早原勋审判案(三十五年度战审字第三号)
347	战犯久保江保治、片冈晃、大森满雄、野间贞二、森下宗雄、笹谷传造、早原勋、大野茂审判案(三十六年度战审字第三十一号)
348	战犯大野茂、久保江保治、片冈晃、大森满雄、野间贞二、森下宗雄、笹谷传造、早原勋审判案(三十六战审第三十一号)
349	三岛光义战犯审判案(三十五年度侦字第二号、审字第十二号)
350	三岛光义战犯复审案(三十五年度侦字第二号、三十六年度复字第三号)
351	战犯三谷春一(赵胜)审判案
352	三谷春一战犯嫌疑审判案[三十五年度战侦字第二〇二号、三十六年度战审字第十六号)(内有日文)]
353	战犯三谷春一审判案(三十六年度战审字第十六号)(内有日文)
354	战犯三浦忠次郎抢劫及破坏财产案证据册(一)(二)(三)(四)

编号	标　　题
355	三浦忠次郎战犯嫌疑审判案(战侦字第一一一号、三十七年度战审字第十二号)
356	下田次郎战犯嫌疑审判案(三十五年度战侦字第六号、三十五年度战审字第二号)(内有日文)
357	战犯土田丰、村川俊逮捕案、战犯嫌疑审判案(三十五年度战侦字第五十八号)
358	战犯土桥勇逸杀害平民、破坏财产审判案(三十五年度侦字第一〇七号、第三十八号)
359	上江洲由正战犯嫌疑审判案(三十五年度战侦字第一九三号、三十六年度战审字第五十九号)(内有日文)
360	上川路信也战犯嫌疑审判案(三十六年度战侦字第四十四号、战审字第六十二号)(内有日文)
361	上枝正数战犯嫌疑审判案(三十六年度战侦字第十八号、战审字第六十七号)
362	上山宽战犯嫌疑审判案(三十五年度战侦字第十四号、第四十六号)
363	上太田郎(川上大西郎)战犯嫌疑审判案(三十五年度战侦字第一五六号)
364	小松清已战犯嫌疑审判案(三十六年度战侦字第三十四号、三十六年度战审字第五十号)(内有日文)
365	小仓达次战犯嫌疑审判案(三十六年度战侦字第一〇四号、三十七年度战审字第三号)
366	战犯小笠原芳正审判案(三十五年度侦字第四号、三十五年度审字第二号)(内有日文)
367	战犯大场金次审判案(三十六年度战侦字第四十九号、三十七年度战审字第六号)
368	浙江高等法院第三分院检察处代讯战犯大场金次案被害人家属案(三十六年度特他字第一四四号)
369	大野宗次郎战犯嫌疑审判案(三十五年度侦字第二十二号、三十六年度战侦字第二十二号、三十六年度战审字第八十三号)
370	大下幸一战犯嫌疑审判案(三十六年度战侦字第四十二号)
371	大井川八郎战犯嫌疑审判案(三十六年度战侦字第一一五号、三十七年度战审字第十四号)
372	大西正重、深井盾雄、持田梅太郎战犯嫌疑审判案(三十六年度战侦字第六十二、六十六、六十八号)
373	深井盾雄战犯嫌疑审判案(三十六年度战侦字第九号)
374	持田梅太郎战犯嫌疑审判案(三十六年度战侦字第三号)
375	浙江省永嘉杨聪呈控战犯大西正重非法酷刑案
376	战犯大西正重、深井盾雄、持田梅太郎审判案(三十六年度侦审字第六十八号)
377	大庭早志、中野久勇战犯嫌疑审判案(内有日文)
378	战犯大庭早志、中野久勇审判案(三十六年度战审字第五十六号)(内有日文)

编号	标　题
379	大寺敏、本田同战犯嫌疑审判案(三十五年度战侦字第一一五号、三十五年度战审字第二十号)(内有英文)
380	战犯牛尾哲二审判案(三十六年度战侦字第二十九号、三十六年度战侦字第七十六号)
381	战犯内田孝行移送案(三十五年度战犯字第五十一号)
382	战犯内田孝行审判案(三十五年度侦字第一号、三十六年度审字第八号)
383	五十岚八郎、金宗斗战犯嫌疑审判案(三十五年度战侦字第四号)
384	战犯日高富明、大西传造、吉野快弘屠杀平民审判案(三十五年度侦字第一五七号、三十七年度战审字第二十号)(内有英文、日文)
385	中之内典久战犯嫌疑审判案(三十六年度侦字第四十八号、三十六年度战审字第五十四号)
386	中村一芳战犯嫌疑审判案(三十六年度战侦字第七十二号)
387	中村俊英战犯嫌疑审判案(三十六年度战侦字第七十号)
388	战犯中山九三审判案(三十五年度审字第五号)
389	战犯中村明纵兵杀人掠夺粮食审判案(三十五年度侦字第二十三号、三十六年度诉字第四十一号)
390	战犯中村明纵兵杀人掠夺粮食复审案(三十六年度原诉字第四十一号)
391	战犯中岛信一调查案、审判案(三十五年度侦字第七之一号、第九号)
392	末光贞夫战犯嫌疑审判案(三十六年度战侦字第二十六号)
393	战犯矢吹忠一审判案(三十六年度战审字第三十七号)(内有日文)
394	藤田进、矢吹忠一、小林一夫等五十四名战犯嫌疑审判案(三十五年度战侦字第十号)(内有英文、日文)
395	战犯片冈辉男审判案(三十六年度战审字第五十一号)
396	加茂贞治、大江政雄战犯嫌疑审判案(三十六年度战审字第六十号)
397	加茂贞治、大江政雄战犯嫌疑复审案(三十七年度战复字第七号)
398	甲斐明义战犯嫌疑审判案(三十六年度战审字第七十七号)
399	战犯北原文吾、尾崎寅次审判案(三十六年度战审字第三十一号)(内有日文)
400	战犯石崎良雄审判案(三十六年度战审字第四十六号)
401	水上喜景战犯嫌疑审判案(战侦字第一七〇号)
402	战犯水谷五郎审判案(三十五年度战侦字第一六五号)
403	战犯田岛信雄、小西新三郎、妻苅悟执行死刑案(内有日文)
404	池崎道成战犯嫌疑审判案(三十五年度战侦字第七十五号)
405	战犯池崎道成审判案(三十六年度战审字第十八号)
406	战犯池田文雄审判案(三十六年度战侦字第五十三号)

编号	标　　题
407	永田胜之辅战犯嫌疑审判案(三十六年度战侦字第十五号、三十六年度战审字第六十三号)(内有英文、日文)
408	战犯永久作一、加贺城良审判案(三十五年度侦字第七、十一号、三十五年度战侦字第一六九号、三十六年度战审字第二十五号)(内有日文)
409	战犯向井敏明、野田毅审判案(三十六年度侦字第十九号)
410	战犯向井敏明、野田毅、田中军吉审判案
411	战犯西村俊文杀人等罪审判案
412	战犯西冈显三、出口务审判案
413	战犯米村春喜审判案(内有日文)
414	战犯伊藤百郎审判案(三十五年度侦字第十二号、第一七九号、三十六年度战审字第三十三号)
415	早川依夫战犯嫌疑审判案(三十六年度战侦字第十六号)
416	吉川原一、若林文一战犯嫌疑审判案(三十五年度战侦字第六十四号)
417	吉田虎一、前田三郎战罪审判案(三十五年度侦甲字第三六一三号)
418	战犯安田辉忠强征军米烧毁房屋审判案(三十五年度他字第三十七号、三十五年度战侦字第十号、第三十一号)
419	战犯村井良吉审判案(三十六年度战侦字第四十六号、第四十九号)
420	战犯尾崎助之审判案(三十六年度战侦字第一二八号)
421	战犯谷村正二谋杀平民审判案(三十六年度复字第十六、二十六号)
422	战犯谷村正二复审案(三十七年度复字第六号)
423	杉山佐五郎战犯嫌疑审判案(三十六年度战侦字第二号)
424	沼仓孝义战犯嫌疑审判案(三十五年度战侦字第一一一号、三十六年度战审字第十号)
425	酒井正司战犯嫌疑审判案(三十五年度战侦字第三十九号、三十五年度战审字第六号)
426	战犯酒井隆审判案(三十五年度侦字第五号、审字第一号)(内有日文、英文)
427	司法行政部向国防部审判战犯军事法庭检送酒井隆、竹下正男、田中、浅井罪行证件的文书(内有英文)
428	酒井隆战犯案华北部分证物(内有日文)
429	日本第二十三军长官酒井隆、田中、宫地屠杀、强奸、流放广东平民等罪行统计表
430	日本第二十三军长官酒井隆、竹下正男、田中、宫地强迫广东平民充当伕役及抢劫、没收、破坏财产罪行统计表
431	日本第二十三军长官酒井隆、田中屠杀、毒打广东平民及抢劫、没收财产等罪行统计表

编号	标　题
432	日本第二十三军长官酒井隆、田中、今村勒索、流放广东平民及抢劫、没收财产等罪行统计表
433	酒井隆战犯案香港部分证物(内有英文、日文)
434	战犯落合甚九郎审判案(三十七年度战审字第八号)(内有日文)
435	落合甚九郎罪行调查表、统计表、战罪审查表(内有英文)

(七) 台北"国史馆"与"国家发展委员会档案管理局"

目前可知,"外交部"的档案(1998 年以前)主要由台北"国史馆"收藏,包括国民政府自大陆运往台湾之旧档及在台已失时效之拟销毁档案。战后审判(包括 ABC 级审判)相关的档案主要归在"亚东太平洋司-日本"类目下,包括:

1. 驻日代表团(11 件)

主要为日本投降后中国驻日代表团各类工作报告,远东国际军事法庭外各事项是报告的重要内容,此外还有零星关于横滨审判和澳大利亚驻日代表团的情况报告。

2. 处理战犯与汉奸(54 件)

该类目下集中了中国参与战后审判经过的档案文书,其内容涉及东京审判前期中国与他国协调和筹备工作、审判记录、审判后战犯处理工作等,共 54 件,具体包括:

(1) 引渡战犯法规。

(2) 日本主要战犯名单。

(3) 日本主要战犯调查表。

(4) 日军战罪调查(一)至(六)。

（5）外交部处理战犯业务报告。

（6）各国惩处附敌人员法规。

（7）在押战犯待遇及异动报告。

（8）自泰国引渡日本战犯在华审讯。

（9）我国向盟军要求引渡战犯与汉奸。

（10）我国成立敌人罪行调查委员会案。

（11）英国提议同盟国组织战罪调查委员会。

（12）修正惩治汉奸条例及处置汉奸间谍。

（13）伦敦战罪总会成立及我国参加经过。

（14）伦敦战罪总会会务报告及我国会费。

（15）设立联合国战罪法庭公约草案。

（16）盟军总部要求引渡战犯。

（17）盟军总部释放日本战犯原因调查。

（18）汉奸处置与审判。

（19）远东国际军事法庭重要案件（一）（二）。

（20）远东国际军事法庭审判笔录。

（21）审判日本战犯组织远东国际军事法庭案（一）至（三）。

（22）战犯个案（一）至（五）。

（23）战犯处理政策（一）（二）。

（24）战犯审判与惩治。

（25）战争罪犯处理委员会相关方案。

（26）战争罪犯处理委员会会议记录（一）至（五）。

（27）横滨军事法庭审判概括。

（28）澳洲陆军部日台战犯审判记录（一）（二）。

（29）同盟国战罪委员会远东及太平洋分会资料（一）至（三）。

（30）同盟国战罪调查委员会资料（一）（二）。

（31）惩处德国、日本战犯问题。

可以看到,这批档案资料内容并非以东京法庭庭审为中心,没有包括诸如庭审记录等大型法庭正式记录(副本)。[1] 其中只有一部审判笔录,其内容为当时中国代表团发回国内的审判节要。除此以外却含有大量文献,如联合国战罪调查委员会(以及远东小委员会)会议纪要等,对深入研究中国参与战后审判的前因后果,进而研究战后国际关系和东亚秩序重建的价值不言而喻。

除"国史馆"外,台北"国家发展委员会档案管理局"亦保存了部分中华民国外交部档案,但其中与远东国际军事法庭相关的档案已十分稀少,只有不成体系的十来件——显然"国史馆"所藏之大陆运台旧档已涵盖了主体部分。不过,该机构另一项馆藏十分值得关注,即国民政府战后对日战犯 BC 级审判资料(包括汉奸审判),这批档案大部分归于"国防部"档案卷宗下的"日籍战犯审理案"案卷,主要为"国防部"史政编译局和军务局的档案,此外还有"外交部""内政部警察署"等机构的零星档案。案卷共有 150 个左右,基本以战犯个人为单位形成案卷,内含审判所产生的种种文书,另有一部分战犯罪行调查和战犯名册等行政文书。

在"国家发展委员会档案管理局"网站上,这批档案的数字化进程可谓相当完备,包含全宗-案卷-文件,研究者也可在其网站追溯每一份档案的"全宗名-案卷名-文件名"体系。只是鉴于两岸目前关系,大陆学者在线申请或到馆阅览的途径均不可行,殊为可惜。暂将有关档案名录列于表 2-3:

表 2-3　台北"国家发展委员会档案管理局"所藏国民政府对
日审判档案名录(部分)[2]

编号	档 案 内 容
1	战犯之监视管理自和约生效日起或自明年三月底起交由日本政府办理
2	冈村宁次解除追放案

1　据向哲濬检察官发回国内的电文可知,审判结束后带回四大木箱资料,包括近 5 万页的英文庭审记录和所有法庭证据文献之善本。但这批资料未知具体下落。电文见向隆万编《向哲濬东京审判函电及法庭陈述》,上海交通大学出版社,2014。
2　本表中档案题名为收藏机构原始题名,为反映档案原貌不做改动。

编号	档　案　内　容
3	随文转呈日人清水卓藏呈总统为战犯请愿书等
4	执行之日籍战犯名册等并随文呈
5	接受卷内并无送请盟总巢鸭狱代为执行日籍战犯案卷
6	我国判刑之日籍战犯减刑等事项
7	日战犯减刑案请签示卓见凭办
8	遵照胜利时总统昭示宽大之原则并配合目前商订之中日和约对日战犯减刑处理本处同意分别减刑或赦免
9	处理日籍战犯同意一例赦除
10	电复对于日籍战犯减刑案之意见
11	查日籍战犯减刑以我国与英法等国同为同盟国似应以英法等国为标准处理
12	盟总将日籍战犯自和约生效日起交日政府办理一节是否包括经我国判罪之日战犯在内
13	拟具日本战犯罪刑减免甲乙二案
14	拟具中华民国对日战犯罪刑赦免令暨甲乙两案
15	拟具中华民国对日战犯罪刑赦免甲乙两案究应如何呈报总统核定实施
16	凡经我方处刑之日本战犯将完全听由日本政府裁酌处理本部所签赦免办法已无采用之必要谨检同原件鉴核
17	检还战犯案卷宗四宗
18	对日战犯赦免案均悉本案应照中日和约有关处理日战犯之协议部分办理
19	函复日籍战犯管理案
20	我国判处罪刑解送盟总日本巢鸭监狱代为执行之日籍战犯经拟具处理办法呈奉总统
21	本案之处理既已于中日和约议定书内订有专条拟将案卷留备参考谨检呈案卷等
22	关于交盟总在日执行之战犯有无换文约定案
23	日战犯家属代表金井太郎送来全部战犯之叹愿签名册
24	关于处理我处刑之日本战犯事项
25	本案已于四十一年五月三十一日外东字第四八三一号呈请行政院再予考虑
26	为表示我政府之宽大并争取时效计当以先期释放交由日本政府处理为宜除已签奉总统核准照办外并将办理情形具报
27	战犯川添长次郎保释案拟依中日和约所订条款处理
28	关于战犯移管事盟总复函一件敬请查收参考
29	为贯彻我政府宽大政策是否可提前决定减刑办法直接函知日政府办理除分电外交部敬电核示
30	总统府秘书长函以驻日代表团何团长密呈冈村宁次面恳函证对于冈村宁次等人之解除追放并不反对

编号	档　案　内　容
31	关于冈村宁次等六人解除整肃事
32	请检送前台湾审判战犯及法庭案卷以凭参考
33	请检送前台湾审判战犯军事法庭案卷以凭参考
34	日本战犯海冈俊雄假释案希先行具复以凭转报
35	彻查战犯案二代电因原承办人已调职一时清查无着敬乞重发以凭办理
36	日籍监犯乡津明意见书等件可否假释
37	日籍监犯滨千作意见书等件可否假释
38	呈日籍监犯中岛秀雄意见书等件可否假释
39	呈日籍监犯和木光男意见书等件可否假释
40	日籍监犯乡津明等四名假释案应予照准
41	日籍监犯乡津明滨千作中岛秀雄木光男永井树一五名假释案拟予以核准中
42	日籍监犯三浦增三等八名在监能遵守秩序无其他违法行为欲加保释正在拟予核准之中
43	转呈日人请求提前释放执行战犯仓科伯次请愿书一份究应如何办理
44	日人若林甚一请对战犯仓科伯次复审案依法不合未便照准
45	战犯海冈俊雄一名准照签拟办理惟野学船引正之二名准予保释案办理情形如何应转电驻日代表团先行具报
46	电送日籍监犯三浦增三等二名请查收候船遣送回国
47	电转日人陈请书请释放日籍监犯三浦增三等一案业经本部核准并交职业训导总队候船遣送回国
48	转日人陈请请求释放尚在监押之三浦增三萩野春重及中山秀夫三名遣送回日等情况
49	请将日籍监犯三浦增三等三名遣送回国案应准照办
50	三浦增三等三名在台并无眷属亲友无从觅保饬办保释请仍援照韩籍战犯先例逾格提前遣送回国是否有当
51	查日籍战犯三浦增三等三名经核均合于戒严地区监犯临时处理办法保释之规定可饬其觅具保人准予保释出狱后遣送
52	日战犯可否援照韩籍战犯例予以遣送回国
53	官本忠义减刑案究应如何办理
54	电复日籍战犯代表官本忠义等请求减刑
55	电呈日籍监犯永井树一意见书等请假释可否
56	战犯海冈俊雄假释案
57	日籍监犯永井树一所请假释送请职业训导所候轮回国等情应予照准
58	本监韩籍战犯郑南哲即早见哲雄可否准予调服劳役

编号	档　案　内　容
59	本监韩籍战犯姜将虎可否准予调服劳役
60	本监韩籍战犯金英宰可否准予调役
61	本监韩籍战犯张锡球可否准予调役本监韩籍战犯崔秉斗可否准予调役本监韩籍战犯李炳华可否准予调役
62	请逾移准将张仁国等遣送归国服务
63	张仁国等二名已经签准希即开释具报
64	韩籍战犯张锡球等八名系本部特准保释遣送回国服役
65	战犯海冈俊雄假释案同意由总统援例授权驻日代表团仿盟总对日本战犯处理办法酌核办理
66	韩籍战犯张锡球等八名已否由贵部释放服劳役刑期是否届满
67	准函拟郑南哲等二名遣返回国服兵役一节应予照办
68	请准将郑南哲李炳华二名遣送归国服役
69	贵馆调服劳役人犯金英宰等三名拟饬回国服役
70	惠准金英宰归国服役
71	请逾格准将韩人姜将虎崔秉斗二名归国服兵役
72	据呈监犯冯玉龙等九名请调役应予照准
73	调役犯虞春根届满残刑三分之一可否开释
74	据报调役犯虞春根服役期间届满残余刑期三分之一准依法开释
75	将韩籍战犯调役及提在大厨房工作情形电报鉴核备查
76	战犯余川万次郎等准调该监大厨房充服劳役
77	随文转上盟总请托代查下落不明之日战犯名单及来函抄件案
78	总请托代查下落不明之日籍战犯案被俘台湾方面无是项战俘羁留
79	战犯海冈俊雄请求假释
80	据驻日代表团办理日籍战犯保释情形案
81	海冈俊雄案即转请盟总援例保释关于有野学船引之二名前经保释在案
82	抄发总统府戌东联芬字三九零三零四号及午养联芬字三九零一六五号两代电
83	山本定男请予释放请愿书到部拟签请总统援例授权驻日代表团仿盟总对日本战犯处理办法准予保释是否有当
84	请查示解送日本巢鸭监狱执行之日籍战犯我国与盟总有无对此类战犯之管辖权等问题换文之约定
85	解送巢鸭监狱日籍战犯管辖权等问题请查卷办理
86	据驻日代表团请示我交盟总在日执行战犯曾否就假释特赦等与盟总换文约定等情达请查核见示以凭研办

编号	档　案　内　容
87	电复交盟总在日执行之战犯有无换文规定一案
88	战犯宫迫忠久请求重审究应如何办理敬请提前核示
89	花田惟孝请对战犯宫迫忠久重审案依法不合未便照准
90	核准战犯柴山兼四郎支持对中华民国之侵略战争案罪刑
91	日战犯船引鸿等叹愿书为请求减刑或临释各等情兹特检附希即核议具报
92	日本战犯船引鸿等请求减刑或临释等
93	船引鸿等叹愿书案拟签请总统援有野学例授权驻日代表团仿盟总对日本战犯处理办法酌核办理
94	日本战犯山本定男请予假释
95	船引正之假释赦案
96	船引正之假释赦案准照签拟办理
97	战犯船引正之假释赦案希查办理
98	呈送战犯柴山兼四郎案卷
99	日本战犯山本定男请予释放请愿书请核示等情均悉准予保释并照所拟办理
100	日本战犯山本定男请予保释案
101	假释减刑特赦之权限案
102	请查示解送日本巢鸭监狱执行之日籍战犯我国与盟总有无对此类战犯之管辖权等问题换文之约定案
103	关于解送日本巢鸭监狱执行之日籍战犯手续及管辖权问题之换文约定等本厅均无案可查
104	请再详查日籍战犯解送东京巢鸭监狱有无与盟总交换案
105	关于日籍战犯解送东京巢鸭监狱有无与盟总换文一节经再详查实无案可稽
106	有关中日合约生效案
107	希将在台战犯及汉奸判决书并在监行状呈报以凭核转
108	检具杨耀明等身份簿及鲍文樾讯结送监情形
109	检呈汉奸杨君等身份簿
110	战犯汉奸在今日是否应即一律予以赦免或保释及各该犯处理经过与所判罪刑如何均布分别情节详为核议
111	奉令前因拟仍照以前意见呈覆抗日时期台籍战犯杨君等九名请一律赦免汉奸犯鲍君等二名则暂从缓议
112	台籍战犯杨耀明等九名准予赦免惟杨等今后言行仍应饬由当地宪警及自治机关密为注意鲍文樾等二名应从缓议
113	拟处抗日时期台籍战犯及汉奸犯意见

编号	档 案 内 容
114	层奉总统电令台籍战犯杨耀明等准予赦免
115	台籍战犯赦免案经签奉总统兴康代电即希遵照为要
116	核准战犯政本寅夫应执行刑期
117	日本政府请求释放日本甲级战犯荒木贞夫等十二名拟对日方建议表示同意
118	电送战犯政本寅夫裁定书等件
119	电送寺田清藏等战犯卷
120	核准寺田清藏等战犯判决
121	电送战犯寺田清藏选任律师申弁意旨书
122	检呈日籍战犯在中国地区执刑及死亡姓名祈核对赐示
123	电复日籍战犯在中国地区执刑及死亡名册
124	请将下田二郎等执行死刑地点时日赐示
125	电复日籍战犯下田二郎等三十名执行地点及日期列册随电附送
126	呈送日人土桥宪二等赦免案
127	日本战犯有野学拟签请总统予以保释
128	岩田守雅等请求保释日籍战犯案拟与川添长次郎案一例俟中日和约生效后由日政府处理
129	日人土桥宪二等呈请赦免战犯有野学拟由本部授权驻日代表团仿盟总对日战犯保释办法予以保释
130	日战犯有野学准予保释可也
131	战犯有野学准由本部授权该团仿照盟总对日战犯保释办法予以保释
132	关于日政府拟请我同意赦放日本甲级战犯
133	日籍甲级战犯同意赦免案已由本部呈请政院核示兹将该日谈话记录及芳泽所提备忘录抄本送供参考
134	岸田守雅等请保释日战犯九十余名一案已由本府代电行政院转饬外交部照所议处理
135	台湾省政府呈据台南县政府呈请赦免汉奸战犯案
136	希将已决汉奸及战犯查明列表具报
137	检呈本监台籍战犯汉奸姓名表
138	检送台籍战犯及汉奸姓名表
139	希将该犯等判决书及在监行状呈报核夺又鲍文樾并无判决书执行书应将经过详情具报以凭核办
140	关于我犯送日执行当时之换文案由其自行执行监禁我国可能即此指示向盟总交涉
141	中华民国对日战犯罪行赦免令甲乙两案请择一施行一案

以上两机构保存的档案对于研究中国与东京审判乃至东京审判中的中国外交史极具价值，但在利用上却有不便之处：一是两处档案多未数字化，或者数字化完成后尚不可联网浏览；二是对于大陆学者来说多了一层政治因素的阻碍，难以自由获取。另外，鉴于"国家发展委员会档案管理局"的相关档案尚未进行专题归纳整理，而日本国立公文书馆所藏国民党BC级审判资料大多经过人名隐去处理，且多杂以日文。若要进一步研究，需对两者进行比较分析，还原十个法庭各自的案件卷宗。

研究者也在努力寻找和厘清中国国内各个机构所藏中国与东京审判相关资料，并取得了相当大的进展：例如台北"国史馆"所藏中国与东京审判相关资料，包括大量从庭审前至宣判时期政府各部门和相关人士的正式函电往来，内容涉及中国参加审判的法官、检察官人员的选定、检察团定期向国内通报审判情况等。[1] 台湾另一档案主要保存机构"国家发展委员会档案管理局"则保存了较为丰富的中国对日BC级审判的资料。而在中国大陆方面，目前已知上海、南京等地方档案馆藏有若干东京审判相关文件。但鉴于大陆的各级档案机构开放程度不尽相同，如最有可能集中保存国民政府当时档案的中国第二历史档案馆尚未完全开放目录查询，因此总体保存情况难以进行全面评估，也难以与台湾地区所保存的档案进行比较。

(八) 澳大利亚战争纪念馆与澳大利亚国家档案馆

澳大利亚在战后曾积极推动战犯审判的进行，庭长韦伯亦为澳大利亚人。东京审判的相关文献在澳大利亚亦十分丰富。主要收藏机构有位于堪培拉的澳大利亚国家档案馆（National Archives of Australia）[2] 和澳

1　这部分文献的最初亦蒙粟屋宪太郎及小林元裕先生惠赐副本，此后上海交通大学东京审判研究中心研究者再次赴台北搜集带回一部分。

2　http://www.naa.gov.au/。

大利亚战争纪念馆(Australian War Memorial)。[1] 就联机目录的情况来看,两者已实现了馆藏共享,资料的数字化工程也在逐渐进行中。两馆所藏远东国际军事法庭文件主要包括:

(1) 国际检察局部分文书及正式起诉书。

(2) 远东国际军事法庭庭审记录(1 部)。

(3) 判决书(含副本若干)。

(4) 法官个人意见书。

(5) 庭审记录概要、起诉书、答辩书、申请、动议等文件。

(6) 法庭完整证据文献(1 部)。

(7) 检辩双方总结陈词。

(8) 法庭宪章、索引等行政文书。

以上这些可以说是一套标准的东京审判基本文献。除此之外,这两个机构还收藏了另一种极具价值的个人文书,即东京审判法庭庭长威廉·韦伯爵士丰富的个人资料。

韦伯是位资深的法学家,在 1946 年 1 月被任命为庭长之前还担任澳大利亚日军罪行调查委员会主席一职,同年 5 月又被任命为澳大利亚最高法院法官。韦伯主张追究天皇战争责任,在东京审判判决之时,他曾撰写个别意见。这份文稿在 20 世纪 70 年代连同其他几名法官的反对意见或附和意见都已公开出版。然而较少为人所知的是,韦伯在审判期间还撰写了一份篇幅巨大的庭长判决草案,这原是英美法庭中作为多数审判的基础"先导判决书"的惯例。当代国际法学者大卫·科恩对其有着很高的评价。[2] 这批韦伯相关文献原先存放于韦伯在澳大利亚最高法院的办公室中,1958 年转移到澳洲战争纪念馆,数量总计 8 包、65 本相册和 3 页文件,共 6 000 页左右。其年代都在韦伯担任东京审判庭长期间。其中

1　http://www.awm.gov.au/collection/3DRL/2481/。

2　对韦伯判决意见书的详细讨论见大卫·科恩:《韦伯战争罪判决草案——东京审判判决的另一视角》,载《东京审判再讨论》,上海交通大学出版社,2015。

还包括法官办公室会议记录（Proceedings in the Chamber）——在审判期间，法官办公室会议属于保密内容，其会议记录有一份在美国国家档案馆保存，另一份保存于澳大利亚，这恐怕是因为韦伯的庭长身份。具体来说，这批资料被分为4大类：

1. 远东国际军事法庭（1946－1948）

包括对于法庭管辖权等问题的一系列文件和法官之间的通信、法庭宪章文件、法官简历、起诉书信息以及一些纽伦堡审判的研究文章。

2. 判决书草案（1947－1948）

包括两册带有韦伯手书修改痕迹的法庭判决草稿。此外还有一份不涉及对事实的认定、仅从法律角度加以决议的早期判决书草案。

3. 个人卷宗（1945）

包括对各名被告的案卷记录和一些后来成为呈堂证供的辩方文件。

4. 各类通信

包括韦伯在1946—1948年间的大量私人和正式信件，内含与其他法官之间关于庭审的各种备忘录、与盟军最高司令部还有本国外交部之间的函件、韦伯写给其好友的信件、民间人士写给韦伯的信件等。此外也包括韦伯在1947年回国时东京法庭如何安排的文件。

目前这批资料正由馆方进行数字化工作，部分内容已可通过网络浏览。

澳大利亚国家档案馆亦藏有东京审判庭长韦伯的个人资料，其中与东京审判相关的主要为1946—1948年间韦伯个人信件，共8个卷宗，约900页，大部分已可联网浏览。此外还有题为"威廉·韦伯爵士个人文件"的卷宗1件，时间为1946—1972年，厚度3厘米。需要指出的是，这批资料的馆藏位置显示为澳大利亚国家档案馆,说明其并非与澳大利亚战争纪念馆共享的文献,这便意味着两个韦伯个人文件的文献群可能互有异同。鉴于两者在时间上的重合,其内容很可能有重复之处。

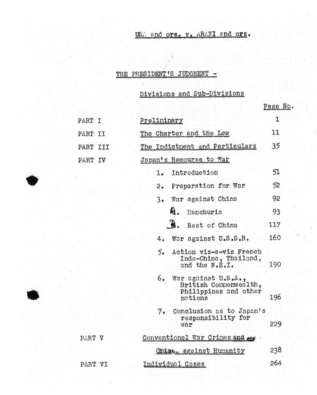

图2-2　庭长判决书草稿(澳大利亚战争纪念馆藏)

(九) 新西兰国家档案馆

新西兰作为东京审判9个参与同盟国之一,在追究日本战争罪行问题上的立场坚定。新西兰任命的罗纳德・奎廉检察官是继美国检察团后最早抵达东京的几位盟国检察官之一,他与澳大利亚检察官曼斯菲尔德在随后的庭审中坚持对日军普通战争罪的暴行进行立证,迫使检察长季南妥协。目前新西兰国家档案馆除了存有东京审判的基本法庭文献之外，还有几个值得关注的收藏：

（1）法庭判决书以及法官个别意见书（R20106497）。

（2）东京审判法庭成员有关档案（R22228266）。

（3）新西兰选派赴东京审判成员经过有关档案（R22439798）。

（4）同盟国战争罪行委员会远东小委员会档案（R12323808）。

（5）新西兰检察官罗纳德·奎廉个人档案（R23014040）。

根据特罗特的调查，奎廉检察官著有私人日记，后由其子奎廉爵士（Sir Peter Quilliam）保存。但因属私人藏品，故具体内容尚不得而知。[1]

（十）法国当代国际文献图书馆

法国当代国际文献图书馆（La Bibliothèque de documentation internationale contemporaine）设立于第一次世界大战结束之后，其档案和图书中心位于巴黎第一大学内，是欧洲研究 20 世纪国际关系最重要的专门图书馆之一。该馆藏有东京审判法国法官亨利·贝尔纳从 1905 年 4 月至 1949 年 1 月期间的个人文献，共计 3 306 件档案。作为东京审判持少数派意见的法官之一，这批文献对于研究法庭判决的形成有着独特的价值。

其内容有：起诉书 4 卷，法庭动议 3 卷，检方证人讯问记录 159 卷，检方反驳辩方的动议文件 6 卷，辩方证人讯问记录 169 卷，检辩双方总结陈词 54 卷，判决书 7 卷，法庭动议和规章 1 733 卷，庭长办公室审理记录 104 卷，庭长及法、中、荷、加、英、菲、苏、美、印各国法官对于判决书初稿的不同意见 451 卷，证据文献 320 卷（辩方部分证据和法国检察官奥尼托呈现证据），有关被告荒木贞夫卷宗的法庭命令文件 75 卷，纽伦堡审判判决书 17 卷，法庭各种文件 65 卷，贝尔纳法官个人文件 148 卷（通信、邀请函、账单、个人出版物等）。

这批资料系贝尔纳法官之子让·弗朗索瓦·贝尔纳于 1987 年赠与该馆,其中有一部分内容标示为不可复制。[1]

(十一)加拿大国家档案馆

作为东京审判中的英联邦国家之一,加拿大国家档案馆目前保存着以下东京审判相关档案:

(1)一套完整的远东国际军事法庭庭审记录(英文)(RG25 - E - 2 - c,R219 - 79 - 8 - E.)。

(2)1947/03/19—1948/12/22 期间远东国际军事法庭调查文件(内容不详,90 卷)。

(3)东京审判加拿大检察官亨利·格拉顿·诺兰(Henry Grattan Nolan)个人文书,包括与其任职相关的信件、论文、简报、照片等(MG31 - E43,R3790 - 0 - 8 - E.)。

(4)一套完整的远东国际军事法庭庭审记录(法文)(RG25 - E - 2 - c,R219 - 79 - 8 - F.)。

(5)加拿大外交部在 1944—1948 年期间有关远东战犯问题的档案,包括同盟国战争罪行委员会的记录和远东国际军事法庭的记录(RG25 - E - 2,R219 - 127 - 4 - E.)。

(6)加拿大与英国政府间关于远东地区战犯问题的文书往来,内容涉及同盟国最高司令部、战犯人选和远东国际军事法庭(MG26 - J1. Volume/box number:414.)。

值得注意的是法文版东京审判庭审记录。法语并非远东国际军事法庭的工作语言,在庭审当时也没有专人进行法文记录。其他参审国或日本的国家档案收录的基本都为英/日文的庭审记录。此份法文副本究竟系庭审之后由加拿大政府制作,还是档案记载有误,尚待查明。

1　文件号 0874/15/1 - 5,为贝尔纳法官的私人文件。

（十二）联合国档案和记录管理部

该机构为联合国档案和记录管理权力机构（United Nations Archives and Records Management Section），负责保管联合国成立后（1945 年 10 月 24 日）的大量历史资料，其中也包括 1946 年以后审判日本战争罪行的各类记录。这批档案集中归档于"同盟国战争罪行委员会（UNWCC）（1943—1948）"[Fonds United Nations War Crimes Commission（UNWCC）（1943—1948），编号 AG‐042]档案全宗之下，下辖分类层级十分清晰：

1. 同盟国战争罪行委员会（1943‐1948）

含委员会历次会议记录、委员会各类文书及报告、各时期战犯嫌疑人及证人名单、各类通信文件。

2. 成员国、其他国际机构和军事法庭提交的各类报告

含各国政府对德国和日本提起的诉讼案卷、战犯和证人名单、各同盟国国内军事审判报告、远东国际军事法庭庭审记录（起诉书、庭审记录、法庭文书、法庭证据、国际检察局文书、辩方陈述及文书、判决书）。

3. 纽伦堡和东京审判档案的参考辅助文件

含两个审判的索引、目录、指南等文件。

同美国国家档案馆和日本国立公文书馆相比，联合国档案和记录管理部保存档案的特点不在于种类及数量众多，而在于单个分类的资料相对完整，尤其是同盟国战争罪行委员会的档案。

二、大学与个人纪念馆馆藏

以上专门的档案收藏机构多为国家或国际机构，其文献收藏在完备

性和数量上都可称道。除此以外,还有许多非官方背景的个人纪念馆、研究机构以及高校图书馆也因为种种渊源拥有远东国际军事法庭相关文献,其藏量也相当可观。其中,众多美国高校馆藏占绝大多数。

(一) 美国麦克阿瑟纪念馆

麦克阿瑟纪念馆位于美国弗吉尼亚州诺福克,1964 年 4 月 11 日麦克阿瑟安葬于此。最初是一座关于麦克阿瑟生平的博物馆,如今已经扩展成为保存和展览两次世界大战、日本占领时期和朝鲜战争相关历史资料的机构。该馆所藏麦克阿瑟相关文献总计 6 000 册,其中大致有 200 万份文件、超过 86 000 幅照片、250 份视频资料以及数千份报纸、杂志和期刊,囊括了麦克阿瑟生平及其同事下属的大量正式和私人文书。它们被编成 1—135 组,这些资料中与东京审判联系较为紧密的有以下几组:[1]

RG - 4 美军太平洋司令部记录,1942—1947[Records of Headquarters,U. S. Army Forces Pacific (USAFPAC),1942 - 1947]

资料共 57 包,其中包括《原田-西园寺回忆录》以及到 1947 年 1 月为止占领军在日本活动的情报概要。

RG - 5 盟军最高司令部记录,1945—1951[Records of General Headquarters,Supreme Commander for the Allied Powers (SCAP);1945 - 1951]

共 122 包,包括在盟军占领日本时期各种私人和正式信函(如与各国外交代表的往来信件)、各种报告、备忘录、通告、盟军对日委员会的会议记录、日常工作记录以及最高司令部的备忘录。

RG - 10 道格拉斯·麦克阿瑟将军私人信函,1848—1964(General Douglas MacArthur's Private Correspondence,1848 - 1964)

资料共 207 包,其中 13 包被标记为重要信函和回忆录手稿。这些信

---

1 所有 135 组文献的组成见:http:// www. macarthurmemorial. org / 337 / MacArthur-Memorial-Archives-and-Library。

件有些已属于正式或者半正式性质。此外还有 3 箱是日本和韩国人写给麦克阿瑟的。显然，麦克阿瑟在东京审判时期以及此后与他人讨论这场审判的相关信函也包含在这组资料中。粟屋宪太郎在其著作《通往东京审判之路》的开头便引用了季南 1950 年 4 月 21 日写给麦克阿瑟的一封信，指出东京审判庭审记录迟迟没有正式出版的弊端。[1]

RG－65 远东国际军事法庭的部分文件（Selected Documents of the International Military Tribunal for the Far East）

这部分资料共有 6 包，主要是远东国际军事法庭部分庭审记录和其他一些文件的原始文本。原本为南康涅狄克大学所收藏。这些资料有相当部分亦制成缩微胶卷，不过除了麦克阿瑟生平照片可在网站浏览之外，其他的资料并没有进行数字化。

（二）美国杜鲁门图书馆

哈里·S. 杜鲁门总统图书馆暨博物馆成立于 1957 年，由第 33 任美国总统杜鲁门出资成立。根据 1955 年的《总统图书馆法》，美国共设立了十三个总统图书馆。它们都由国家档案和记录管理局管理，而杜鲁门图书馆是第一个设立的。在其有关东京审判的馆藏中，值得一提的是约翰·G. 布兰农（John G. Brannon）的个人文书。

布兰农在东京审判中的角色是一位辩护律师，在庭审中先后代表被告永野修身、岛田繁太郎、木户幸一、东乡茂德等人。审判结束后，他与这些被告保持私交关系，往来书信颇为频繁。杜鲁门图书馆所藏布兰农个人文书共约 14 400 页，内含各类法律文书、备忘录、通信、报告、表格、地图、照片等各类资料，均产生于他担任东京审判被告辩护律师时期。具体而言包括：

（1）法庭证据列表以及部分证据文件。

1　粟屋憲太郎、『東京裁判への道』、講談社、2013 年、第 11 页。

（2）代理人卷宗。

（3）日本战前及战时军队及文官主要领导者名单、日本战舰完整名单。

（4）日本战时军队计划文件。

（5）有关山本五十六海军大将的部分文件和照片。

（6）布兰农与日本友人（包括皇族高松宫宣仁亲王）的往来信件。

（7）驻日盟军总部收到的日本民间来信。

（8）东京审判其他辩护律师和被告的照片（5 册）。

（三）美国哈佛大学法学院图书馆

哈佛大学法学院是美国历史最悠久的法学院，其图书馆亦为目前世界最大的法学研究图书馆之一。当年赴日参与东京审判的法律人中多有哈佛学子的身影，如今该馆保存着两名校友，同时也是东京审判重要当事人的馆藏——法官迈伦·C. 克拉默（Myron C. Cramer）和首席检察官约瑟夫·贝里·季南（Joseph Berry Keenan）的文书。

克拉默于 1907 年毕业于哈佛大学法科。1946 年 7 月 10 日被任命代表美国担任东京审判法官，并在庭长韦伯缺席时行使代理庭长之责，他同时也是法官团多数意见派的一员。藏于哈佛的克拉默法官个人文书相当丰富，总数约 300 卷，其中包括：

（1）检方提供事实之概要：

卷一：田中内阁、浜口内阁、若槻内阁、犬养内阁、斋藤内阁。

卷二：冈田内阁、广田内阁、林内阁。

卷三：第一次近卫内阁。

卷四：平沼内阁、阿部内阁、米内内阁。

卷五：第二次近卫内阁。

卷六：第三次近卫内阁。

（2）远东国际军事法庭法国法官亨利·贝尔纳个别意见（2 卷）。

（3）远东国际军事法庭印度法官帕尔反对意见（4卷）。

（4）庭审记录及法庭证据涉及所有资料之概述（14卷）。

（5）远东国际军事法庭荷兰法官勒林个别意见。

（6）检方提出及驳回文件（7卷）。

（7）法官办公室记录及辩方驳回文书（113卷）。

（8）地图等文件（22卷）。

（9）检方总结陈词（7卷）。

A—K部：一般主题陈述。

AA—YY部：被告个人陈述。

（10）法庭庭审记录副本（109卷）。

另一馆藏为"约瑟夫·贝里·季南数字文献"（Joseph Berry Keenan Digital Collection）。[1] 在远东国际军事法庭担任首席检察官的季南于1913年在哈佛大学法学院获得法学士学位，曾担任美国助理总检察长兼司法部刑事处主任。1945年11月29日，被杜鲁门总统任命为调查日本战争犯罪的法律顾问团团长，随后出任国际检察局局长。

哈佛大学法学院图书馆所藏关于季南的资料被分为七个类目，主要包括：

（1）约瑟夫·贝里·季南信件，1942—1947：主要是季南在担任国际检察局局长期间的各类往来书信，大部分都与审判直接相关。有一小部分是季南与他在华盛顿的同事的信件往来。还有美国和日本公民写给季南的信件，表明他们对日本战争罪行的看法。此外还有一份1946年宋美龄的采访记录。

（2）季南的影像资料，主要为季南在1945—1947年间在日本拍摄的黑白照片，既有庆典等正式场合，也有反映当时日本社会和普通国民的情况。

1　http://www.law.harvard.edu/library/digital/keenan-digital-collection.html.

不过该馆所藏的季南文献，除了以上被编目并数字化的资料外，尚有很大部分仍需研究者到馆亲自查阅。

（四）美国弗吉尼亚大学法学院图书馆和弗吉尼亚历史学会图书馆

弗吉尼亚大学法学院是美国历史最为悠久的法律学院之一。东京审判的数名法庭成员均毕业于此，他们收集的法庭相关资料和他们本人的私人文件有不少就收藏于学院图书馆。弗吉尼亚历史学会图书馆（Virginia Historical Society Library）也是一家具有近 200 年历史的史料收藏、研究及教育的专门机构。目前通过两家机构的文献合作计划，已有五个远东国际军事法庭个人数字馆藏完成了分类、排序和数字化的工作，并且每份文件都配有详细的内容介绍，合计约 7 000 个文件。虽然数据库不支持全文检索，但研究者仍可以通过关键人名进行搜索。[1]

1. 弗兰克·S·塔夫纳个人文献和远东国际军事法庭正式文书，1945—1948（The Personal Papers of Frank S. Tavenner，Jr. and Official Records from the International Military Tribunal for the Far East，1945 - 1948）

原文献藏于弗吉尼亚大学法学院图书馆。弗兰克·S·塔夫纳是东京审判检方阵容的重要成员之一，他于 1927 年在弗吉尼亚大学法学院取得法学学士学位后进入法律界。国际检察局成立后，他作为局长季南的副手一同赴日。他曾在 1947 年季南缺席庭审时作为代理首席检察官行使职责。塔夫纳检察官在 1945—1948 年间，个人搜集了数千页东京审判相关的文件，1971 年由他的遗孀捐献给弗吉尼亚大学法学院图书馆，成为该馆的特藏资源。这批资料共计 113 盒和 23 个纸箱，它们没有按照原始的时间顺序排列。图书馆在对资料进行数字化的过程中尽可能按时间

1　http://imtfe. law. virginia. edu/ collections.

顺序进行重新排序,重排后的资料被分作两个类目:

（1）塔夫纳在东京审判期间的个人文书。

第 1—7 盒:1945 年底至 1948 年 5 月期间东京审判检方内部就检控策略、证据利用以及对庭审相关看法等方面的信件、分析报告、备忘录等各类文书,尤以他担任代理首席检察官的 1947 年为主。

第 8—9 盒:有关被告个人的材料,包括《木户日记》中提及各名被告的部分、被告个人卷宗的分析、一些暴行证据资料等。

第 10—12 盒:编号 0—4095 的国际检察局文书。

第 13 盒:剪报。

第 14—15 盒:检方关于日德意三国同盟的检控资料,包括各类报告、备忘录等。

（第 16—18 盒信息缺失）

第 19—21 盒:纽伦堡审判相关文献。

第 22 盒:（日本）外贸及工业报告。

第 23 盒:国际检察局法务部的各种地图（中国、南亚和太平洋地区）。

（第 24 盒信息缺失）

第 25—26 盒:其他各式文件,如原美国驻日大使约瑟夫·格鲁（Joseph Grew）的证词等。

（2）一套基本完整的法庭官方文献,包括庭审记录、法庭证据文件、被驳回文件、庭审概要、检辩双方总结陈词、各类文件索引、法庭规章制度、法庭判决。

2. 罗伊·L. 摩根文书（The Papers of Roy L. Morgan 1941 - 1966）

原文献藏于弗吉尼亚大学法学院图书馆。1933 年毕业的摩根在远东国际军事法庭成立之前是一位美国联邦调查局探员。1946 年被美国陆军部以助理检察官的身份派往东京,并担任国际检察局调查课的主管。

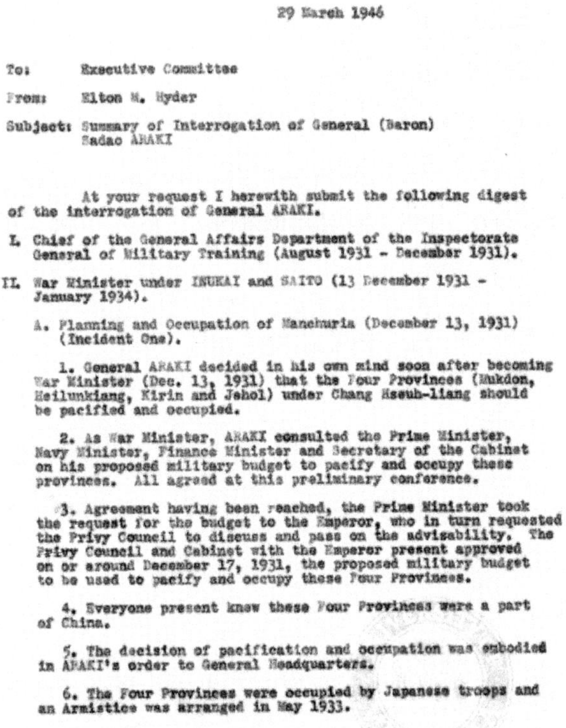

29 March 1946

To: Executive Committee

From: Elton M. Hyder

Subject: Summary of Interrogation of General (Baron) Sadao ARAKI

At your request I herewith submit the following digest of the interrogation of General ARAKI.

I. Chief of the General Affairs Department of the Inspectorate General of Military Training (August 1931 - December 1931).

II. War Minister under INUKAI and SAITO (13 December 1931 - January 1934).

A. Planning and Occupation of Manchuria (December 13, 1931) (Incident One).

1. General ARAKI decided in his own mind soon after becoming War Minister (Dec. 13, 1931) that the Four Provinces (Mukden, Heilunkiang, Kirin and Jehol) under Chang Hseuh-liang should be pacified and occupied.

2. As War Minister, ARAKI consulted the Prime Minister, Navy Minister, Finance Minister and Secretary of the Cabinet on his proposed military budget to pacify and occupy these provinces. All agreed at this preliminary conference.

3. Agreement having been reached, the Prime Minister took the request for the budget to the Emperor, who in turn requested the Privy Council to discuss and pass on the advisability. The Privy Council and Cabinet with the Emperor present approved on or around December 17, 1931, the proposed military budget to be used to pacify and occupy these Four Provinces.

4. Everyone present knew these Four Provinces were a part of China.

5. The decision of pacification and occupation was embodied in ARAKI's order to General Headquarters.

6. The Four Provinces were occupied by Japanese troops and an Armistice was arranged in May 1933.

图 2-3　弗吉尼亚法学院图书馆藏塔夫纳个人文献：荒木贞夫讯问概要

这批资料共 12 盒，包含了很多法庭筹备时期国际检察局对日本国家政治体制、政界首脑以及一些重要人物的调研资料，如后来成为被告的东条英机、东乡茂德和成为法庭重要证人的末代皇帝溥仪等人的讯问记录。此外还有国际检察局日常工作的文件、备忘录、会议记录等，具体目录为：

第 1 盒：国际检察局民间审查支队（CCD）保密文件，执行委员会会议记录，各类备忘录和调查报告，对溥仪、东乡茂德及东条英机的讯问记录。

第 2 盒：国际检察局调查部文书、日本政府官员名单、嫌犯名单、木户日记摘要、剪报等。

第 3 盒：有关日本政要、世界政治情势及关键事件的报告、讯问记录译本、庭审记录摘要、占领年表等文件。

第 4—8 盒：部分庭审记录。

第 9—10 盒：1942 年"格林布里尔酒店任务"(The Greenbrier Hotel Mission)相关文书。

第 11 盒：1946—1966 年期间摩根的个人文件和信函及其他各类文书。

第 12 盒：夏勒特·保罗《俄罗斯：昨日，今日与明日》手稿 (Schallert，P. O.：Russia；Yesterday，Today，and Tomorrow)。

3. G·卡林顿·威廉姆斯收集的远东国际军事法庭正式文书及其个人文件(The Papers and Official Records from the International Military Tribunal in the Far East，Created and Collected by G. Carrington Williams，1945 - 1948)

原文献藏于弗吉尼亚大学法学院图书馆。毕业于 1942 年的 G. 卡林顿·威廉姆斯同样参与了远东国际军事法庭的庭审，不过与前面两位前辈分属两个阵营——他是被告星野直树的辩护律师之一。他在庭审期间积累的各种私人及正式文书共计 86 包：

第 1 包：主要是威廉姆斯为星野直树辩护相关的各类备忘录、报告、个人笔记、法律书籍等。

第 2 包：各类辩护文件、剪报、讯问记录。

第 3 包：被告个人和全体的法庭动议草稿、作为参考的国际检察局文件、纽伦堡审判文件等。

第 4 包：辩护阶段的各类文书。

第 5 包：庭审资料。

第 6 包：法庭双方证据索引。

第 7 包：庭审记录。

第8—27包：1—3220号法庭证据。

第28—36包：1—2622号辩方文书。

第37—38包：1—10500号文书。

第39—86包：庭审记录。

4. 卡尔霍恩·W. J. 菲尔普斯战争犯罪和"东条审判"馆藏(C. W. J. Phelps War Crimes and the Tojo Trial [1] Collection)

原文献藏于弗吉尼亚大学法学院图书馆。菲尔普斯在东京审判期间担任国际检察局文件科的副主管。这部分资料只有两本剪贴册的内容。主要包括国际检察局的一些正式文书、相关剪报、照片以及菲尔普斯本人的零散收集，包括一部未出版的战时宣传电影脚本"光荣的日本"和一部名为《军队派系》的日文书籍，署名"田中"。值得关注的是其中还有一些关于法庭团队的形成过程和组织架构的资料。

5. 戴维·尼尔森·萨顿(David Nelson Sutton)个人文献

在弗吉尼亚大学图书馆的东京审判专题资源库中，这是唯一一个原馆藏在弗吉尼亚历史学会的文献群。[2] 总量共为16盒，83个文件夹，目前有79个文件夹已经可以在网上浏览。其内容包括：萨顿1946年去中国实地调查的委派书、在中国工作的报告、巢鸭监狱在押人名单、各类嫌疑人的讯问记录、国际检察局执行委员会会议记录、被告个人陈述等。

(五) 美国里士满大学戴维·尼尔森·萨顿个人资料收藏

美国里士满大学是萨顿的母校，萨顿检察官在东京审判中的工作主要和中国部分的立证相关，包括前期的调查和审理中的讯问。1974年萨顿检察官去世后，他所有的各类审判相关文书都被捐赠给美国里士满大

1　"Tojo Trial"可能是"Tokyo Trial"误写。

2　http://vhs4. vahistorical. org/ starweb/ d. skclmarc-opac/ servlet. starweb＃?.

学法学图书馆。这批资料总量共 109 件，约 85 000 页。其中包含了一套完整的法庭庭审记录和证据文献，此外还有萨顿检察官在庭审期间产生的各类个人通信、笔记等。

弗吉尼亚大学和里士满大学都拥有"萨顿个人文书"的馆藏，他们之间的关系将在本书下篇详细梳理。

（六）美国哥伦比亚大学法学院图书馆

美国哥伦比亚大学的法学专业有着深厚的传统，其亚瑟·W.戴蒙德图书馆（Arthur W. Diamond Library）[1]也较为集中地保存了东京审判的有关档案文献。主要包括：

（1）远东国际军事法庭年表（英文）。

（2）远东国际军事法庭年表（日文）。

（3）1947 年 6 月 24 日关于审判中远征军相关议题的会议。

（4）1947 年 11 月 21 日关于总结陈词流程的会议。

（5）辩方文书（No. 51‑3121，6251）。

（6）辩方总结陈词（Sectoin B‑N）。

（7）帕尔法官反对意见书。

（8）零散文件。

（9）非证据文件。

（10）证据文献 1—3915 号（英文）。

（11）证据文献 4—3915 号（日文）。

（12）证人索引 1947. 2. 28—1948. 2. 10。

（13）起诉书。

（14）日文庭审记录。

（15）某法官个别意见书。

1　https://clio.columbia.edu/.

（16）法官办公室会议。

（17）联合国信息办公室：惩罚战争犯罪。

（18）两套英文庭审记录（不完整）。

（19）日文庭审记录。

（20）日本政府首脑发言记录。

（21）勒林法官个别意见书。

（22）韦伯庭长个别意见书。

（23）山下奉文审判庭审记录。

另外，该校的东亚图书馆（East Asia Library）也有一部分东京审判资料，以日文为主。

（七）美国马凯特大学法学图书馆

马凯特大学法学图书馆是拥有远东国际军事法庭原始记录的 21 座图书馆之一。该馆所藏资料共 152 卷，内容包括：

卷 1：战犯概况索引。

卷 2：日文材料。

卷 3：起诉书。

卷 4—5：共同谋议罪名相关。

卷 6：判决书。

卷 7：部分辩方陈词及辩方被驳回文件、检方反驳辩方陈词、个人手写记录。

卷 8—10：检方证人记录。

卷 11—48：庭审记录 1—21180 页。

卷 49：辩护律师迈克尔·列文（Michael Levin）的庭审总结。

卷 50：法庭记录员朱利安·沃尔夫（Julian Worlf）1947 年 5 月 1 日及 2 日对新西兰法官诺斯克罗夫特在审议会议上的记录。

卷 51—97：庭审记录 21181—48412 页。

卷 98—106：庭审概要。

卷 107—130：证据文献。

卷 131—132：检辩双方证据索引。

卷 133：国际检察局各类文书、法庭证据和证人索引。

卷 134—136：检方关于所有被告的检控工作概要。

卷 137—138：辩方各类文件,包括辩护人布鲁克斯(Brooks)、冈本敏男、弗里曼(Freeman)、布莱克尼(Blakeney)、布拉农(Brannon)、乔治·山冈(YAMAOKA George)、福尼斯(Furness)、布鲁伊特(Blewett)、清濑一郎、科宁汉姆(Cunningham)、内田藤雄、牛场信彦、鹈泽总明等人在庭审各个阶段的陈词稿以及个人笔记。

卷 138—147：个人辩护总结。

卷 148—149：检辩双方关于战犯的卷宗、部分国际检察局文书、法庭判决书。

卷 150：国际检察局文书第 0006 - A 号：远东国际军事法庭规程。

卷 151—152：远东国际军事法庭判决书。

(八) 杜克大学图书馆和古德森法律图书馆

杜克大学威廉·R. 帕金斯图书馆(William R. Perkins Library)保存了东京审判(1946 年 6 月 14 日至 1947 年 12 月 17 日)的庭审记录摘要以及部分庭审记录,此外还存有一套完整的法庭证据文献(证据号 1—3915)。而该校另一图书馆——古德森法律图书馆(Goodson Law Library)则保存了完整的庭审记录以及 1946 年 4 月 29 日至 6 月 4 日的庭审电报。

(九) 美国新墨西哥大学图书馆

该图书馆的远东国际军事法庭档案共计 21 盒,其内容为一套基本完整的法庭庭审记录、判决书以及辩方证据文书。

(十) 美国威廉玛丽学院图书馆

该校厄尔·格雷格·斯韦姆图书馆(Earl Gregg Swem Library)藏有奥特维尔·罗伊(Ottewell Lowe)爵士 1945—1948 年间的个人文书,共计 301 件。罗伊曾是东京审判首席检察官季南的个人代表,审判期间及之后季南曾将一部分法庭文件寄给当时身在华盛顿的罗伊,其中包括检方开场陈词、起诉书、嫌犯名单、法庭宪章、电传会议纪要以及时任美国国务卿赫尔、驻日大使格鲁和国防部长史汀生的宣誓证词。

(十一) 美国布朗大学图书馆

该校图书馆同样保存了一套完整的东京审判基本文献,包括庭审记录(199 卷)、判决书(7 卷)、概要(1 卷)、草案文件(2 卷)、附录(1 卷)、检方对辩方的回应(3 卷)、庭审记录摘要(1 卷)。

此外,该馆还收藏有詹姆斯·J. 罗宾逊(James J. Robinson)法官的个人文书。罗宾逊曾在东京审判中担任助理检察官,故这批资料多与庭审相关。其内容分 11 个系列,包含部分庭审记录、法律文书、证据、研究、个人通信和一些行政文书。

(十二) 美国密歇根大学图书馆

密歇根大学图书馆藏有东京审判助理检察官沃特·I. 麦肯锡(Walter Ingles Mckenzie)在东京审判期间产生的个人文书——麦肯锡此前是底特律的一名执业律师。文书的内容除了围绕麦肯锡在庭审中负责的有关日本侵略满洲阶段,还包括其个人通信和一部分法庭正式文书。

(十三) 新西兰坎特伯雷大学图书馆

该图书馆为新西兰规模最大的图书馆。东京审判新西兰法官艾瑞玛·哈维·诺斯克罗夫特(Erima Harvey Northcroft)在 1949 年就向坎

123

特伯雷大学捐赠了他所保存的绝大部分东京审判资料,只保留了法庭判决书留作个人使用,不过后来亦将判决书捐出。这批文件共 368 卷,超过 10 万页。主要内容包括:索引和搜索帮助 16 卷;庭审记录 138 卷;最终陈词 29 卷;庭审记录摘要 16 卷;法庭动议 5 卷;法庭规章及命令 3 卷;检方文书 11 卷;庭长办公室审理记录 6 卷;证据文献 93 卷;判决书和附录 10 卷;判决书相关文件 8 卷;法官个别意见 6 卷;其他各种文件 9 卷;额外的副本 28 卷。[1]

值得关注的是庭长办公室的审理记录,这些记录在当时是不被公开的,其内容包括了法官们围绕被告个人的诉求展开的种种讨论,例如是否允许广田弘毅出席其妻子的葬礼等。新西兰法官的这部分文件共 6 册,约 1 700 页,有十几天的记录缺失。坎特伯雷图书馆对它们进行了初步的整理,不过尚无详细索引。法官之间关于审理和判决的意见对于深入了解审判的最终结果非常有帮助。不过东京审判法官之间的内庭会议因保密协定在审判结束后很长时间没有公开,至今仍未整理出版。

(十四) 日本东京大学社会科学研究所图书馆

东京大学社会科学研究所图书馆从 1966 年购入东京审判辩护律师之一金濑薰二(桥本欣五郎辩护人之一)的个人收藏资料。此后开始搜集、收藏东京审判的相关资料,1971 年接收了三文字正平(小矶国昭辩护人之一)的个人收藏,以及法务省、朝日新闻社和早稻田大学图书馆资料中内容重复的档案,构成了现在的馆藏,共 860 册,分为九大类:

(1) 目录及索引 21 卷。

(2) 法庭庭审记录:英文 134 卷、日文 10 卷。

(3) 检方证据文献 82 卷。

1 http://library.canterbury.ac.nz/mb/war_crimes/intro.shtml.

（4）辩方证据文献 106 卷。

（5）庭审其他相关资料 61 卷。

（6）辩方相关资料 43 卷。

（7）审判相关材料：珍珠港袭击事件 35 卷。

（8）远东问题相关资料 331 卷。

（9）庭审记录号 81—416,8 册,索引及指南 27 卷。

该馆在 1971—1973 年间制作了三份详细的资料目录（总目录及检、辩双方文献的目录）。庄司孝通过对国立公文书馆的宫内厅、法务省相关档案和东京大学社会科学研究所三个资料群的目录进行比较后发现：就英文文献来说,宫内厅、法务省和东大社科所的资料基本上是一致的。但就日文文献来说,法务省资料和东大社科所的资料数量要远远超过宫内厅,即宫内厅资料中日本内容非常之少,其原因尚不清楚。[1]

（十五）日本关西大学图书馆

作为关西大学图书馆特别藏书之一的"远东国际军事审判资料"（極東國際軍事裁判資料）,原本是东京审判被告之一武藤章的辩护人冈本尚一个人保存的资料。1951 年冈本通过友人川上敬逸博士（关西大学法学部教授）的斡旋将这部分资料捐赠给了关西大学。不过图书馆在接受资料后仅对英、日文的庭审记录进行了整理,其余资料在很长一段时间都被束之高阁。到 1972 年,图书馆终于完成了这批资料的目录制作。[2]

资料共计 5 500 件文件,包括完整的英、日文庭审记录和大量的证据文献,尤其是辩方的资料——这显然与捐赠人的身份有很大关系。

1　庄司孝,『宫内厅移管極東国際軍事裁判関係資料について』,『北の丸』,第 36 号、2003 年 10 月。

2　准确来说,该目录是一份在法务省司法法制调查部资料目录和朝日新闻社资料目录的基础上结合该馆资料内容补充而成,故后附有文件请求号的才为该馆实际所藏之文献。

除了法庭、采用、撤回、延期、未提出和被驳回的文件外，还有冈本尚一个人的许多辩护文件。整理负责人平井友义教授对该批资料的内容与法务省司法法制调查部资料目录和朝日新闻社资料目录进行比较，认为这批资料尽管在完备性上不如在法务省、东京大学社科所等机构所藏（主要是检方文件缺失较多），但同时也拥有一些其他机构所不具备的个人文件。[1]

（十六）其他机构

除了上述诸机构，尚有不少机构和高校保存了战犯审判的文献，其内容大多为东京审判的法律文书。且因所保存的文献数量和完备性有所欠缺，此处姑且列出大略，不多赘述。

1. 美国空军研究情报中心（United States Air Force-Muir S. Fairchild Research Information Center）

东京审判庭审记录（不完整）一套。

2. 美国德雷克大学图书馆（Library of Drake University）

完整的东京审判法庭文献一套，含庭审记录（199 卷）、判决书（7 卷）、概要（1 卷）和草案文件（2 卷）。

3. 美国伯克利大学图书馆和北区图书馆设施（UC Berkeley Library & NRLF）

伯克利大学图书馆：东京审判庭审记录（169 卷）。

北区图书馆设施：东京审判庭审记录（113 卷）、辩方关于庭审一般问题及被告个人的总结陈词（17 卷）、完整法庭证据文献（131 卷）。

---

1 http://web.lib.kansai-u.ac.jp/library/library/collection/kyokuto_int.html.

4. 美国普林斯顿大学图书馆(Princeton University Library)

东京审判庭审记录(125 卷)、辩方总结陈词(20 卷)。

5. 美国圣玛丽大学法学图书馆(Sarita Kennedy East Law Library，Saint Mary's University)

东京审判庭审记录 5 卷(1—1235 页)。

6. 维克森林大学图书馆(Z. Smith Reynolds Library，Wake Forest University)

东京审判庭审记录 135 卷。

7. 犹他州立大学图书馆(Merrill-Cazier Library，Utah State University Library)

东京审判法庭判决书、部分检方证据、照片。
丸之内审判被告丰田副武案卷(15 盒)。

8. 华盛顿大学图书馆(University of Washington Libraries)

东京审判庭审记录两套，分别为 158 盒及 382 盒。

9. 宾夕法尼亚大学图书馆(Pennsylvania Libraries)

完整的东京审判庭审记录、判决书、法官个人意见书。

其他对东京审判史料有所收藏的机构至少还包括：荷兰国家档案馆(National Archives of the Netherland)、加拿大国家档案馆(National Archives of Canada)、英国上议院资料办公室(Records Office of the British House of Lords)、海牙和平宫图书馆(Peace Palace Library at the Hague)、英国帝国战争博物馆(Imperial War Museum in London)、纽约

公共图书馆(New York City Public Reference Library)、得梅因公共图书馆(Des Moines Public Library)、伦敦经济学院(London School of Economics)、牛津大学尼桑日本研究中心(Nissan Institute of Japanese Studies)、犹他州立大学丰田副武资料收藏(Utah State University's Soemu Toyoda Tribunal Transcripts Collection)、澳大利亚昆士兰最高法院图书馆(Supreme Court Library of Queensland)、新西兰国家图书馆(National Library of New Zealand)、加州大学伯克利分校(University of California Berkeley)、新西兰威灵顿维多利亚大学(Victoria University of Wellington)、美国五角大楼图书馆(Pentagon Library)、新墨西哥大学西南研究中心(University of New Mexico Centre for Southwest Research)、密西根大学法律图书馆(University of Michigan Law Library)、康奈尔大学法律图书馆(Dawson Rare Books Room of the Cornell University Law Library)、布朗大学洛克菲勒图书馆(Rockefeller Library of Brown University)、普林斯顿大学善本和特别藏品部(Princeton University's Department of Rare Books and Special Collections)、哥伦比亚大学法学院(Columbia University Arthur W. Diamond Law Library)、斯坦福大学胡佛战争研究中心(Stanford University's Hoover Institution on War)、奥多明尼昂大学图书馆(Old Dominion University Library)、太平洋联合学院图书馆(Pacific Union College Library)、迈阿密大学(University of Miami)、德雷克大学考尔斯图书馆(Drake University Cowles Library)、印第安纳大学(University of Indiana)、芝加哥大学(University of Chicago)、荷兰格罗宁根大学(Rijks Univer siteit Groningen)、上海交通大学东京审判研究中心,这些机构的馆藏都有待于进一步深入了解比较。[1]

---

1 James Burnham Sedgwick, "Introduction and background," Justice Erima Harvey Northcroft Tokyo War Crimes Trial Collection, http://library.canterbury.ac.nz/mb/war_crimes/intro.shtml.

三、东京审判史料的重复性问题与价值评估

（一）东京审判史料的总体构成

东京审判是战后同盟国长达两年多的一项浩大的司法工程，围绕它产生的档案文献主要通过两种途径：一是机构保管。审判结束后法庭的档案基本全部交由美国国家档案馆保管，美国国家档案馆所藏东京审判相关资料主要归在 RG125、RG153、RG238 和 RG331 几组文献中，内容涵盖远东委员会、盟军最高司令部及其下属国际检察局、远东国际军事法庭等相关机构的庞大文献。它们当中有相当一部分已被制成缩微胶卷。日本国立国会图书馆和中国国家图书馆都已先后购入。而作为受审国的日本，同样在其国立公文书馆保有大量东京审判法庭的官方文书，主要来源为宫内厅和法务省移交的相关档案。该馆同时还藏有大量日本政府在审判前后持续进行的调查和研究资料。

另一途径是个人保管。二战后兴起的现实法律主义，为哈佛、耶鲁和哥伦比亚等重要的法律学校所推崇。许多活跃在东京法庭上的美籍辩护律师就是以此展开了他们在审判中的法律实践。可以想见，不论是当年的检察官们还是辩护律师们，都很有可能在回到美国后将自己持有的各类文书以各种方式交给高校图书馆等机构保存。因此我们看到今天这些法学专业传统深厚的大学图书馆大多都有远东国际军事法庭相关资料的馆藏。身为审判参与人的十一国法官、检察官、辩护律师等主要参与人都会持有法庭庭审记录、证据文献等法庭官方文献——这是他们的工作资料。而各人所有的那部分资料则各自处分。世界各地的高校图书馆和研究机构保有的东京审判资料收藏许多都源自当年的审判参与者，如新西兰坎特伯雷大学藏东京审判资料系本国参与法官艾瑞玛·诺斯克罗夫特所捐赠、法国当代国际文献图书馆的馆藏资料原系本国参与法官亨利·贝尔纳个人所藏。日本不少高校则存有当年辩护团成员个人积累的与审

判相关的研究资料和报告等。

由此,东京审判史料的构成也形成了两种迥然不同的类型:其一,同盟国战争罪行委员会、法庭和国际检察局等与审判相关的各个机构档案;其二,以参与审判的诸多当事人为中心的个人文献库。前者不但档案总量庞大,而且每个档案系列往往也都是大体量的文献群。后者则规模相对较小,文献种类多而杂,带有强烈的个人风格。

(二) 东京审判史料的"重复性"及其利用问题

东京审判史料的产生方式和现有构成使得"重复性"成为其重要的特征,主要表现在两个方面:一、形式和内容的完全重合。最典型的即为英、日文法庭庭审记录,不管在大型资料库还是个人文库中,这些都是最普遍和"标准"的馆藏。完整庭审记录和法庭证据在全世界目前的相关收藏至少有几十个副本,并且其文件组织形式也基本一致。[1] 二、内容相同的文献分布于形式不同的馆藏中。譬如本书下篇对于几种萨顿文书的史料辨析表明:审判参与者个人的通信、报告、笔记等文献,由于有不少属于半官方性质的文件,往往在法庭和国际检察局的官方文书中也有副本保存。原本法庭的庭审记录、检辩双方的证据文件甚至判决书等都会作为必需文件配发给当时正式参与审判的人员,因此这些内容成为这些文献群的主体则不足为奇。类似的还有法庭证据文献、检辩双方各自的文书等。

由于这种"重复性"在现有东京审判的各个资料群中普遍存在,使得各收藏机构也难免重复性地进行史料整理工作。但我们仍需要给予大型资料库和个人文库同样的重视,因为两者并不会因为彼此的部分重叠而失去各自的史料价值。就大型资料库而言,在文献完备性方面优势明显,但其数量过于庞大也成为研究者利用的一个障碍。如美国国家档案馆藏

1　除了美国国家档案馆和日本国立公文书馆以外,收藏庭审记录和法庭证据的机构还包括但不限于:澳大利亚战争纪念馆、澳大利亚国家档案馆、新西兰国家档案馆、英国国家档案馆、美国空军研究情报中心、美国新墨西哥大学、美国加州大学、美国哥伦比亚大学、美国华盛顿大学、日本东京大学社会科学研究所、日本国土馆大学、日本关西大学等高校和研究机构。

东京审判档案,仅资料指南就长达1 700多页,[1]而且只能做到粗略的目录。迄今为止,只有少数几部核心文献得到了仔细整理和出版。[2] 此时规模较小、内容明确的个人文库优势便显现出来。根据国际检察局和辩护团的工作安排特点,每名检察官或者辩护人在审判过程中的工作重心都不尽相同:检察官大多依检方立证阶段(如侵略满洲、对中国的经济掠夺、战争暴行、太平洋战争等)分工,而辩护人则以一名或几名被告为重心展开辩护工作。因此,研究者若想对庭审涉及的历史进行窄而深的研究或是针对被告展开个案研究,这些当事人的信函、个人笔记仍然是十分珍贵的一手材料。换句话说,从个人文库切入研究可能会更快地在史料的汪洋大海中找到关键。[3]

四、小结

本章对世界上几处最为重要的东京审判史料收藏机构以及几位东京审判重要相关人物的个人资料收藏进行了初步的考察和概述。东京审判结束后,盟军最高司令部、十一位法官、国际检察局和辩护团各自都应该拥有一份完整的法庭资料系列,所以最初法庭资料的数目至少有15—17套——实际上从美国国家档案馆的情况来看,至少已经有三套比较系统的东京审判法庭资料。

通过以上介绍可以大致了解东京审判法庭文献在世界各地的分布概况。尽管看上去有大量重复的文献,但这并非毫无意义。首先,最核心的

1　Greg Bradsher:*Japanese War Crimes and Related Topics: A Guide to Records at the National Archives*.

2　如上海交通大学出版社发行的"东京审判文献数据库"已经实现近5万页的英文庭审记录的全文检索功能。

3　如刘宇蕾对《木户幸一询问记录》和《田中隆吉询问记录》的利用(刘宇蕾:《东京审判再探讨——以木户幸一和田中隆吉证言为中心》,硕士学位,论文,西北大学,2017。)陈波对季南个人文书的利用(陈波:《美国人眼中的"东京审判"——基于"季南档案"的历史考察》,《江苏师范大学学报(哲学社会科学版)》2017年第2期。),陈海懿对诺兰个人文书的整理研究,范庭卫对刘子健个人文书的整理研究。

审判文献,流传至今已出现不完整的情况,理想的情况是对各个版本做出评估,确认或制作一个比较完善的版本,这也是这些文献所具有的版本学上的意义;其次,那些以个人文献为专题的馆藏对以法庭成员个人为研究对象的学者而言,利用起来更为便利,尤其是一同被收藏的法庭成员的私人文件构成了它们区别于大型官方文献收藏机构的独有价值;最后,对外界开放国际检察局文书的收藏机构目前还只限于美国国家档案馆和日本国立国会图书馆两家。因此,大众对这批文书的历史价值的认识还不够。

如果按审判中不同立场来分的话,检方的文书在数量和完备性上远胜辩方。显然检方与辩方的不同组织形式对此产生了影响。东京审判事实上遵循英美法庭程序,给予并保证被告的辩护权力,而由日美两国律师组成的辩护团也确实足够庞大。但自始至终,辩方没有组织一个类似国际检察局的机构[1],也就没有统筹规划的主体,因此辩方文书多由辩护人个人收藏,再辗转保存于档案机构。

另外,在保存东京审判相关史料方面,中国在过去几十年中不论是对于大型文献还是个人文献的保存都存在严重不足。前文亦谈及除了梅汝璈法官的半部遗著和零散日记,其他中国代表团成员的文献几乎无处可寻。直到近两年中国国家图书馆和上海交通大学东京审判研究中心开始着力于搜集相关资料,情况才得到改善。国家图书馆从美国国家档案馆购入了大批缩微胶卷资料,梅汝璈法官与向哲濬检察官的一些个人资料也陆续出版。不过在资料整理和收藏方面,中国的图书馆和学术机构仍然还只处于初级阶段。

需要额外一提的是,当年直接参与庭审的相关人士的个人著述数量十分可观,且大多已公开出版,其史料价值亦不可低估。[2]

---

1 在审判开始之前的确有成立一个相当于国际检察局的辩护机构的呼声,但随着庭审进行,各被告之间的辩护策略也逐渐独立,形成各自为战的局面。关于东京审判辩护方人员的研究,可参见日暮吉延、『東京裁判の弁護側:日本人弁護団の成立とアメリカ人弁護人』,鹿儿岛大学社会科学杂志、1993 年、16;29 - 57。

2 有关东京审判个人著述的介绍可参见程兆奇等:《东京审判研究手册》,上海交通大学出版社,2013。

第三章　战后对日审判史料的整理与编纂

以东京审判为代表的同盟国对日审判随着冷战时代的到来渐次收尾，亦不复为人所关注。至 20 世纪 80 年代，海外对东京审判的研究迎来了一次高潮，尤其是此时的一批历史学者突破了此前研究东京审判多围绕意识形态立场的窠臼，着意发掘、整理和编纂了一批重要的历史资料。

一、审判结束后至 20 世纪 80 年代

针对纳粹德国的纽伦堡审判结束后，法庭庭审记录和所有的法庭证据文献（42 卷，包括两卷索引）随即出版（Trials of the Major War Criminals Before the International Military Tribunal，Nuremberg，International Military Tribunal，1947 – 1949，42 vols.）。[1] 之后法庭证据文献的选译也告刊行（原 42 卷保留了证据文献的原始语言）。纽伦堡审判之后进行的 12 项后续审判也迅速出版了庭审摘要。很快西方各国又陆续出版了这一时期本国各类外交文件档案。这些资料的出版对于想要揭开在欧洲引起这场世界大战的前因后果的历史学者们来说，具有重要价值。

1　对纽伦堡审判相关资料的数字化工程已十分成熟，读者可在美国国会图书馆网站直接阅览纽伦堡庭审记录全文（即被称为"蓝色系列"的 42 卷本）。此外美国耶鲁大学法学院的阿瓦隆项目（Avalon Project）也收集了大量纽伦堡审判的相关文书。

相较而言,东京审判结束后的文献去向则要多花几点笔墨。围绕审判产生的一系列文献中有一大部分在审判结束后移交至美国国家档案馆保管,其内容包括法庭事务局所保管的各种资料(含庭审记录、法庭证据、判决书等)以及国际检察局资料。分发给法庭十一位法官的资料由法官携带回各自国家,其中一部分后来通过不同渠道成为一些大学和机构的馆藏。还有一些(如中国代表团带回的资料)则不知所终。此外分发给辩护律师的资料同样由律师个人保存。日本法务省从1955年开始收集东京审判相关资料,很多即从辩护律师处获得。[1] 后来制成的法务省远东国际军事法庭相关文献中就包括了美籍辩护人乔治·福尼斯和本·布莱克尼所保存的法庭文件。[2] 此外,东京审判庭审期间,朝日新闻社、早稻田大学、东京大学社会科学研究所、日本最高法院图书馆等机构从几位辩护人处印制了为数不多的几份法庭资料,各自收藏。因此,尽管美国占领当局始终没有正式出版庭审记录,但日本国内各家报社和出版社在庭审结束后陆续对各种相关资料进行了出版,多少弥补了文献的缺失。除了庭审记录之外,朝日新闻报社还系统地收集了检、辩双方的证据文献和其他庭审相关资料,这些资料后来被赠送给日本国立国会图书馆,现在则收藏于东京大学社会科学研究所。[3]

几乎同时进行的是这些资料在日本的正式刊行:

(1)远东国际军事审判公判记录刊行汇编《远东国际军事审判公判记录》,1948—1949年由日本富山房出版,共两册。[4] Ⅰ册为检方综合篇,1948年出版;Ⅱ册为检方立证满洲关系篇。尽管只包含了日文起诉书和庭审速记录第一至第二十号,但这是东京审判庭审记录在世界范围内的第一次公开出版。

---

1 见日本国立公文书馆所藏法务省档案。
2 豊田隈雄、『戦争裁判余録』、泰生社、1986年、第460页。
3 粟屋憲太郎、『東京裁判への道』、講談社、2013年、第15—16页。
4 極東国際軍事裁判公判記録刊行会、『極東国際軍事裁判公判記録』、富山房、1948—
   1949年。

（2）《远东国际军事审判速记录》，1968 年由日本雄松堂出版，共十卷。[1] 这是全版日文版速记录第一次公刊，其内容从 1946 年 5 月 3 日的庭审开始至 1948 年 11 月 12 日宣判完毕，包括庭审记录、法庭判决书和判决附属书，而 1946 年 4 月 29 日检方向法庭提交起诉书的部分并未包含其中。

（3）朝日新闻调查研究室编《远东国际军事审判记录目录及索引》，1953 年由日本朝日新闻调查研究室印制。[2] 本书是针对朝日新闻社搜集的东京审判文献而制作的索引，也是第一部公开出版的东京审判资料索引类出版物。

然而，相较于日本政府机构和媒体积极地收集和出版庭审相关资料，来自法庭的官方版本却迟迟没有出现。日本占领当局即盟军最高司令部尽管保存了整套法庭资料，但并没有立即进行出版。一个显然的原因是东京审判耗时过久，导致相关经费捉襟见肘，出版的财力不够。当然，这恐怕与审判进行到后期美苏关系急剧恶化，美国不再热衷于追究日本战争责任而只求审判尽快了结也不无关系。对于这种情况，东京审判首席检察官季南在 1950 年 4 月 22 日写给麦克阿瑟的一封信中写道（括号内容为笔者所加）：

（盟军司令部）因为经费问题而决定不对全部东京审判的法庭记录进行正式出版，而仅仅出版法官意见和检、辩双方开场陈词的部分，对此我表示十分关注。我认为这是个不明智的决定，我郑重地提议（盟军司令部）应该认真地考虑将起诉书、开场陈词、各位法官的判决意见以及庭审概要公开出版。相较于帕尔法官的反对意见书，法庭的多数意见判决书通过丰富和细致地引用大量审判资料和法庭证

1　極東国際軍事裁判所、『極東国際軍事裁判速記録』、雄松堂書店、1968 年。
2　朝日新聞調査研究室、『極東国際軍事裁判記録　目録及び索引』、朝日新聞調査研究室、1953 年。

言对事实进行了勘定。而现在这种情况会导致对帕尔法官反对意见的片面强调,尤其容易遭到误解,导致那些批评审判的人不认可多数意见判决,进而得出全体被告都遭到误认的结论。但是,检方的准备工作是极为慎重的。如果庭审概要得以出版,人们就会意识到多数意见判决的措辞是恰当的。恳切希望阁下能理解我这番概略的叙述,并推进我此次所提议之事。[1]

季南信中提到的帕尔法官是东京审判十一名法官中唯一一位主张被告全员无罪的法官,并在结审时撰写长达千余页反对意见书,体量与法庭多数意见即判决书几乎相当。这份法官意见开始为日本大众所知是从田中正明的《帕尔博士的日本无罪论》一书开始[2]——该书曾一度被占领当局查禁直至 1952 年 4 月 28 日,当天也是日本解除占领的首日。很快帕尔法官反对意见书便成为批判审判的重要文件,后来有人干脆冠之以"帕尔判决书"这一混淆视听的称谓。[3] 到今天帕尔本人更是被一部分人奉为手握真理、心存良知的东京审判批判先驱与典范。可以说,季南的担心,即日本国内在审判结束后越来越倾向认可帕尔反对意见并对审判展开批判,在某种程度上成为了事实——直到他的信发出 31 年后的 1981 年,英文世界才由加兰德出版社陆续出版了 22 卷完整的英文庭审记录,这是远东国际军事法庭的英文庭审记录、判决书和法官个别意见书的第一次影印出版。可以说,正是东京审判庭审记录及其他法庭资料的完整版本未能尽早出版,从而放任了反对声音的广泛流布,在相当程度上削弱了这场审判的正面影响与意义。

早期东京审判基本文献在对外出版刊行上的不足也阻碍了相关研究的进行,这一点在西方学界显得尤为明显。而日本作为受审一方,本国媒

1　栗屋宪太郎、『東京裁判への道』、講談社、2013 年、第 11—12 頁。

2　田中正明、『パール博士の日本無罪論』、太平洋出版社、1952 年。

3　这一说法最早来自東京裁判研究会、『パル判決書』、講談社、1984 年。

体和政府机构对资料的搜集不遗余力,因此在没有官方公刊资料出版的情况下,学界仍然进行了颇有成效的研究。

二、20 世纪 80 年代中后期至 2000 年

以 1983 年在澳大利亚召开的"东京审判国际学术研讨会"为标志,对东京审判的研究逐渐不再囿于意识形态上的争论,更多地开始注重对于史料的解读和分析。东西方学界差不多同时开始对东京审判相关史料进行集中发掘和整理,这一时期史料整理和编纂主要围绕东京审判的若干种核心资料展开,即法庭庭审记录、国际检察局内部文书和讯问记录。

(一)日本学者的工作

1. 粟屋宪太郎的工作

被称为"东京审判第一人"的粟屋宪太郎教授在向日本介绍和引进东京审判的史料方面做了非常多的开创性工作。粟屋宪太郎毕业于东京大学文学部,后于立教大学文学部担任教授,长期从事日本现代史,尤其是东京审判的相关研究。粟屋在 1983 年的国际学术研讨会结束后,赴美国进行了两个月的文献调研,并在美国国家档案馆找到了当时保存至今的大量档案资料。粟屋在它们当中看到了国际检察局文书的重要价值——它们揭示了东京审判从确定嫌疑人到选定被告再到开庭的前因后果,其中对当时日本各界重要人士的讯问记录更是战后关于追究战争犯罪问题的极好研究素材。于是粟屋以一人之力开始了主要资料的复印和整理工作,一直持续到 1992 年才基本完成。从 1987 年开始,这批资料陆续得到整理出版,分别有:

- 1987《东京审判资料·木户幸一讯问调查书》

(粟屋憲太郎、伊香俊哉、小田部雄次、宮崎章、『木戸幸一尋問調

書——東京裁判資料』、大月書店）

- 1993《国际检察局(IPS)讯问调查书》(52 卷)

（粟屋憲太郎、吉田裕、『国際検察局(IPS)尋問調書』、日本図書センター）

- 1994《田中隆吉讯问调查书》

（粟屋憲太郎、安達宏昭、小林元裕、『田中隆吉尋問調書』、大月書店）

- 1994《国际检察局收押重要文书》

（粟屋憲太郎、吉田裕、『国際検察局押収重要文書』、日本図書センター）

- 1999《通往东京审判之路——国际检察局·相关决策文书》(全五卷)

（粟屋憲太郎、永井均、豊田雅幸、『東京裁判への道——国際検察局·政策決定関係文書』、現代史料出版）

- 2000《东京审判与国际检察局——从开庭到判决》(全五卷)

（粟屋憲太郎、H·P·Picks、豊田雅幸、『東京裁判と国際検察局——開廷から判決まで』、現代史料出版）

可以说粟屋是最早注意到国际检察局文献重要性的学者。1993 年，粟屋与吉田裕合编的《国际检察局(IPS)讯问调查书》，全书共 52 卷，所依据的原始资料便是美国国家档案馆 RG331 的缩微胶卷（Numerical Case Files Relating to Prticular Incidents and suspected War Criminals，International Prosecution Section，1945 - 1947）。这组胶卷共 470 个案件卷宗，其内容除了国际检察局对 400 余人的讯问记录外，还涉及大量剪报、分析报告、备忘录、证人口供。本书编者从全部 73 卷胶卷中整理出讯问记录的部分，涉及 400 余人，包括 28 名被告、未受到起诉的犯罪嫌疑人，此外还有对一些团体机构（例如，樱会）的调查案卷。木户幸一的讯问记录由于此前已经单独出版，故本资料只集中进行一些补充。据粟屋宪太郎自述，整部资料集的内容大约占原胶卷资料的三分之一左右。[1] 笔者曾浏览该组胶卷内容，其文件组织顺序总体而言乃是围绕个人案卷展开，进而形成专题卷宗。然而其中亦混杂了不少不相干的文件，并且缺乏详细目录。如第一号胶卷标示专题为"东乡茂德"，但最初的内容为山下奉文、本间雅晴、近卫文麿、东条英机等人的审判记录、备忘录、媒体报道以及各种剪报，与东乡并无直接联系。直到后二分之一处才陆续出现关于东乡的案件卷宗，并延续至第二卷，具体为东乡本人和其他人的讯问记录中涉及东乡的部分（如星野直树和田中隆吉），此外还包括各种相关的文件分析报告。可想而知，从这样的资料群中整理出所有讯问记录的部分，并以被讯问人而非专题卷宗为单元来重新组织安排内容是一项需要细心和极大耐心的工作。

讯问记录资料集中反映了国际检察局在东京审判开庭之前开展的检控指控工作，使得东京审判从开庭前到宣判的所有环节得以完整和具体——讯问记录、庭审记录和判决书构成了具有内在逻辑的资料群。2013 年，粟屋早年著作《通往东京审判之路》再版，篇幅大为扩增，可以说在很大程度上拜这批资料所赐。[2] 这一研究方向与沃特所提倡的"东京审判前史"研究不谋而合。同时它们也是研究日本近代政治史和外交史的珍贵资料。

从另一方面说，粟屋整理的相关文献大多集中在法庭和检方的文书上，基本不涉及辩方文书。若要以更全面及客观的视角来研究东京审判，除以上资料之外，需要注意的另一部资料是东京审判资料刊行会于 1995 年出版的 4 卷本《东京审判驳回及未提出辩护方资料》。[3] 该书按庭审的时间序列排列了东京审判辩护方所准备的资料当中被驳回及没有提出的文件（日文版本）。所依据的资料来源为原日本法务省图书馆藏，日文版有缺失的地方则通过同馆所藏的英文版本补齐并译成日文。

1　粟屋憲太郎、『東京裁判への道』、講談社、2013 年、第 20 頁。
2　粟屋憲太郎、『東京裁判への道』、講談社、2013 年、第 17—18 頁。
3　東京裁判資料刊行会編、『東京裁判却下未提出弁護側資料』、国書刊行会、1995 年。

2. 小堀桂一郎的工作

本套资料（《東京裁判却下未提出弁護側資料》，東京裁判資料刊行会编，1995 年）系 20 世纪 90 年代发行，总共两期 8 卷，约 4 800 页。主持编纂的小堀桂一郎是持保守立场的近代史学者，从其著作中可以看到他对"东京审判史观"的批判并主张东京审判的被告乃至日本国家无战争罪责。编者谓审判过程中"在庭长恣意指挥诉讼和检方强行反对下，辩护方大量的证据文书不得发挥作用，继而还有许多原本打算提交的文书也因遭此打压而沮丧中止"，编者还赞扬辩护团的美国籍辩护律师们从普遍的法的正义的立场出发，果敢地在法庭上为被告积极辩护，揭发同盟国方的不正当性。整理编撰这部资料的目的之一也在于展现美国籍辩护律师们的诸多努力。[1]

不过，这套东京审判辩护方资料的史料文献价值不该因编者的政治立场而被忽视或者贬低。东京审判采用英美法系规则，重视检、辩双方的法庭论辩与证据。法庭在采用双方证据的同时也驳回了大量认为证据价值不足的文献。但从后世研究者的角度来看，驳回乃至未提出的文献却具有不同的研究价值，不论是研究辩方的反证策略还是作为中日近代史研究，都足资参考利用。

该资料集来源于日本法务图书馆，原资料同时有日、英两种文本。编者以日文文本为基础，英文文本为补齐之用，最终共收录 2 306 件文书，按照审判进入辩护阶段后的审理顺序排列，分别是：① 开场陈述·一般阶段；② 满洲事变；③ 中国事变·对苏关系；④ 太平洋战争（1）；⑤ 太平洋战争（2）；⑥ 个人辩护；⑦ 辩方最终辩论。同时每件文件均标明审判时的原始资料编号、资料提出日期以及是否系驳回或未提交性质。

1　小堀桂一郎，『東京裁判の呪ひ：呪縛から日本人を解き放て』，PHP 研究所、1997 年。

（二）西方学者的工作

尽管盟军最高司令部在审判结束后没有对外公刊相关的庭审资料，但是它们连同美国政府接收的日本政府文书和其他关于日本战争犯罪的档案一起得到了很好的保存。20 世纪 50 年代就有人为这批资料撰写过目录指南。[1] 1957 年由密歇根大学出版社出版的《东京审判：远东国际军事法庭庭审记录多功能索引》是英文世界最早出版的索引。[2] 从 20 世纪 80 年代开始，英文庭审记录等相关庭审资料在英文世界陆续出版，英国学者普理查德则在其中扮演了最为重要的角色。

普理查德出生于美国，常年在英国教学，主要从事战争法的研究。1981 年加兰德出版公司出版了由他与另一位历史学家萨义德[3] 合编的《东京战争罪行审判》。全书共 22 卷，其中第 1—19 卷为完整的英文庭审记录，第 20 卷为法庭判决书，第 21 卷为法官个别意见书，第 22 卷为各类相关文献，包括被告上诉书、麦克阿瑟对判决的批示、被驳回的被告动议。本集是远东国际军事法庭的英文庭审记录、判决书和法官个别意见书的第一次影印出版。1987 年，普理查德为 6 年前出版的远东国际军事法庭庭审记录而编写的五卷本《东京战争罪行审判：索引与指南》也随即出版。[4] 相比 1957 年密歇根大学出版社的索引，该部索引无论在涵盖面抑或使用的便利性上都有所超越，是目前英文世界最为详尽的东京审判研究工具书。据其本人表示，该套索引共耗费了 14 年的时间。

到 20 世纪 90 年代后期，由于这一套资料久已脱销，普理查德在埃德

1　J. W. Morley, "Check List of Seized Japanese Records in the National Archives," *The Far Eastern Quarterly 9*, no. 3 (May. 1950): 306 - 333.

2　Dull, Paul S. and Michael Takaaki Umemura, *The Tokyo Trials: A Functional Index to the Proceedings of the International Military Tribunal for the Far East* (Ann Arbor: The University of Michigan Press, 1957).

3　菲律宾籍历史学家，毕业于伦敦政治经济学院(LSE)。

4　John R. Pritchard and Sonia Magbanua Zaide, *The Tokyo War Crimes Trial: Index and Guide* (New York & London: Garland Publishing Inc. , 1987).

温·梅伦出版社重新影印出版了东京审判的英文庭审记录。[1] 该丛书原计划出版 124 卷(130 册),其中第 1 卷为解说,第 2—100 卷为英文庭审记录,第 101—104 卷为判决书,第 105—109 卷为法官个别意见,第 110—113 卷为法官办公室庭审记录,第 114 卷为被告提交的部分文件,第 115—116 卷为法庭庭审记录的人名与主题索引,第 117—119 卷为新编法庭日志,第 120—124 卷为法庭索引。导读和索引给读者提供了东京审判文献的知识性概述。如在第 110—113 卷"内庭庭审记录"附有编者《内庭庭审记录的注意事项》,介绍了内庭庭审记录的档案特性、编者本人收集整理的经过及庭审记录的内容。如第 117A、117B 两卷的法庭日志,在 1987 加兰德版的基础上作了增订,标明开庭日讨论主题,方便了读者检索。但本集未按计划完成,如第 1 卷原计划为《解说:远东国际军事法庭在历史学和法学上的意义》,第 115—116 两卷原计划为人名索引,但都未出版。本集每册都附有 30 页"总序",重复太多。影印不够精细也是本集的不足,如第 114 卷收录的被告申诉文件,字迹模糊,难以辨认。

2001 年出版的《东京审判研究英文文献指南》是英文世界最新的关于东京审判资料和研究著作的汇集。[2] 本书包含"一般资料""被告""法官、检察官、辩护人""法庭宣判""东京审判判决及以后""东京审判的影响",介绍了围绕东京审判相关的史料(档案、国际条约和各国战争犯罪法相关资料)、审判亲历者的回忆录及著作论文、研究者的著作。此外一个章节"其他战争犯罪审判"还介绍了 1945 年至 1956 年间的东京审判及亚太地区的 BC 级军事法庭的情况。2005 年该书的日译本由现代史料出版社出版发行。[3]

1　John R. Pritchard, *The Tokyo Major War Crimes Trial: The Transcripts of the Court Proceedings of the International Military Tribunal for the Far East* (Lewiston: The Edwin Mellen Press, 1998 – 2005).

2　Welch Jeanie M, *The Tokyo Trial: A Bibliographic Guide to English-language Sources* (New York: Bloomsbury Publishing USA, 2001).

3　ジニー・ウェルチ、粟屋憲太郎、高取由紀訳、『東京裁判英文文献ガイド』。

2008 年,《东京战争罪行文献：宪章、起诉书和判决书》由牛津大学出版社出版。这是东京审判的法庭宪章、起诉书、判决书和法官个别意见首次单独出版。[1] 这些文件经过重新排印,同时在页边标注原始页码,方便读者核查。

可以看到,在沃特提出对东京审判"历史的研究方法",提醒人们不要忘了"东京审判前史"的同一时期,粟屋、普理查德等一批学者对于东京审判前的文献资料进行了集中发掘和整理,进行了大量的基础性文献工作,对于日后学者通过扎实的文献基础对东京审判进行深入和严肃的学术研究做出了巨大的贡献。东西方学者不约而同地意识到对于东京审判的研究必须超越意识形态层面的争论,不得不说这是东京审判研究历史上一个程碑式的时期。

三、2000 年以后史料发掘整理的新动向

这一时期最突出的一点便是中国开始重视史料的发掘和着手加入史料整理编撰的行列。中文世界有关东京审判最早的公开出版物是在东京审判宣判一个月之后,由亚洲世纪出版社出版的倪家襄著《东京审判内幕》。1953 年,中译本《远东国际军事法庭判决书》(张效林译)出版。再往后三十多年中,便基本没有关于东京审判的资料集和学术著作出版了。当年美、澳、法、荷、新等国家法官、检察官所带回的个人文献均由本国专门机构来保管。相比之下,东京审判中国代表团回国之时正值国内政局动荡,带回的文献辗转流离,几十年间无人过问,如今竟没有人可以说清这批文献的具体下落。没有基本文献,整理和出版自然也无从谈起。到20 世纪80 年代后期,东京审判中国法官梅汝璈遗著《远东国际军事法庭》和东京审判期间所著之日记相继出版。但前者的原稿因作者在"文

1　Boister, Neil, and Robert Cryer, eds, *Documents on the Tokyo War Crimes Tribunal: Charter, Indictment and Judgments* (Oxford: Oxford University, 2008).

革"当中去世未克完成,后者也大半纷失于"文革"期间,只存1946年2月—5月的日记。这两本残著已是中文世界极为难得的一手文献。作为二战中日本侵略的主要受害国和东京审判参审国之一,中国国内关于东京审判的史料收藏和整理出版情况或是语焉不详,或是用寥寥数语便可概括,这种局面是颇为尴尬的。

所幸的是,从2012年起,国内学术机构和出版社开始了系统性地搜集、整理、翻译和出版有关东京审判史料的工程。国家图书馆和上海交通大学东京审判研究中心[1]自美国国家档案馆等机构陆续购置大批东京审判的基本核心文献并加以整理编纂。

(一)《南京大屠杀史料集》

该丛书由南京大学张宪文教授领衔主编,是一部汇集有关南京大屠杀事件的原始资料的多卷本丛书,共55册,总字数超过2 800万字。[2] 在内容上,它涵盖了加害方(日本)、受害方(中国)、第三方(西方国家)三方面的丰富史料,详尽和全面地记录了日军战时在南京及周边地区实施的战争罪行。该丛书的资料来源于多国档案馆、图书馆和其他有关史料机构,大部分资料均为第一手资料文献,编者根据不同内容,分编成不同专题,集册出版。丛书中有6册内容涉及东京审判和BC级战犯审判:

1. 第7册《东京审判》,杨夏鸣编

本册主要辑录和翻译了部分美国国家档案馆藏远东国际军事法庭庭审记录及一些其他相关资料,分为"东京审判的法律文件""起诉方有关日军南京大屠杀的证据""辩护方的证据""判决书(有关南京大屠杀)"四个

1　上海交通大学东京审判研究中心成立于2011年,是全球首家专门从事东京审判研究、文献整理和编译的学术研究机构。

2　张宪文主编:《南京大屠杀史料集》,江苏人民出版社,凤凰出版传媒集团,2005。

部分。

2. 第 19—21 册《日军罪行调查委员会调查统计》，郭必强、姜良琴等编

本册分为上中下三本，资料主要来自中国第二历史档案馆、南京市档案馆、秦孝仪主编《中华民国重要史料初编——对日抗战时期》、迟景德著《中国对日抗战损失调查史述》。分为"日军罪行调查的缘起""日军罪行调查委员会和南京大屠杀案专项调查""南京市政府、南京市临时参议会、首都地方法院和中央党章机关组织的调查工作"三大部分，其中一些涉及同盟国战争罪行委员会、远东国际军事法庭、南京审判战犯军事法庭等机构的资料。

3. 第 24 册《南京审判》，胡菊荣编

本册资料大部分来自中国第二历史档案馆以及少部分民国报纸。分为"南京审判日本战犯的国际法和中国法""国民政府国防部审判战犯军事法庭""国民政府国防部审判战犯军事法庭开庭审判"三个部分。书中收录了谷寿夫、向井敏明、野田毅、田中军吉几名被告的审理档案，但其余案件均未见收录。

4. 第 29 册《国际检察局文书·美国报刊报道》，杨夏鸣、张生编，杨夏鸣等译

本册第一部分主要辑录和翻译了部分美国国家档案馆藏国际检察局文书，第二部分收集了 20 世纪 30 年代末公开发表和出版的一批相关英文资料，包括《纽约时报》《时代周刊》以及徐淑希编写的《日本人的战争行为》《日人战争行为集要》两本书的部分内容。

可以说围绕南京大屠杀这一主题，该丛书是近年来最为权威和详细的历史资料集。丛书围绕南京大屠杀展开，涉及东京审判及战后审判的

部分也相应地只与南京暴行相关,除此之外的资料一律不收录,所以对于"东京审判及战后审判史料"这个范畴而言,该丛书仍旧是零碎和不成系统的。

(二) 中国国家图书馆的文献征集工作

中国国家图书馆自 2012 年起开展民国时期文献保护计划,日本战犯审判的海外文献征集为其中重要的一部分,主要的征集对象为美国国家档案馆所藏 RG331 编号下有关远东国际军事法庭和其他盟国对日审判的档案,包括缩微胶卷、缩微平片、数字影像、照片等多种形式,其中若干大型文献已陆续影印出版:

(1)《远东国际军事法庭庭审记录》(80 卷),2013 年。

(2)《远东国际军事法庭证据文献集成》(50 卷),2014 年。

(3)《国际检察局讯问记录》(70 册),2015 年。

(4)《丸之内审判文献汇编》(80 册),2016 年。

(5)《马尼拉审判文献汇编》(53 册),2014 年。

(6)《横滨审判文献汇编》(105 册),2014 年。

需要指出的是,国家图书馆出版社出版的《国际检察局讯问记录》完全以美国国家图书馆藏缩微胶卷为底本,未在内容和排版上有所改动,因此在篇幅上大大超出了 1993 年粟屋宪太郎等人编纂的 52 册本《国际检察局(IPS)讯问记录》,之所以如此编排乃是出于忠实反映史料原貌的考虑。可以说,两种国际检察局讯问记录出版物各有所长。

此外,国家图书馆亦围绕战后对日审判的主题整理了一批旧报刊及图书予以重新出版:

(1)《伯力审判庭审记录:中、英、俄、德、日文版》(5 册),2016 年。

(2)《二战日军暴行报刊资料汇编》(5 册),2016 年。

(3)《二战日军战史资料汇编》(30 册),2016 年。

（4）《东京审判历史图片集》，2014年。

（5）《二战后审判日本战犯报刊资料选编》，2014年。

对于缺少研究基础也没有基础史料的国内学界来说，中国国家图书馆进行的大规模文献征集和集中出版可以说是一股极大的助力，从此使得中国学者能够较容易地接触战后审判的一手资料。而面对大部分为英、日文字的资料，工具书、索引的编纂以及相应的翻译工作随即提上日程。

（三）上海交通大学东京审判研究中心的编纂工作

上海交通大学东京审判研究中心自2011年成立，致力于对东京审判及其他战争审判的史料编纂及研究。迄今为止的工作成果主要包括以下几个方面：

1. 工具书及大型文献索引附录

2013年出版的《东京审判研究手册》，内容包括对东京审判相关文献及论著的介绍、东京审判基本知识的解读、出现人物的简介、东京审判大事年表，系国内进行东京审判研究的第一本工具书性质的手册。同年，《远东国际军事法庭庭审记录索引、附录》（3卷）出版。该部资料系首次于中文世界出版的东京审判英文庭审记录工具书，其内容包括全文人名索引、出庭人物索引、三种语言的证据索引和重要事件索引。2014年和2015年，东京审判的法庭证据文献（50册）和国际检察局讯问记录（70册）相继在国内出版，分别与之配套的附录和索引同样由东京审判研究中心编纂完成。

2. 文献和著作翻译

东京审判中涉及中国部分的审理共有120日，留下了超过1万页的庭审记录。东京审判研究中心对该部分的庭审内容进行了整理和译校。

按照内容、庭审顺序和篇幅分为：侵占东北检方举证、全面侵华检方举证、毒品贸易·侵占东北检方举证、侵占东北辩方举证（上、下）、全面侵华辩方举证（上、下）、南京暴行检辩双方举证、被告个人辩护举证（上、下）、检辩双方最终举证与辩护、远东国际军事法庭判决书。2016年，《远东国际军事法庭庭审记录·中国部分》（12册）出版。从此，远东国际军事法庭庭审记录有了英、日之外的第三种语言版本。这对于国内学者迅速了解和利用这批资料展开研究大有益处。目前庭审记录全译本的计划亦已展开，显然这将是一个长期的工程。

同时，十数种国外研究日本和西方世界的重要成果也被译介至国内，如《超越胜者之正义——东京战罪审判再检讨》《东京审判：第二次世界大战后对法与正义的追求》《东京审判的国际关系——国际政治中的权力和规范》《另一个纽伦堡：东京审判未曾述说的故事》等。

（四）松元直岁的工作

随着重要史料陆续整理出版，对相应工具书的需求逐渐迫切起来。尽管每部出版资料都会附有帮助检索利用的基本索引。但在实际工作中，大型文献不易时时翻阅，此时案头如有一部详细全面的指引书则有事半功倍之效。编制工具书虽然嘉惠学林，却难免"吃力不讨好"。正因如此，日本学者松元直岁坚持不懈地为东京审判英、日文庭审记录进行详尽的整理工作便显得难能可贵。

2010年出版的《东京审判审理要目》[1]是对东京审判自1946年4月29日检方提交起诉书到1948年11月12日宣判为止的审理全过程的详细提要。全书分上下两册，编者对每一天庭审的主要经过、出庭证人及双方律师发言情况以及提交证据的内容编号等都做了要而不繁的叙述。除了标明日期，每日的审理提要均标注有对应的英文、日文记录原始页码。

1　松元直蔵、『東京裁判審理要目』、雄松堂書店、2010年。

书后还附录法庭宪章等基本文献以及法官、检察官、辩护律师和被告的简要介绍。这套工具书不论是对普通人快速了解东京审判概貌还是研究者有目的地精确检索都提供了极大的便利。

松元直岁对庭审记录的文献工作并没有就此停止，自2013年起，由其主编的一部更大型的工具书《远东国际军事审判审理要录：东京审判英文公审记录要译》[1]陆续面世。《要录》与上文《要目》最大的不同在于它是一套对东京审判英文庭审记录进行日文缩译，并进行文本比较的工具书。至于为何在已有日文文本的情况下还要进行英日翻译，松元在序言中解释道："尽管庭审记录有英、日两种官方文本，但后者的质量却'拙劣不堪'。要正确地理解审理内容必须通过对英文记录的解读来进行。"本书在编排上依审理日期逐一列项，根据英文文本进行日文的翻译或是概要说明，同时标明英日文庭审记录的原始页码范围。书的大部分内容为翻译工作，在此基础上编者还尝试进行进一步的英日文文本比较，并在两者互歧之处给予说明，同时还对庭审记录的内容加以解说。尽管这部分内容占比较少，但此前未有展开如此文献学性质的研究，对于厘清庭审记录的不同文本有着十分重要的意义。至2018年4月，此书已出版至第六卷，大约完成了一半的体量，其后的工作还在持续进行中。

四、专题数据库的建设

随着互联网技术的发展，学术研究对于史料的整理和利用也迈入数字化时代。各种综合或专题性的学术资源数据库也给研究者们带来了巨大的便利。前章谈及的学术机构中不少已经对各自馆藏资源进行数字化

1　国士舘大学法学部比較法制研究所（監修）、松元直歳（監修、編集、翻訳）、山本昌弘（翻訳）『極東国際軍事裁判審理要録：東京裁判英文公判記録要訳』第1—6卷，原書房、2013—2018年。

处理乃至建立起开放的数据库平台。除此之外,大型综合性法律数据库往往也将战争审判文献作为重要专题收录。近年来,国内外以东京审判庭审记录和证据文献为基础的专题性数据库亦逐渐建立。

(一) 国际刑事法院法律工具数据库

该数据平台由国际刑事法院检察官办公室的法律咨询部于 2003 年开发,通过与世界各地研究机构合作,实现资源的汇集和共享。提供的内容涵盖法律信息、摘要及法律应用软件等。数据库内容向公众免费开放,旨在为世界各国提供一条可平等自由地获取国际刑法信息的渠道。与战后审判有关的文献则收纳于其若干子数据库,即"国际(化)刑事法庭(基本文件)""国际(化)刑事法庭判决""联合国战争罪行委员会"之中:

(1)"国际(化)刑事法庭(基本文件)":收有与远东国际军事法庭成立相关的国际条约、文件以及法庭起诉书。

(2)"国际(化)刑事法庭判决":在本子数据库中,全面收集了东京审判的法庭文件(动议和命令、庭审记录、法官议事室记录、检辩双方总结、判决书)。除此之外,也收集了澳大利亚、中国、美国、英国的部分 BC 级战犯审判的判决书。涉及中国审判的共有 154 份判决书,其中又以国民政府北京审判最为完整,共 101 件,其余尚有南京、上海、台北、徐州、济南五处军事法庭的部分判决书,于 2012 年始对外公开。

(3)"联合国战争罪行委员会":收有 1944 年 11 月 29 日至 1947 年 4 月 3 日联合国战争罪行委员会远东和太平洋地区分会的 38 次会议记录。

可以看到,国际刑事法院法律工具数据库作为一个综合性法律数据库,其中有关亚太战后对日本的 BC 级战犯审判资料并不算十分完善,基本以法庭判决书为主,缺乏其他审判文件,且判决书也并不齐全,不过这批资料系高清彩版扫描，数字化质量堪称优秀。

（二）东京审判资源库

该资源库由中国国家图书馆开发，[1] 内容基于国家图书馆近年来广泛征集的东京审判海内外文献。目前上线的主要档案均来自美国国家档案馆，包括东京审判英文庭审记录全文和一部分庭审原始照片。读者可以按日期阅览 PDF 格式的庭审记录文档。此外资源库也收录了东京审判研究中心的若干工具性资料。

（三）东京审判文献数据库

东京审判文献数据库由上海交通大学出版社开发。[2] 从资源内容上看，与国家图书馆的"东京审判资源库"具有一定的相似性，但该数据库最大的优势在于在世界范围内首次实现了英文庭审记录的全文检索功能。使用者可以不再囿于顺序检索内容，而能以关键词为线索聚集庭审内容，大大提高了检索精度和速度。

前文曾谈及在早期东京审判文献发掘整理上，中国远远落后于日本和西方。但在资源数字化方面，近年来中国可谓奋起直追，后发制人。同时随着越来越多的研究者将目光投向这一研究领域，对 BC 级审判档案的发掘和整理也逐渐进入数字化的进程。

五、小结

普理查德在《东京战争罪行审判：索引和指南》一书的前言中说："……我们十分希望出版全部证据文献，但是要出版没有当庭宣读的证据的定稿本对我们而言是件不可能的事，更别提那些数以万计的被法庭驳

1　http://mylib.nlc.cn/web/guest/djsp/index.
2　http://tokyotrial.cn/.

回的检、辩双方各自的文件了。"[1] 随着东京审判的研究逐渐受到重视，东京审判相关的史料文献整理与编纂也在持续进行中。当然，这是一项长期的工作，并且仍然面临诸多困难。但不论如何，令人欣慰的是，普理查德的遗憾正在一一得到弥补。

1　John R. Pritchard, "Preface," in *The Tokyo War Crimes Trial: Index and Guide* (New York & London: Garland Publishing Inc., 1987), p. xxxii.

下篇　史料的利用与研究

第四章　远东国际军事法庭庭审记录的初步研究

　　现有东京审判史料在世界各地的保存具有体量庞大以及潜在重复的情况，例如仅美国国家档案馆所藏数组文献都保存有东京审判庭审记录、证据文书、判决书，但其中哪个版本更完备却无法仅凭目录分辨。今人检查 RG331 组中的两份日本版和一份英文版的证据文献，发现都不完备。因此，今人在整理出版或者研究利用的过程中不能不首先对史料本身进行审视，相应的甄别和评估工作也是必要的。

　　相较于文献的完备性，作为东京审判的核心文献之一——庭审记录的另一个问题是从一开始就存在英日两种语言的版本。这两种语言都是东京法庭的工作语言，但在庭审记录的制作流程上颇有不同，使得彼此之间的内容也不尽相同。学界从很早就有关于究竟哪个版本的准确性较高的讨论，由此又牵涉到另一个问题——东京审判法庭的翻译。本章拟在此对两种语言的庭审记录做一个初步的比较研究。

一、版本和形式内容

　　英文庭审记录的版本：东京审判法庭上除了翻译人员和被告以外，几乎所有的法庭成员（法官、检察官和美方辩护律师）都不懂日语，可以想见他们在日常工作中使用的庭审记录只能是英文版。根据岛内龙起在其《东京审判辩杂录》中所述，审判期间英文庭审记录当日最快四、五个小时可完成模板制作,夜里完成印刷,次日开庭前分发到法官、检察官、辩护律师等相关人员手中。[1] 庭审结束后法庭相关资料多被法庭成员带回各自的国家,就前文所列举的各个机构的收藏情况来看,东京审判的英文庭审记录至少有近二十个副本现存于世界各地。1981 年加兰德出版社版庭审记录的编者普里查德在整理庭审记录文本时曾发现三种不同的格式,美国国家档案馆收藏的两种版本在格式上略有不同,但都经过简单的排版处理,每页有边框并标记了行数。而收藏在牛津大学尼桑日本研究中心(原远东研究中心)和圣安东尼学院的版本则是没有任何边框的原始打字稿,普理查德据此推测其为其他两种格式版本的底本。[2] 2013 年中国国家图书馆-上海交通大学出版社出版的英文庭审记录所依据的底本为美国国会图书馆制作保存的缩微胶卷。而日本柏书房制作的原国士馆大学英文庭审记录缩微胶卷,由于这些资料原是法务省资料多余重复的部分,经检查发现大约存在 7 000 页左右的缺失。

日文庭审记录的版本: 根据岛内的叙述,相较于英文庭审记录,日文庭审记录通常需要一个月后才会向法庭人员分发。[3] 岛内认为这与文字差异导致的打印速度有关。当然,造成这种差异的原因还需要进一步确认。前文已经提到,在东京审判庭审期间,日本政府、媒体和大学等机构就已经开始系统地收集法庭资料,其中以日本最高法院图书馆、朝日新闻社和日本法务省收集的资料较为完备。前两者如今保存在日本国立国会图书馆,后者则保存在日本国立公文书馆。1968 年雄松堂出版 10 卷本的《远东国际军事审判速记录》,十六开,六号字排版,依据的是法务省的版本。两者比较来看,应该是雄松堂对法务省资料进行了重新排版后再

1　島内龍起、『東京裁判弁護雑録』、1973 年、第 417 頁。
2　D. C. Watt, "Historical Introduction," in *The Tokyo War Crimes Trial: Index and Guide*, ed. John R. Pritchard and Sonia Magbanua Zaide (New York & London: Garland Publishing Inc., 1987), p. xxxiii.
3　島内龍起、『東京裁判弁護雑録』、1973 年、第 417 頁。

出版的，但这样的排版显然对读者很不友好。此外，尽管此前富山房出版的部分庭审记录有收入起诉书部分作为补充，雄松堂版本未将起诉书一同收入，使得版本终究不完整。

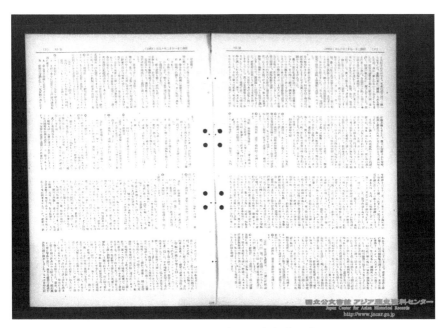

图 4-1　法务省司法法制调查部制作庭审记录

二、内容准确性——兼谈翻译问题

英、日两种语言的庭审记录版本在如实反映庭审过程的程度上孰优孰劣这个问题，学者们有着不同的意见。仔细检视两个版本，不难发现两种版本尽管总体上内容保持一致，但细节的差异并不算少。[1] 例如日文版会在每一天庭审记录的开头处详细列出当天的翻译人员名单，英文版

1　此处用来相互比较的英、日文版本分别为 2013 年中国国家图书馆出版社-上海交通大学出版社出版的英文庭审记录(80 册)和 1968 年日本雄松堂出版的日文庭审速记录(10 册)。下文举例中的页码也是这两个版本的实际页码。

图 4 - 2　雄松堂 1968 年版庭审记录

则并非每日记录。此外,英文版记录的法庭每日休庭时间习惯取整数,而日文版则精确至分钟——不过这些并不会影响庭审记录的主体内容,对于一个国际性的法庭来说,决定庭审记录的质量好坏的关键是法庭翻译的质量。而就东京法庭的翻译而言,有两个因素的确在一定程度上对两种语言的庭审记录文本产生了影响。

(一) 法庭优势语言:英语

东京审判宪章规定法庭以英语和被告母语——实际上只有日语一种——为工作语言,开庭初期法庭曾短暂尝试同声传译的办法,但效果不佳,于是改用交替传译。同时建立起了"译员-语言监督官-语言仲裁官"的三级翻译体系,对庭审记录的翻译进行监督和纠错。应该说,这种运作机制是有效率的,庭审记录中对翻译准确性的讨论有很多,甚至会对过去几个月的翻译错误进行改正。但这种情况绝大多数都是为了澄清英语版本的问题,这也是英日两个庭审记录版本最为明显的差异:日文版反映语言部门活动的记录大大少于英文版。研究东京审判翻译的武田珂代子在其著作中曾举 1947 年 9 月 11 日荒木贞夫作证时法庭记录的例子:[1]

> 荒木:实际情况如下:这个政治经济研究会突然来找我,请我发表一些评论。当时大家都在讨论统制经济的问题,提倡人们裸足和穿木屐来代替穿鞋。在这种情况下要进行一场十年二十年的长期战争是很困难的。我个人的意见是在这种情势下,日本无法承受十年二十年的持久战争——这种事件,不是战争,是事件。
>
> 伊丹监督官:划掉"战争",只需说"这样来想的话日本无法承受一场十年二十年的事件"。
>
> 庭长:谁说的划掉"战争",证人还是翻译?
>
> 伊丹监督官:是翻译说的,先生。是监督官做的一个修正。
>
> 庭长:证人从来没有说过"战争"这个词吗?
>
> 伊丹监督官:没有,先生。

这一段语言监督官与庭长直接交流的内容并没有反映在相应的日语记录中。第二天语言仲裁官就此段内容进行订正的说明同样不见于日语记录。

类似的例子还有不少,至于其原因,普理查德认为整个庭审过程都由英语母语的人来主导,法庭成员中没有一个人懂日语,他们要不就是依靠英语文本,要不就依靠从英语文本翻译过来的俄语、中文文本。何况每名被告都有来自辩护团的美方律师的支持,他们对于有可能损害委托人利

1　武田珂代子、『東京裁判における通訳』、みすず書房、2008 年、第 32—34 页。

益的法庭证据、程序、优先权等是最为警觉的。所以尽管日语和英语都是正式的法庭工作语言，但后者十分合情合理地成为法庭优势语言。普理查德据此判断庭审记录英语版的质量要好于日文版。[1] 但有一个相反的例子，来自东京审判荷兰法官勒林。他在接受意大利法学家卡塞斯的访问时曾谈及庭审结束后他曾发现一个有错误的英文译本，为此与其他法官商议是否应该在判决书中使用经过订正的版本，但这个提议没有被接受，理由是如果要使用订正版本则必须重开庭审，这显然是不可能的。勒林甚至认为法庭多数意见如果使用这个错误的英译本，有可能会对广田弘毅的判决产生某种程度的影响。[2] 勒林所指的这个翻译错误是将广田弘毅的头衔"Cabinet Councillor"（内阁参议）误译成"Supreme War Councillor"（军事参议），但武田认为至今为止并没有历史学家真的认为这个错误会对广田弘毅的最终判决产生影响。[3]

既然法庭从法官到工作人员都倚重英文庭审记录来工作，那么日语庭审记录（速记录）的地位及受众及其可能产生的某些影响就从另一个角度具备了讨论的价值，因为它在法庭上显然没有英文庭审记录那么受重视。

（二）多种语言互译问题

庭审中的翻译面临的另一个问题是英日语之外的其他语言如何进行互译。由于法庭事先没有充分地考虑到这个问题，当开庭三个月后中国证人秦德纯和溥仪先后开始出庭时，庭审一度陷入尴尬。由于缺乏中-英文翻译，法庭先是决定以日语为中介语言翻译再转为英语，但鉴于法庭成员基本无法听懂日语，这种"二次翻译"而来的英语遭到辩方的明确反对。

1　John R. Pritchard, "Preface," in *The Tokyo War Crimes Trial: Index and Guide* (New York & London: Garland Publishing Inc. , 1987), p. xxxiv.

2　B. V. A Röling and Antonio Cassese, *The Tokyo Trial and Beyond: Reflections of a Peacemonger* (London: Polity Press, 1993), p. 53.

3　武田珂代子，『東京裁判における通訳』，みすず書房，2008 年、第 48 頁。

此后虽然决定由梅汝璈法官的秘书充当临时翻译，但这种法官团队成员为检方证人进行翻译的做法显然也不合适，再度引起了辩方的强烈抗议。法庭不得不紧急招聘中英文翻译，并确定了今后中文的翻译以英语为中介语言进行日语翻译。

然而不久后，法庭再度遭遇了新的语言翻译问题，先后登场的法国检察官和苏联检察官坚持使用法语和俄语发言，辩方以检方使用了法庭宪章规定之外的语言再度提起抗议，这一时期的庭审记录里充满了对于法庭语言使用的激烈争论。最终法庭对于英日语言以外的他国语言翻译做出以下安排：

俄语：安排俄-日、俄-英翻译；

法语：安排法-日、法-英翻译；

德语：安排德-日、德-英翻译；

使用中介语言翻译：中文-英语-日语；荷兰语-英语-日语；蒙古语-俄语-英语/日语。[1]

这种偏重英语庭审记录的纠错机制和多种语言互译的处理办法在英日两种庭审记录中可以找出一些具体的例子，如英文庭审记录 4652 页 **"ten days** prior to their withdrawal"，日文相应记录为"撤退前**千余日**"、英文记录 4689 页记载昌图县公署令"NO. 26"，日文相应则记录为"二百六號"。按上下文意思和正常逻辑推断，这些记录当为日文有误。这些英文正确日文错误的例子表明日文庭审记录的确在检查和纠错机制上有所缺乏。

又如英文庭审记录第 3005 页人名"LI Shao Kang"，日文记为"李少康"，但联系上下文可知正确的应为"李绍庚"（曾为"满洲国"驻日大使）。此外还有时任"满洲国"外交部长张燕卿在英文记录中误拼为"CHANG Yen-Hsiang"（50－30），日语则转写为"張燕鄉"。这些应当都是传递翻译

1　武田珂代子，『東京裁判における通訳』，みすず書房，2008 年、第 22 頁。

留下的痕迹,是英文错日文也跟着错的例子。进一步也许可以说明负责日文记录的工作人员在根据英文音译之后也没有核对中文资料,因为在日文记录中很多人名后加"(音译)"字样,如英文庭审记录第 18101 页记载人名"Saeki，Yugi",正确汉字写法应为"佐伯有义",日文记为"佐伯悠義(音译)"。

　　但是还有一些例子是英文错日文对的情况,如英文记录第 4654 页"A woman named **Sazuki**",相应的日文则给出了全名"铃木华子";英文记录第 1021 页记载"23rd year of Meiji，that being 1897",实际应为 1890年,日语相应记录无误;英文记录 2296 关于秦德纯证词中"carry out maneuver **can** be too far",实际上根据上下文意思应为"can not",而日文相应记录无误。这些英文记录错误而日文记录正确的例子,至少说明对中文的翻译处理并不是完全依靠英语的二次翻译,鉴于中日文汉字的相通性,很可能许多地名和人名是由中文资料直接对译成日语的。

　　通过以上例子可以初步判断:通过中介翻译的日文庭审记录部分的准确性一定会受到影响,占庭审内容相当比例的中国相关部分,期间出庭的证人和证据均须通过英语进行传递翻译,从这个角度上说,的确可以推断日文庭审记录的质量不如英文版本。不过法庭同时要求不说英语的证人都要提供一份书面的宣誓口供书并附译文——这是几十名书面翻译员的工作——作为证据接受。也就是说,此后检、辩双方事先都有机会读一下证人口供书的英语文本,而这些日本、俄国、中国、法国籍证人在出庭作证时只会被问一些用来详细说明口供书内容的问题。证人宣誓口供书的事先翻译在一定程度上会对法官和检、辩双方的理解有所帮助。

三、结论

　　总体上,英文庭审记录在内容的完整性和准确性上是一个相对较好的版本,尽管有种种对英文版本翻译问题的批评,但还是有必要指出辩方语言部主席（Defence Language Section）查尔斯·谢尔顿（Charles Sheldon）（后任教于剑桥大学东方学系）直至去世都坚持认为法庭的翻译和语言监督达到非常高的水平。[1] 但是，中、英、日等不同语言间的巨大差异以及法庭在多种语言间相互翻译工作的复杂性和困难程度，使得英、日版本的翻译错误都无法避免。鉴于日语与中文之间通用汉字的便利性，在利用庭审记录中涉及中国证人和中文证据的时候，日文庭审记录的对照补足是必不可少的。

  同时，庭审记录固然是东京审判的基本核心文献，但是正如季南在信中指出的，法庭在聆听审讯之外还依据了大量的资料进行事实勘定，并且大部分证人都有一份详细的书面证词事先备案。所以，研究者不能不重视对证据文献的利用研究。

---

1 John R. Pritchard, "Preface," in *The Tokyo War Crimes Trial: Index and Guide* (New York & London: Garland Publishing Inc. , 1987), p. xxxxiv-xxxv.

第五章 国民政府南京审判中的 A 级罪行管辖权初探 *

一、问题的提出

反和平罪(Crimes against peace)、普通战争罪(Common War Crimes)和危害人类罪(Crimes against Humanity)是第二次世界大战之后同盟国对德、日战犯审判的三项罪名。其中反和平罪系首次以侵略行径入罪,对国际刑法的发展以及国际社会的战争责任认知产生了重要影响。在亚太地区的对日战犯审判体系是由一个多国合作的 A 级战犯法庭,即设在东京的远东国际军事法庭,以及七个同盟国[1]自行组织的五十多个 BC 级战犯法庭构成的。这项庞大的国际司法实践对这一地区的战后秩序重建具有重要影响。中国是其中唯一一个从开始就以主权国家而非殖民地宗主国的身份来主导审判的国家,更彰显了战后对日战争罪行审判的正当性。

在战后中国对日本战犯审判这一研究课题上,中国学者李东朗、罗军生和日本学者林博史等人较早地概述了国民政府审判日本战犯的整

* 本文系教育部人文社会科学研究青年基金项目"远东国际军事法庭对日本战犯罪责认定研究"(项目批准号:19YJC770009)研究成果。

1 即中、美、英、法、澳、荷、菲七国,其中菲律宾在 1946 年本国独立之后才接手原美军菲律宾审判。

体情况。[1] 此后一些学者如顾若鹏(Kushner)和刘统进一步将国民政府对日战犯审判问题置于更宏大的国际背景下展开更具体和深入的阐述。[2] 另一方面,对国民政府战犯审判的个案研究,尤其是南京审判研究,也取得了不少进展。[3] 胡菊荣最早在 20 世纪 80 年代对南京大屠杀案的审理情况进行了叙述。[4] 此后胡兆才、徐树法、许亚洲等人陆续对南京大屠杀案主犯谷寿夫的罪行调查和审判进行了叙述。[5] 朱旻、朱成山则从当事法官的角度切入考察了法庭对谷寿夫罪行的量裁过程。[6] 严海建围绕谷寿夫战争责任等问题做了一系列富有成果的研究。[7] 另外,有研究者还关注了南京审判与社会舆情之间的关系。[8]

不过,国民政府南京审判的研究重点大多还放在南京大屠杀这一单个案件上,例如对谷寿夫等少数几人的战争责任探讨、社会舆论影响等。诚然,南京大屠杀的暴行骇人听闻,且远东国际军事法庭披露了此案的大量人证物证,因而受到研究者的持续关注。但相比之下,对南京审判全貌

1　李东朗:《国民党政府对日本战犯的审判》,《百年潮》,2005 年第 6 期;罗军生:《石美瑜与战后南京对日军战犯的审判》,《党史纵览》,2006 年第 1 期;林博史『ＢＣ級戦犯裁判』,岩波书店,2005 年。

2　Barak Kushner, *Man to Devils, Devils to Man: Japan War Crimes and Chinese Justice* (Cambridge, Massachusetts: Harvard University Press, 2015);刘统:《大审判——国民政府处置日本战犯实录》,上海人民出版社 2021 年版。

3　严海建:《犯罪属地原则与证据中心主义:战后北平对日审判的实态与特质》,《民国档案》,2018 年第 1 期。

4　胡菊荣:《中国军事法庭对日本侵华部分战犯审判概述》,《史学月刊》,1984 年第 4 期;胡菊蓉:《中外军事法庭审判日本战犯——关于南京大屠杀》,南开大学出版社 1988 年版。

5　胡兆才:《南京大屠杀元凶谷寿夫罪行调查始末》,《南京史志》,1995 年第 1 期;徐树法:《战犯谷寿夫伏法记》,《党史纵览》,1997 年第 3 期;许亚洲:《1947 年,南京审判日本战犯》,《文史精华》,2000 年,总第 119 期。

6　朱旻:《审判日本战犯是父亲人生的顶点——访谷寿夫主审法官叶在增后人》,《人民法院报》,2015 年 9 月 3 日;朱成山:《叶在增撰写南京大屠杀案中谷寿夫案判决书之考证》,《档案与建设》,2009 年第 10 期。

7　严海建:《南京审判研究——以南京大屠杀案为论述中心》,南京师范大学硕士论文,2007 年;《对战后南京大屠杀案审判的再认识》,《南京师大学报(社会科学版)》,2008 第 3 期;《谷寿夫战争责任的再检证》,《民国档案》,2014 年第 1 期;《法理与罪责:国民政府对战犯谷寿夫审判的再认识》,《江海学刊》,2013 年第 6 期。

8　严海建:《国民政府对南京大屠杀案审判的社会影响论析》,《福建论坛(人文社会科学版)》,2011 年第 4 期;陶健、任巧:《〈中央日报〉对战后南京审判的报道》,《新西部》,2017 年第 15 期。

性的描述和讨论，包括对其中的所有指控、被告、罪行和判决进行还原，并进一步将它们置于战后同盟国对日本战犯审判的视野之下进行法理上分析的研究便显得相对缺乏。

另一方面，学界对 BC 级审判的研究普遍有一个默认前提，即认为 BC 级战犯法庭的职责限于审理普通战争罪和危害人类罪，A 级罪行即"反和平罪"专由远东国际军事法庭负责审理。而随着国民政府对日本战犯审判档案的披露，可以看到在中国的 BC 级战犯法庭上曾出现了相当于 A 级罪行，即反和平罪的指控。那么，在中国对日本战犯审判中出现 A 级罪行的指控究竟有何意味？法庭对 A 级罪行的继续审理又是否超出了自身的管辖权？这些问题目前还未得到充分讨论。

鉴于前人研究尚有进一步探讨的空间，本文拟以国民政府南京审判为例，通过还原起诉和判决的基本情况，对其中出现的若干例 A 级罪行指控作进一步讨论，进而审视中国在首次进行此类战犯审判时对于战争罪行概念及相关法律实践的认知。

二、南京审判的"罪"与"罚"

（一）概况与文献

自 1946 年起，国民政府陆续在南京、上海、北平、武汉、广州、徐州、济南、太原、沈阳、台北设立了十处审判日本战犯的 BC 级法庭，其中设在首都的南京法庭于 1946 年 2 月 15 日成立，初称"中国陆军总司令部审判战犯军事法庭"。1946 年 6 月，军令部和军政部撤销后法庭改属国防部，更名为"国防部审判战犯军事法庭"。1947 年 8 月，法庭迁至上海并接管国防部上海审判战犯军事法庭的未结案件。1949 年 2 月以后因战事变化自行解散。

由于南京法庭延续时间长并且主要审判特别重要的战犯（多为国防部和司法行政部移交的、各地法院递解的、战犯管理处移交的、其他战犯法庭移交的战犯以及驻日中国代表团引渡的战争罪犯),因此其受瞩目程度和象征意义都高于其他几处法庭。南京审判不仅是国民政府对日本战犯处理政策的重要组成和体现,也对中华民族的历史记忆具有不可抹杀的重要意义。由此,南京审判也成为战后对日本战犯审判研究工作的重点对象。

不过,相关研究工作也曾长期面临资料不足的困难。1949 年国民党败走台湾,部分重要档案也随之流往海峡对岸。如今,原国民政府国防部、军政部和外交部档案分别藏于南京(中国第二历史档案馆)和台北("国史馆"和"国家发展委员会档案管理局")两地,在 2020 年以前的很长一段时期里未能对外公开。而日本方面,日本法务省自 1954 年起陆续对战犯相关资料进行整理,包括:① 各国战争审判概要表;② 战犯审判统计表;③ 战争审判起诉事实调查表;④ 战犯审判起诉者名单;⑤ 战犯资料类别表。[1] 这批档案虽然详尽,但目前多处于非公开状态,调阅难度极高。此后日本历史学者茶园义男在日本政府的前述工作基础上进一步展开整理,同时收集补充战犯笔记、日记和舆论报道等,并自 1987 年起陆续结集出版,[2] 为普通人的利用带来了一定便利。但不论是法务省文件还是茶园义男的成果,其内容均做了隐匿战犯和相关人士姓名的处理,又给利用和研究平添不少障碍。

2020 年,《中国对日战犯审判档案集成》的正式出版标志着相关档案整理和公开工作取得重大进展。[3] 保存在中国第二历史档案馆的这批档案总量超过 15 万页,内容包括各法庭情况统计、国民政府战犯处理委员会会议记录、战犯处理相关政策法令、个人案件法律文书等。相较于日本方面,中国第二历史档案馆未对公开的档案作任何隐匿信息的处理,这便使得还原国民政府南京审判基本样貌的工作有了更多的文献支持。

1　茶園義男、重松一義、『補完戦犯裁判の実相』、不二出版、1987 年、第 21 頁。
2　茶園義男、『BC 級戦犯関係資料集成(全 15 集)』、不二出版、1987 年—1992 年。
3　中国第二历史档案馆、东京审判研究中心编:《中国对日战犯审判档案集成》(全 102 卷),上海交通大学出版社 2020 年版。

(二) 对起诉与判决的统计

由于南京审判历时较长,法庭名称也几经变化,加上审判对象来源复杂多样,导致不同资料的统计口径存在不一致。例如日本法务省统计南京审判共审理案件 28 件,有 33 名被告;[1] 而茶园义男则统计有 31 件案件,34 名被告;[2] 中国第二历史档案馆所藏的战犯统计名册记载更复杂一些,包括"审理中""已判决""不起诉""侦查中"和"空白记载"五种情况,有姓名者 51 人。[3] 本文以中国第二历史档案馆战犯统计名册为基础数据,以日本国立公文书馆、茶园义男和国际刑事法院数据库的数据为补充,用于补全被告的判决情况。如仍有信息不足,则再检之以当时新闻报道,尽可能完成补缺。被告和判决的统计情况详见文末附表。

经梳理数据后,共整理出南京审判的被告 64 名,对他们最多的指控集中在普通战争罪行。其中又以"纵兵殃民",也就是针对平民的暴行居首,占所有指控的 53.3%,判决有罪率为 66.6%。其次为"残害俘虏",也就是针对俘虏的暴行,占 21.7%,判决有罪率 76.9%。此外,有 8 人被指控犯有叛国罪,此项系国内法适用 BC 级审判的表现。[4]

值得注意的是,除上述两种罪状外,还有 7 名被告的指控包含"参预侵略战争"一条。检视他们的起诉书和判决书,具体表现包括了"阴谋""预备""发动"或"支持"侵略战争等行为。这样的表述不免使人对比东京

---

1 法务大臣官房司法法制调查部、『战争犯罪裁判概史第十五册(各国裁判、仏、比)』、日本国立公文书馆、第 350—351 页。

2 茶园义男、『BC 级战犯中国・仏国裁判资料』、不二出版、1992 年、第 150—153 页。

3 《全国各地拘留战犯阶级人数统计表及羁押战犯名册》,中国第二历史档案馆、上海交通大学东京审判研究中心编:《中国对日战犯审判档案集成》,上海交通大学出版社 2020 年版,第 14 卷,第 4—12 页。这份名册并未显示制成时间,不过根据其内容中被告谷寿夫已判决、被告高桥坦尚在侦查中的状态,推测当形成于 1947 年 4 月至 9 月之间。当时各地审判并未全部结束,因此名册中一些被告的判决情况存在缺失。

4 《战争罪犯审判条例》第 1 条:"战争罪犯之审判及出发,除适用国际公法外,适用本条例之规定,本条例无规定者,适用中华民国刑事法规之规定",见《法令条例:战争罪犯审判条例》,《国防部公报》,1946 年第 1 卷第 4 期。

	将、士官	士　兵	非军人 [2]	身份不明
人数	20	6	37	1
占比	31.2%	9.4%	57.8%	1.6%

表 5－2　南京审判诉因类型 [3]

	叛　国	针对平民	针对俘虏	与侵略相关
件数	8	32	13	7
占比	13.3%	53.3%	21.7%	11.7%

法庭宪章对反和平罪的定义："策划、准备、发动或执行一场经宣战或不经宣战的侵略战争，或违反国际法、条约、协定或保证之战争的行为"。虽然在表述的完备性上不及东京法庭宪章，但南京法庭出现的这一指控显然表达了相同的意思。而被指控的几人身份差异悬殊，其最终量刑也从死刑、无期徒刑到无罪。那么，如何看待这几例超出 BC 级罪行范畴直接指向 A 级罪行的指控？进一步的说明和分析将在下节具体展开。

1　本表资料来源于1.《全国各地拘留战犯阶级人数统计表及羁押战犯名册》，中国第二历史档案馆、上海交通大学东京审判研究中心编：《中国对日战犯审判档案集成》，上海交通大学出版社 2020 年版，第 14 卷，第 4—12 页；2. 茶园义男，『BC 级战犯中国·仏国裁判资料』，不二出版，1992 年、第 150—153 页；3. "Cases Relating to WWII" in "National Criminal Jurisdictions\China\Core International Crimes\Case Law，国际刑事法院"法律工具数据库" https://www.legal-tools.org/；4. 法务大臣官房司法法制调查部"战争犯罪裁判关系资料、日本国立公文书馆 https://www.digital.archives.go.jp/。

2　指平民和警察。

3　本表资料来源于1.《全国各地拘留战犯阶级人数统计表及羁押战犯名册》，中国第二历史档案馆、上海交通大学东京审判研究中心编：《中国对日战犯审判档案集成》，上海交通大学出版社 2020 年版，第 14 卷，第 4 至 12 页；2. 茶园义男，『BC 级战犯中国·仏国裁判资料』，不二出版，1992 年、第 150—153 页；3. "Cases Relating to WWII" in "National Criminal Jurisdictions\China\Core International Crimes\Case Law，国际刑事法院"法律工具数据库" https://www.legal-tools.org/；4. 法务大臣官房司法法制调查部"战争犯罪裁判关系资料"、日本国立公文书馆、https://www.digital.archives.go.jp/。

表 5 - 3　受到侵略指控的被告之量刑

姓　名	职　衔	量　刑
冈村宁次	大将	无罪
酒井隆	中将	死刑
高桥坦	中将	无期徒刑
矶谷廉介	中将	无期徒刑
土桥勇逸	中将	不予起诉
中岛信一	大尉	无罪
佐藤玄一	士兵	无罪

三、南京审判中的 A 级罪行指控

(一) 战罪类型：由来及其实践

　　第二次世界大战后期，同盟国逐渐就惩罚战争罪犯达成一致。1943年起战争罪行委员会和下辖之远东及太平洋小委员会先后成立，对德、日两国战争罪行进行调查取证。日本正式向同盟国投降后，美国于 1946 年10 月提出"美国关于远东战争罪犯的逮捕和处罚的方针"提案并陆续传达给其他各同盟国。提案建议在太平洋地区设立若干国际法庭以及同盟各国管辖的法庭来审判日本战争罪行，并在其第一章的"a""b""c"节对"反和平罪""普通战争罪""危害人类罪"的罪名进行了定义。提案同时以嫌疑人的主要罪状区分称为"A 级罪犯""B 级罪犯"等，并提出设立国际法庭以起诉犯有 A 级罪行的嫌疑人、设立同盟国家各自管辖的法庭以起诉 BC 级战犯嫌疑。[1] 在这三项罪名中，"反和平罪"系指"策划、准备、发动或执行一场经宣战或不经宣战的侵略战争，或违反国际法、条约、协定或保证之战争的行为"。[2] 这一罪名首次在 1945 年 11 月开庭的纽伦堡

1　"Establishment of the State-War-Navy Coordinating Subcommittee for the Far East, The Apprehension and Punishment of War Criminals" (March 5 and August 9, 1945), T1205 (microfilm)／Reel♯1／RG 353, *NARA*.

2　"Report by the State-War-Navy Coordinating Subcommittee for the Far East" (September 12, 1945), in *FRUS*, 1945, vol. 6, p. 932.

审判中被使用。虽然它因"事后法"[1]问题引起争议,但同盟国对于亚太地区的审判原则仍然选择与纽伦堡的精神保持一致,于是美国的提案很快得到了支持。至 1946 年 1 月,美国所联络的八个同盟国均已派遣了法官和检察官团队前往东京。

这便是二战后对日审判当中 A、B、C 级罪行的由来(亦称"甲""乙""丙"级罪行)。可以看到,最初美国提案的文本并无强调罪行级别的意味,其实质是指不同类别的罪行。早期的中文文本中也将反和平罪称作"(A)类罪行"。[2] 只是由于涉嫌反和平罪的通常为制定国家政策和掌握国家军队大权的政要高官,逐渐给人以 A 级(甲级)罪行重于 BC(乙丙)级罪行的印象。

根据美国提案的构想,对日战犯审判的分工原则是以罪行作为划分依据,分为 A 级和 BC 级审判两类,相应的则有 A 级和 BC 级战犯法庭。1946年 5 月,由 11 国组成的远东国际军事法庭在东京开庭,整个审判历时长达两年半,最终它也成为亚洲设立的唯一 A 级战罪法庭。而差不多同时期,超过 50 个 BC 级战犯法庭在亚太地区广泛设立,它们与东京审判共同构成了战后亚太对日审判的图景。不过,不难注意到这些司法实践与上述审判的分工原则出现了一处明显不同:审判 A 级战犯的法庭兼管辖 BC 级罪行。

东京法庭宪章的第五条明确:法庭"对反和平罪、反人类罪和普通战争罪具有管辖权"。[3] 虽然检方曾因为是否要在反和平罪指控之外继续提出普通战争罪指控的问题一度出现分歧[4],但最终还是将十九条与普通战争罪相关的罪状写入起诉书(占所有罪状总数的三分之一),并在六周的时间里集中提交了大量日军在亚太地区实施暴行的证据。所以东京

1　即行为实施后在适用法上出现新的法律。
2　国民政府的战争罪犯处理委员会 1945 年 12 月 18 日会议记录,《战争罪犯处理委员会第六次常会记录》,中国第二历史档案馆、上海交通大学东京审判研究中心编:《中国对日战犯审判档案集成》,上海交通大学出版社 2020 年版,第 25 卷,第 83 页。
3　《远东国际军事法庭宪章》,程兆奇等:《东京审判研究手册》,上海交通大学出版社 2013 年版,第 269 页。
4　戸谷由麻,『東京裁判:第二次大戦後の法と正義の追求』,みすず書房,2008 年,第 32 页。

审判的被告都是身负多项 BC 级罪行指控的 A 级战犯嫌疑人。最终，包括"南京大屠杀""巴丹死亡行军"在内的多起重大暴行通过东京审判而为更多世人，尤其是日本国内所知晓。法庭也通过这些重要证据将身居要位的被告们与战场上的暴行联系起来形成判决。

东京法庭管辖普通战争罪和反人道罪这一点继承自稍早进行的纽伦堡审判。盟国对德战犯的审判方针制定于 1944 年秋天，其核心内容即为起诉侵略战争发动者。[1] 1945 年 8 月公布的《纽伦堡宪章》中，关于侵略战争的罪行被表述为"反和平罪"，它与普通战争罪、危害人类罪一起作为起诉罪名。[2] 不过，在欧洲的审判并未细分为 A 级和 BC 级罪行审判。东京审判既是美国关于远东审判提案的实现，也承袭了纽伦堡法庭的罪行管辖范围，于是便呈现出 A 级法庭兼顾审理 BC 级罪行的特点。不少学者对东京法庭的这一特点给予了关注，并给出了肯定的评价。

而相反的，学界对于 BC 级法庭管辖权范围的讨论鲜有出现。大多数研究以 BC 级法庭只审理普通战争罪作为默认前提——不论按国别研究还是比较研究都是如此。[3] 确实，根据同盟国战争罪行委员会的协议，BC 级战犯审判法规大抵都由各国在《海牙公约》和《陆战法规》的基础上再适用一部分本国国内法律而成，其指控绝大多数为虐待、屠杀俘虏和平民以及强制劳动等罪行。少数学者曾略谈及法庭管辖权范围的问题，如林博史提到同盟国战争罪行委员会并没有制定类似 BC 级审判不允许审

---

1 Taylor, *Anatomy of the Nuremberg Trials: A Personal Memoir*, Alfred A. Knoph, 1992, pp. 47-77.

2 见《国际军事法庭宪章》第六条，*Charter of the International Military Tribunal*, in "The Avalon Project: The Documents in law, History and Diplomacy", Lillian Goldman Law Library, Yale University, https://avalon.law.yale.edu/imt/imtconst.asp

3 综述性研究可参见林博史、『BC级戦犯裁判』、岩波新书、2005 年；按国别研究可参见：永井均、『フィリピンBC级裁判』、讲谈社、2013 年；Barak Kushner, "*Men to Devils, Devils to Men: Japanese War Crimes and Chinese Justice* (Massachusetts, Harvard University Press, 2015); Georgina Fitzpatrick, Timothy L. H. McCormack, Narrelle Morris, *Australia's War Crimes Trials 1945 - 51*, Brill Nijhoff, 2016; 比较研究可参见 Yuma Totani, *Justice in Asia and the Pacific Region, 1945 - 1952* (Cambridge University Press, 2014)等。

判 A 级战争罪行的规定,各国的 BC 级战犯审判的规程制定具有相当的自主性。甚至美国、中国、菲律宾、澳大利亚等国制定的审判规程都提到:根据情况可以审理相当于"反和平罪"的侵略罪行。[1] 但他也表示,在实际中,"A 级战犯的处置是由美国来决定的,由个别国家审判 A 级战犯的事情并没有实现"。[2]

林博史的这番表述只总结了"是否有 A 级战犯在个别国家的 BC 级法庭上受审"一层意思。但在实际的战犯审判中,"罪行"与"嫌疑人"有着更多的"组合"。例如东京审判结束后,由盟军最高司令部在日本丸之内的青山会馆组织进行的另一场审判,对两名未被起诉的 A 级战犯嫌疑人(田村浩和丰田副武)提起 BC 级罪行指控。丸之内审判由此被称为"准 A 级审判"。而南京审判又是相反的一种情形:检视南京审判的被告均不在盟军最高司令部(GHQ)在 1945 年秋天所逮捕的四批 A 级战犯嫌疑人名单上。[3] 换句话说,南京法庭是对数名 BC 级战犯嫌疑人提起了 A 级罪行指控。

由此可见,战后对日战犯审判在法庭管辖范围上存在着一定多样性。那么南京法庭,或者说当时的中国政府是如何确定本国法庭对罪行的管辖权问题呢? 从中国政府颁布的若干审判法规条例中,可以窥见一些有关反和平罪进入中国国内法庭管辖权范围的线索。

(二) 南京审判:侵略行径入罪

为推进本国的对日战犯审判,中国自 1944 年起陆续颁布了《敌人罪行调查办法》《敌人罪行种类表》《战争罪犯审判条例》等数份文件。敌人罪行调查委员会 1944 年 7 月 29 日颁布的《敌人罪行调查办法》(下简称《办法》)中,列举了 23 类敌人罪行。[4] 次年 9 月中旬又颁布《办法》修正

1　林博史,『BC 級戦犯裁判』,岩波新書,2005 年、第 82、88、98、101 頁。
2　林博史,『戦後平和主義を問い直す: 戦犯裁判、憲法九条、東アジア関係をめぐって』,かもがわ出版,2008 年、第 33 頁。
3　程兆奇等编著:《东京审判研究手册》,上海交通大学出版社 2013 年版,第 145—147 页。
4　《敌人罪行调查办法(三十三年七月二十九日本院核定)(附表)》,《行政院公报》,第七卷第 8 期,1944 年,第 34—41 页。

版,增加了9类罪行。两版《办法》当中均未体现"反和平罪"这一概念。《办法》修正版所列32项敌人罪行种类,实际是1943年12月2日同盟国战争罪行委员会所颁布的战争罪行清单的翻版,其类型集中于《陆战法规》《日内瓦公约》所规定的普通战争罪行。[1] 在1946年3月12日司法行政部颁布的《战争罪犯处理办法》所附《敌人罪行种类表》中,仍以上述罪行作为战犯罪行调查和逮捕的标准。[2]

表5-4　敌人罪行种类表(1945年9月14日)[3]

1	谋害与屠杀,有系统之恐怖行为	17	施行集体刑罚
2	将人质处死	18	肆意破坏财产
3	对平民施以酷刑	19	故意轰炸不设防地区
4	故意饿毙平民	20	毁坏宗教、慈善、教育、历史建筑物及纪念物
5	强奸	21	未发警告且不顾乘客与水手之安全而击毁商船与客船
6	拐劫妇女强迫为娼	22	击毁渔船与救济船
7	流放平民	23	故意轰炸医院
8	拘留人民,予以不人道之待遇	24	攻击与击毁病院船
9	强迫平民从事有关敌人军事行动之工作	25	违反其他有关红十字之规则
10	军事占领期间,有僭窃主权之行为	26	使用毒气
11	对占领地区居民强制征兵	27	使用爆裂弹及其他非人道之武器
12	企图奴化占领区居民,或剥夺其公民特权	28	发布尽杀无赦之命令
13	抢劫	29	虐待俘虏与伤病人员
14	没收财产	30	征用俘虏从事不合规定之工作
15	勒索非法或过度之捐款与征发	31	滥用休战旗
16	贬抑货币与发行伪钞	32	井中置毒

1　The United Nations War Crimes Commission: *1948 History of the United Nations War Crimes Commission and the Development of the Laws of War*, pp. 477 - 478.

2　《司法行政部制定战争罪犯处理办法案》,《中国对日战犯审判档案集成》,上海交通大学出版社2020年版,第23卷,第66页。

3　《〈敌人罪行调查办法〉(本院修正本),附件一:敌人罪行种类表》,中国第二历史档案馆、上海交通大学东京审判研究中心编:《中国对日战犯审判档案集成》,上海交通大学出版社2020版年,第14卷,第389—392页。原件日期标明"中华民国三十四年",未注具体月日。经与日本国立公文书馆藏法务大臣官方司法法制调查部所制『戦争犯罪裁判関係法令』对比,颁布时间当为1945年9月14日。

对战罪类型描述发生明确变化的是 1946 年 4 月颁布的《日本战犯罪证调查小组搜集战罪证据标准》(下称《标准》)。[1] 这份文件将战罪种类分作"子""丑""寅"三类。其中"子"类罪行即为"凡计划、准备发动或从事侵略战争或计划准备发动暨从事于违反国际条约、协定或国际安全之战争或为完成上列行为而参加共同计划或阴谋者"的破坏和平罪。"丑""寅"两类则对应普通战争罪和反人道罪。

同年 10 月 24 日,国防部颁布的《战争罪犯审判条例》(下称《条例》)对战争罪行的描述在形式和内容上进一步调整为:

一、外国军人或非军人,于战前或战时,违反国际条约国际公约或国际保证,而计划阴谋预备发动或支持对中华民国之侵略或其他非法战争。

二、外国军人或非军人,对于中华民国作战有敌对行为之期间,违反战争法规及惯例,直接或间接实施暴行者。

三、外国军人或非军人,对于中华民国作战或有敌对行为之期间,或于该项事态发生前,意图奴化摧残或消灭中华民族而(1)加以杀害、饥饿、消灭、奴役、放逐,(2)麻醉或统制思想,(3)推行、散布强用或强种毒品,(4)强迫服用或注射毒药或消灭其生殖能力,或以政治种族或宗教之原因,而加以压迫虐待,或有其他不人道之行为者。

四、外国军人或非军人,对于中华民国作战或有敌对行为之期间,对中华民国或其人民,有前三款以外之行为,而依中华民国刑事法规应处罚者。[2]

《条例》中前三项内容对应的仍然是反和平罪、普通战争罪和危害人

1　中国第二历史档案馆、上海交通大学东京审判研究中心编:《中国对日战犯审判档案集成》,上海交通大学出版社 2020 年版,第 23 卷,第 104—108 页。
2　《法令条例:战争罪犯审判条例》,《国防部公报》,1946 年第 1 卷第 4 期。

类罪三种罪行，[1] 第四项只属于补充性质的说明。可以看到从搜证的《标准》到审判的《条例》，已经有了对反和平罪的连贯性认知。

从《办法》到《标准》再到《条例》颁布的一年多时间里，是什么促成了这种变化？追溯同盟国关于审判日本战犯的政策制定时间线能看出一些端倪。如前文所述，美国在 1945 年 8 月着手制定对日战犯的方针时基本依照了对德战犯处置的方案。至 1945 年 10 月中旬，美国政府将"美国关于远东战争罪犯的逮捕和处罚的方针"正式形成提案，并向包括中国在内的 8 个同盟国转达。经过两个多月的交流往来，同盟国就此达成一致，均派出了参与审判的法官。这些共识由 1946 年 1 月底颁布的法庭宪章所体现和确认。[2] 1946 年 5 月 3 日，东京审判正式开庭。在庭审初期，法庭围绕反和平罪的合法性及管辖权问题展开了激烈的讨论。1946 年下半年，国民政府颁布《条例》，同《远东国际军事法庭宪章》相比，除了针对中国国情进行了一些补充和细化之外，它所体现出的法庭在罪行管辖权上的趋同性已经无法用以区分"A 级"和"BC 级"战犯审判。

不妨说，在罪行管辖问题上，中国将 A 级战罪指控囊括进本国审判的管辖范畴的认知并非从一开始便明确。国民政府对于"侵略"入罪的认知是随着《纽伦堡宪章》和《东京宪章》的逐一确定而趋向明朗，最终将"反和平罪"的概念没有疑义地纳入国内审判的体系。

四、南京与东京：定罪与量刑的比较

顾若鹏曾指出，"中国在东京审判中的经历，直接影响了本国的 BC

1　原文第二项下罗列了 38 项具体罪行，包括了前文《办法》修正本提及的 32 项罪行。所增加的 6 项为：掳掠儿童；滥用集体拘捕；强占或勒索财物；夺取历史艺术或其他文化珍品；恶意侮辱；其他违反战争法规或惯例之行为，或超过军事上必要程度之残暴或破坏行为，或强迫为无义务之事，或妨害行使合法权利。

2　《远东国际军事法庭宪章》，见程兆奇等：《东京审判研究手册》，上海交通大学出版社 2013 年版，第 269 页。

级审判的演进"。[1]既然南京法庭对BC级嫌疑人提起了A级罪行指控，不妨再从"定罪"和"量刑"两个角度来考察南京与东京审判围绕反和平罪行的司法认知上是否有潜在的联系。

反和平罪这一罪名的最大特点在于穿透"国家"的保护罩，直接追究发动战争者的个人刑事责任。在南京审判关于几例A级罪行指控的判决中，土桥勇逸(中将)因证据不足不予起诉[2]，其余无罪者4人，分别为冈村宁次(大将)、矶谷廉介(中将)、中岛信一(大尉)[3]以及佐藤玄一(士兵)。其中冈村宁次的情况较为特殊，虽然判决中称"迹其所为，既无上述之屠杀、强奸、抢劫，或计划阴谋发动，或支持侵略战争等罪行"[4]，但已有许多研究指出冈村被无罪开释更多是出于政治上的考量。另一名被告中岛信一的起诉理由之一是他曾在梅机关进行特务活动，但其判决书不见于本文使用的资料中，无法获知法庭宣判无罪的理由。

其余两份无罪判决中，身份最低的佐藤玄一被指控制造武器以供应徐州一带的伪军，"系助长侵略之罪行"。最终经法庭审理判决其无罪，理由一为"其工厂系被日军征用，由日军自行派员监制武器。被告原无罪责可言"；其二为"况按发动及支持战争之罪，系指居于首要领导地位之军阀财阀倡议，以战争方法夺取他国领土主权或以相当财力支持此项侵略战争者而言，本案被告……与上述支持侵略战争罪之构成要件不相牟"。[5]前一条理由是法庭对被告责任的认定，而后一条则表明了法庭对反和平

---

1 Barak Kushner, *Men to Devils*, *Devils to Men: Japanese War Crimes and Chinese Justice*, Harvard University Press, 2015, p. 77.

2 该被告后经侦查，不予起诉。见《战争罪犯处理委员会第七十次常会会议录》，中国第二历史档案馆、上海交通大学东京审判研究中心编：《中国对日战犯审判档案集成》，上海交通大学出版社2020年版，第26卷，第218页。

3 该被告后经上海法庭宣判无罪，见茶园义男，『BC级戦犯中国・仏国裁判资料』，不二出版，1992年，第169页。

4 《日本驻华派遣军总司令冈村宁次宣判无罪退庭后增请訾谒庭长致谢遭拒绝还押监狱俟报中枢核定》，《申报》，1949年1月27日，第4版。

5 《国防部审判战犯军事法庭判决三十六年度审字第十号》，*Prosecutor v. Satou Genichi-Judgement*, in National Criminal Jurisdictions\China\Core International Crimes\Case Law, http://www.legal-tools.org/doc/e772e8/

罪的犯罪主体特征的认知,明确地指出反和平罪系指控"首要领导"。另一名被告矶谷廉介虽然系中将军衔,但法庭也认定其非"首要领导"的身份:"本案被告所任军职,均系居于幕僚地位,并非军阀或财阀之首脑人物,自不能仅以其身为军人奉命作战,遽以发动及支持侵略战争之罪相绳。"[1] 矶谷最终被判无期徒刑,但这一量刑是仅基于普通战争罪而非侵略罪的指控作出的:"矶谷廉介在军事占领期间,连续放逐非军人,处无期徒刑,其余部分无罪。"[2]

与佐藤和矶谷二人形成对照的是酒井隆和高桥坦二人的有罪判决。前者是时任中国驻屯军参谋长,后者为驻华使馆武官。两人俱为河北事件及其后《何梅协定》乃至《秦土协定》事件的重要幕后推手。这些事件导致中国最终丧失河北与察哈尔的主权,两人也因此被指控参与侵略中国。他们的上司梅津美治郎便是东京审判的被告之一,而东京法庭将日本蚕食华北的一系列事件认定为侵略战争行为。[3]

在酒井隆判决书中明确说到"被告与梅津美治郎同为来华实施日本侵略政策之主要人物"。[4] 换句话说,法庭认为酒井所犯的反和平罪行与身在东京法庭的梅津是不相上下的。至于高桥坦则在法庭上申辩自己系副武官辅佐官,"仅负传达及联络之任务",但法庭反驳道,"被告当时留驻北平,名义上虽为副武官辅佐官,而实际上即系日本军部之代表,与已决犯酒井隆共同阴谋策划并预备侵略之行为"。[5] 足见法庭对侵略罪的本

1　《国防部审判战犯军事法庭判决三十六年度战审字第二十六号》, *Judgement on Isogai Rensuke Case*, in National Criminal Jurisdictions\China\Core International Crimes\Case Law, http://www.legal-tools.org/doc/b9c3c1/

2　《国防部审判战犯军事法庭判决三十六年度战审字第二十六号》, *Judgement on Isogai Rensuke Case*, in National Criminal Jurisdictions\China\Core International Crimes\Case Law, http://www.legal-tools.org/doc/b9c3c1/

3　张效林节译,向隆万,徐小冰等补校译:《远东国际军事法庭判决书》,上海交通大学出版社2015年版,第321—323页。

4　《国防部审判战犯军事法庭判决三十五年度审字第一号》,中国第二历史档案馆、上海交通大学东京审判研究中心编:《中国对日战犯审判档案集成》,上海交通大学出版社2020年版,第96卷,第348页。

5　『BC级(中華民国裁判関系)南京裁判・第二十七号』,平11法務4A17-3-5630、日本国立公文書館。

质特征有着较好把握，并不以被告军衔简单论治，在定罪原则上具备了统一性和连贯性。

在量刑尺度上，如果对比南京、东京两个法庭的判决情况，会发现南京审判的这几例判决虽然都先于东京审判，但两者在对待反和平罪的量刑尺度上保持了高度一致：在东京审判中没有出现单纯因为反和平罪的罪名而被判处死刑的情况。在七名死刑被告中虽有六人被认定犯有反和平罪（松井石根除外），而他们同时也被认定犯有普通战争罪。简单而言，反和平罪罪不至死。这背后的原因在于：反和平罪虽然经由《纽伦堡宪章》首次明确提出，并由纽伦堡和东京两大法庭付诸司法实践，但同时也引出了"事后法"问题的广泛争论，故而两个法庭在反和平罪的定罪和量刑问题上有着审慎考虑。有学者指出，纽伦堡和东京法庭都认为反和平罪的法理在当时还没有被广泛认知，在没有明确先例的情况下，对反和平罪的惩罚应避开极刑。相对地，战争暴行在当时是更加深刻的国际犯罪。[1]

这样一条原则同样可以解释酒井隆和高桥坦的不同量刑。高桥的诉因中只有侵略中国一项，判决书称其"违反国际公约，预备对中华民国之侵略战争，处无期徒刑"。[2] 而酒井除了侵略罪行，还兼有普通战争罪的指控，判决书称其"参预侵略战争，纵兵屠杀俘虏、伤兵，及非战斗人员，并强奸、抢劫、流放平民、滥用酷刑、破坏财产，处死刑"。[3] 恰恰是多背负了数项战争暴行的罪责，便构成了两人刑罚一生一死的区别。虽然有学者指出对酒井隆的迅速处决与冈村宁次宽大释放都是蒋介石出于政治的现

1　*The Tokyo Judgement: The International Military Tribunal for the Far East* (*I. M. T. F. E*)，29 April 1946－12 November 1948. 2 vols.，ed. B. V. A. Röling and C. F. Ruter. APA-University Press，vol. Ⅵ（1977）：477－478.

2　『BC 级（中華民国裁判関係）南京裁判・第二十七号』，平 11 法务 4A17－3－5630、日本国立公文書館。

3　《国防部审判战犯军事法庭判决三十五年度审字第一号》，中国第二历史档案馆、上海交通大学东京审判研究中心编：《中国对日战犯审判档案集成》，上海交通大学出版社 2020 年版，第 96 卷，第 348 页。

实主义考虑，[1]但从量刑标准上看，对酒井隆的量刑依旧还在纽伦堡、东京两大法庭设立的这一原则之内，故评价酒井隆一案还应将其司法性考虑在内。

虽然还无法认定南京法庭是否对反和平罪的法理问题进行过独立考量，抑或已知晓纽伦堡法庭的量刑准绳，但从结果来看，南京审判对于反和平罪行的定义、定罪和量刑都与纽伦堡和东京这两大国际审判保持了步调一致，而这背后则是同盟国对战犯处理方针政策的支撑。户谷由麻曾考察美、英、澳、菲四个普通法传统国家的 BC 级战犯审判，她指出，"尽管各 BC 级法庭处在各国独自管辖权之下，但审判前的战犯调查和战犯政策都由国际机构组织或决策，因此它们仍带有一些国际化或者说'同盟国间'（Inter-Allied）的特点"。[2] 而从国民政府南京审判中这几例 A 级罪行指控及其审理判决的情况来看，中国审判的情况亦不相悖。

五、结论

通过公开审判对战争发起者和暴行实施者进行惩罚是 20 世纪初以来国际社会逐渐认同的控制和预防战争的新尝试。二战结束后，中国在国内局面尚未安定时便着手与其他盟国合作展开国际法和国际刑法的司法实践，其所面临的挑战和困难难以想象。从已披露的档案来看，中国政府在罪行调查、审判条例制定等阶段对纽伦堡和东京两大国际审判多有关注和学习，同时对于本国 BC 级法庭审理罪行的管辖权也保留了自己的立场。

南京审判中针对酒井隆、高桥坦等七人的指控，其实质是对 BC 级战

1　刘萍：《从"宽而不纵"到彻底放弃——国民政府处置日本战犯政策再检讨》，《民国档案》2020 年第 1 期。
2　Yuma Totani, *Justice in Asia and the Pacific Region*, *1945－1952*（West Nyack：Cambridge University Press, 2014），p. 25.

犯提起 A 级罪行的诉讼。中国对这一管辖权范畴的认知是在同盟国家对处罚战争罪行的共识基础上逐渐明确的。随着《纽伦堡宪章》《东京宪章》先后公布，同盟国家就日本战犯的处理方针达成一致后，中国清楚地意识到在本国审判中以侵略罪行起诉有关战犯的合理性和正当性，并落实在审判条例文件中。其次，尽管南京审判的结果早于东京审判的判决，却在对被告侵略罪行的认定和量刑判决上与东京法庭保持高度一致。也就是说，从纽伦堡审判确定的对反和平罪的一些原则在东京和南京两个法庭上都得到了延续。因此，在中国审判中同样可以看到战后对日战犯审判中的"同盟国间"的特点。而这一特点则提醒研究者对于战后审判的研究不应局限于简单的"A 级 - BC 级"二分法，而应当从统合、整体的视角对战争罪行的审理、裁决及其量刑进行考察。

此外，随着相关档案的逐渐披露，可以看到对 A 级战争罪行的指控还存在于南京审判以外的北平、济南审判等法庭中。有关中国审判各个法庭以及综合性的深入研究，同样是研究者今后的课题之一。

附表　南京审判的被告、指控与判决 [1]

编号	被　告	身　份	罪　行				判　刑
			针对平民	针对俘虏	侵略相关	叛国	
1	酒井隆	中将	√	√	√		死刑
2	鹤丸吉光	军曹长	√				死刑
3	谷寿夫	中将	√	√			死刑
4	松本洁	宪兵	√				死刑
5	田中军吉	大尉		√			死刑
6	野田毅	大队副官		√			死刑
7	向井敏明	小队长		√			死刑
8	内田孝行	中将	√				无期徒刑
9	矶谷廉介	中将	√			√	无期徒刑

1　表格中人名汉字未能补全处以"○"代替。

编号	被告	身份	罪行				判刑
			针对平民	针对俘虏	侵略相关	叛国	
10	高桥坦	中将			√		无期徒刑
11	三岛光义	列兵	√				无期徒刑
12	杨○明	社员	√				徒刑 15 年
13	小○四○	警察	√				徒刑 15 年
14	陈○龙	警察	√				徒刑 15 年
15	金○	韩籍军事顾问	不明	不明	不明	不明	徒刑 12 年
16	小笠原芳正	宪兵曹	√				徒刑 10 年
17	洪○忠	台籍商人	不明	不明	不明	不明	徒刑 10 年
18	小○三○	宪兵	√				徒刑 10 年
19	崔秉斗	日籍朝鲜人		√			徒刑 7 年
20	中山九三	平民		√			徒刑 7 年
21	久保寺德次	海军嘱托	√				徒刑 7 年
22	周霖添[1]	台籍军曹	√				徒刑 7 年
23	杨耀明	扳道夫	√				徒刑 5 年
24	蔡森	台籍俘虏看守		√			徒刑 4 年
25	朱海间	台籍俘虏看守		√			徒刑 4 年
26	吴兴[2]	会长	√				徒刑 4 年
27	谢则成	台籍军属	不明	不明	不明	不明	徒刑 4 年
28	周○法	社员		√			徒刑 3 年 6 个月
29	吴勇春	台籍军曹	√				徒刑 3 年 6 个月
30	吴参桂	台籍军曹	√				徒刑 3 年 6 个月
31	叶仁惠	台籍军曹	√				徒刑 3 年 6 个月
32	林柏鹤	翻译	√				徒刑 3 年 6 个月
33	黄廷樑	台籍宪兵翻译	√				徒刑 3 年
34	佐藤玄一	士兵			√		无罪
35	李炳仙[3]	翻译				√	无罪
36	刘耀华[4]	台籍警察				√	无罪
37	叶○聪	台籍看守		√			无罪

1　《台籍战犯两人判徒刑,另两人无罪》,《中央日报》1947 年 4 月 3 日。
2　《伪军总司令李炳仙军事法庭提起公诉》,《前线日报》1946 年 10 月 31 日。
3　《伪军总司令李炳仙军事法庭提起公诉》,《前线日报》1946 年 10 月 31 日。
4　《伪首都警察厅长苏成德覆判死刑》,《中央日报》1947 年 4 月 3 日。

| 编号 | 被　告 | 身　份 | 罪　行 | | | | 判　刑 |
			针对平民	针对俘虏	侵略相关	叛国	
38	陈杏村[1]	台籍商会董事				√	无罪
39	冈村宁次	大将	√		√		无罪
40	寺冈孝	宪兵	√				无罪
41	层○迁	警察	√				无罪
42	中岛信一	大尉			√		无罪
43	洪飚	台籍俘虏看守		√			不起诉
44	黄维礼[2]	台籍警察				√	不起诉
45	金村德松	职员					不起诉
46	胡麒义	职员				√	不起诉
47	桥本雷吉	警备队长	√				不起诉
48	苏俊佣	翻译	√				不起诉
49	吴德修	翻译	√				不起诉
50	何志宽	翻译	√				不起诉
51	周显文	公司经理				√	不起诉
52	裴俊喆	翻译	不明	不明	不明		不起诉
53	土桥勇逸	中将			√		不起诉
54	张元英	伪保安队长				√	转本部军法处
55	川岛芳子						转北平
56	小西正明	军曹		√			不明
57	清水广	军曹	√				不明
58	蔡文召	职员				√	不明
59	金英峰	翻译	不明	不明	不明	不明	不明
60	广内茂	日侨	√				不明
61	梁廷清	会计	√				不明
62	桥本龟治	宪兵	√				不明
63	潘绅辉	伪外交部司长	不明	不明	不明		不明
64	白京金	不明	不明	不明	不明	不明	不明

1　《军事法庭起诉女战犯陈杏村》,《中央日报》1947年1月14日。
2　《军事法庭起诉女战犯陈杏村》,《中央日报》1947年1月14日。

第六章 远东国际军事法庭的翻译体系研究

远东国际军事法庭审判（下称东京审判）是二战结束后盟军对日本实施的国际刑事审判实践，它在国际法和人道法发展史上的地位可与欧洲的纽伦堡审判并列。而东京法庭在诉讼程序和法庭运作机制上的种种努力亦成为创举，为当今国际刑事法庭的运作提供了宝贵经验——其中十分重要的一项就是法庭的翻译安排。除英、日两种官方语言之外，东京审判还涉及中、俄、法、蒙等多国语言，这些语种之间的差异化程度远远高出纽伦堡法庭中使用的英、法、德等近缘语言。保障翻译工作涉及诉讼程序正义的问题，对东京法庭乃至审判本身都具有重要意义。而探讨法庭如何进行翻译工作的安排也有助于更全面和深入地理解东京审判的建立和运作体系。不过由于翻译在审判中属于辅助工种，以往并非研究者关注的重点，直至近年才有翻译学者武田珂代子的专门著述面世。[1] 该书对东京审判庭审中的口译（Interpreting）体系作了十分精辟的论述，并从翻译学的角度对其纠错机制给出了评价。但武田较少涉及对审判的书面翻译安排，同时也没有深入探讨审判前国际检察局和辩护团的翻译工作。本章希望在现有研究基础上，进一步阐述法庭从审判准备阶段至判决结束的书面和口头翻译工作，同时通过对英日庭审记录的比较分析对法庭的翻译效果进行验证和评价。

1　武田珂代子，『東京裁判における通訳』、みすず書房、2008 年。

一、东京审判翻译体系概述

（一）需求的产生与翻译人员

涉及多国语言的国际审判如要顺利进行，及时准确的翻译是关键所在。这也体现法庭遵循现代司法中尊重被告人权、重视程序正义的原则。1946 年 1 月 19 日，筹备之中的东京审判对外公示了《远东国际军事法庭宪章》，其中"对被告的公正审判"下第 9 条规定："审讯及有关的各种诉讼程序应用英语及被告本国语言为之。遇有需要及被告请求之时，各种文件应备译本"。[1] 事实上，东京审判翻译需求的产生可以追溯至审判开始前半年，即国际检察局的活动开始。随着 1946 年 5 月开庭，1947 年初进入辩护阶段，整个审判的翻译需求也在面临不同的变化和挑战。概言之，检、辩双方以及法庭在庭审不同阶段对翻译工种的需求各不一致，承担工作的译者来源也各有不同。

1. 检方

东京审判的起诉工作由国际检察局（International Prosecution Section，简称 IPS）全权负责，该机构成立于 1945 年 12 月，隶属盟军最高司令部，其下设语言部（Language Division）专门负责翻译事务。语言部最初的工作人员大多来自战时成立的美军情报机构"盟军翻译及口译局"（Allied Translator and Interpreter Section，简称 ATIS）。[2] 他们大多在入伍前就学习过日语，战争时期又接受了关于远东地区经济、地理和历史情况的集中培训。日本投降后，他们很快便开始在国际检察局的聆讯战

1　*Amended Charter of the International Military Tribunal for the Far East*（远东国际军事法庭宪章修订版），1946 年 4 月 26 日。

2　即 Allied Translator and Interpreter Section，该机构成立于 1942 年，隶属于当时西南太平洋战区司令部。主要职能在于翻译和分析盟军所获之各类日本文件，日本投降后 ATIS 作为盟军最高司令部 SCAP 下属机构来到东京，为美军占领日本各项工作服务。

犯嫌疑人工作中担任口译工作。从 1946 年初开始,他国检察官陆续到达,检控工作的重心也有所转移。[1] 此时国际检察局的书面翻译工作也显得愈发重要:需要制备日文(或英文)译本的文件不但有收集的各类证据文件,还包括将要出庭的证人的宣誓口供书——为节约一部分庭审时间,法庭要求口供书提前制作译件,以便在宣读时得以用两种语言同步进行。[2] 此外,一些重要文件,如检方起诉书曾数次修改文本,每次都需要语言部重新进行翻译和校对。仅靠原 ATIS 部门的原有译员再也无法满足此时国际检察局的翻译需求。首席检察官季南曾向当时的美国战争部长抱怨说:"我们急需一个庞大的书面和口头翻译团队,可目前我们只有五个人,而且也没法指望同盟国方面再派人手过来。"[3] 英国检察官柯明斯-卡尔在 1946 年 3 月写给法庭秘书长沃布里奇的信中也谈道:"很不幸,我们极度缺乏足够的合格书面和口头翻译,尤其是高水平的译员。"这两人的言辞传递出的信息表明:① 译员的流动程度较大;② 能够胜任工作的译员太少。因此,在这一严峻现实面前,国际检察局要求日本政府派遣不少于 50 名翻译补充队伍。季南表示:"这虽然不算理想,但实系不得已之举措。"——此话多少表现出国际检察局不希望日籍译员大量介入的微妙态度。[4] 到开庭前一个月的时候,语言部的日籍翻译增加到了 75 人[5],

---

1 聆讯战争犯罪嫌疑人是国际检察局成立之初的主要工作之一,由局长约瑟夫·季南主导。1946 年初以英国检察官为首的小委员会成立后,工作重心转为尽快确定被告人选以及起诉书的制作。

2 1946 年 3 月 16 日柯明斯-卡尔致沃布里奇信件,粟屋宪太郎、永井均、豊田雅幸 編集・解説,『東京裁判への道:国際検察局・政策决定関係文書』第 1 卷,现代史料出版社、1999 年、第 497—498 頁。

3 "Notes on Meeting with Secretary of War",粟屋宪太郎、永井均、豊田雅幸 編集・解説,『東京裁判への道:国際検察局・政策决定関係文書』第 1 卷,现代史料出版社、1999 年、第 65 頁。

4 法庭和占领当局对启用日籍翻译始终抱有疑虑,法庭所设之三级翻译-纠错机制的目的之一就是监督日籍译员,而译员本人亦存在矛盾心态。关于这部分的讨论详见武田《东京审判的翻译》第三章。值得玩味的是,不仅国际检察局对引入日籍翻译有所顾虑,辩方同样在庭审中屡次质疑这些译员的翻译质量。例如开庭伊始,辩方便指起诉书译本存在翻译错误,坚持要求由己方再次翻译,确保被告完全理解后方能进行罪状认否,在法庭上引起了一场关于起诉书翻译质量的争辩。

5 "Organization and Capabilities of Language Division",粟屋宪太郎、永井均、豊田雅幸 編集・解説,『東京裁判への道:国際検察局・政策决定関係文書』,现代史料出版社、1999 年、第 165 頁。

显然这一要求得到了日方的积极回应。而这批日籍译员也逐渐担负起越来越多的翻译工作，有些还参加了之后的法庭口译工作。[1]

另一个令语言部头疼的问题在于此时的翻译需求从单纯的英-日间翻译扩展至多国语言间的翻译，其中又以中文材料翻译最为紧迫，因为开庭后迅速就要进入中国部分的审理。然而相比美国庞大的检察团，中国检察团初抵日时仅向哲濬与助手裘劭恒二人，并未配专门翻译。直到一个月后添聘的秘书刘子健抵达，他随即承担了几乎所有中方检察组的翻译工作。[2] 鉴于语言部此前所配均为英日翻译，说审判初期整个国际检察局的中文材料翻译都系在刘一人身上也不为过。直至审判进入第二年，周锡卿、张培基、郑鲁达、刘继盛等人才以翻译身份相继来日，另一位检察官秘书高文彬也加入中国检察组的翻译工作，这种情况才有所缓解。

2. 辩方

叙述东京审判辩护团本身的资料相对零散，多见于个人著述。这是因为辩方没有一个类似国际检察局的机构对诉讼进行统一掌控，而更像一个松散联合，故而类似语言部的设置更是无从谈起。美籍辩护人在1946年5月6日的庭审上向法庭表示辩方还没有专门的翻译。[3] 从岛内龙起的叙述中可以得知，辩护团的翻译人员一部分由律师自行聘用，且日、美辩护律师的翻译团队相互独立，各自翻译相关的辩方文书。据其回忆，日本辩护团的翻译室位于法庭一层西翼，大约有90—100名英日翻译负责各类书证、证人供述书、辩护人的总结发言和最终辩论等的翻译工作。甚至日本辩护团中的英语优秀者也会参与进来，如被告大岛浩的相关文书就是由其旧部牛场信彦翻译的。

1　武田珂代子，『東京裁判における通訳』，みすず書房，2008 年、第 24 頁。

2　1946 年 5 月 24 日莫洛致季南报告中表示"中国处只有向法官和刘先生，所有这些文件和其他文件的翻译重担全落在刘先生的肩上"。见张宪文主编《南京大屠杀史料集 29：国际检察局文书美国报刊报道》，江苏人民出版社，2005，第 133 页。

3　对日战犯审判文献丛刊编委会：《远东国际军事法庭庭审记录》(80 卷)，国家图书馆出版社，上海交通大学出版社，2013，第 88 页。

不过辩方侧的翻译工作也并非只能自力更生,同样可以向盟军总部请求支援:1946 年 11 月底,也就是庭审即将进入辩护阶段时,辩方曾因翻译工作量巨大而向盟军司令部法务局申请紧急派遣书面翻译 25 人和口译 5 人。[1] 另外,在 5 月 14 日的庭审上,日籍辩护律师向法庭要求获取美籍辩护律师完整准确的发言译本。经庭上协调后,各方同意此类长篇发言在庭审结束后由法庭语言部负责全文翻译。[2] 也就是说,法庭的语言部门也承担了一些辩方的翻译工作——尽管这本是辩方内部美、日人员各自独立导致的问题。

3. 法庭

远东国际军事法庭亦有自己直属的语言部门,即法庭书记处下辖的语言部。[3] 其部分工作人员是从国际检察局语言部直接调派而来的,另有一些则来自当时公开的社会招聘,应聘者当中除了日本政府工作人员,亦有大学学者和英语专业的学生。

庭审的口译显然是语言部的工作重点之一。对每日的庭审记录进行统计,前后有二十七名日籍口译人员出庭工作,其中实际承担较多工作的约有十人。作为辩护人之一的岛内龙起对他们中的岛内(敏郎)、岛田、冈、木村、严本和后来加入的田路都给出了较高的评价。随着庭审的推进,法庭先后面临英、日以外语种的挑战而不得不配置其他语种翻译。据岛内回忆,法庭配有俄语翻译 6～7 人、中文翻译 7～8 人以及法语翻译若干,至于德语和蒙语则采用临时雇佣的办法。[4]

法庭语言部同样有承担书面翻译的工作人员,他们最重要的工作便

1　Smith, D. F. (1946, November 25). Additional Translators, Typists, Equipment and Supplies. Records of the Allied Operational and Occupation Headquarters, World WarII (Record Group 331). The U. S. National Archives & Record Administration. College Park, MD.

2　对日战犯审判文献丛刊编委会:《远东国际军事法庭庭审记录》(80 卷),国家图书馆出版社,上海交通大学出版社,2013,第 215—218 页。

3　武田珂代子,『東京裁判における通訳』、みすず書房、2008 年、第 23 頁。

4　岛内龍起、『東京裁判弁護雑録』、1973 年、第 432—433 頁。

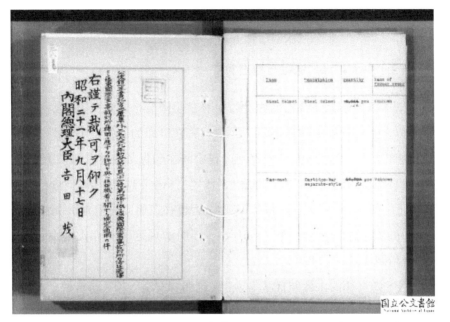

图 6-1 日本国立公文书馆所藏任命外务省官员为东京法庭口译的文件

是翻译结审后的判决书：30万字的判决书最终由9名美籍日裔和36名日本译员经过耗时近三个月的封闭式工作才得以完成。但除此之外,法庭语言部还具有类似法官在检辩双方间进行仲裁的职能。仍以5月14日庭审中产生的关于翻译讨论来说明：当日美籍辩护律师布雷克曼(Blakeman)进行了大段陈述致使口译员力有不逮,在某些段落只作概要翻译——这种做法招致日籍辩护律师的不满,要求获取完整发言内容。在庭长的质问下,语言部主任摩尔努力解释翻译的流程和困难。最终,各方同意此类长篇发言可以在庭审结束后由书面翻译专人负责,以法庭速记录为参考,延迟几日再将全文译本分配至相关人士手中。[1] 另一个例子来自1947年9月19日庭审,检方提出辩方证人米内光政的宣誓口供书存在翻译疑问,之后该份口供书并没有返回辩方而是交由法庭语言部

1 对日战犯审判文献丛刊编委会：《远东国际军事法庭庭审记录》(80卷),国家图书馆出版社,上海交通大学出版社,2013,第215—218页。

进行处理。[1] 也就是说，语言部还对检辩双方的翻译工作起到监督和补充完善的作用。

(二) 书面翻译的流程与检查制度

既然条件不允许召集足够多的优秀专业译员，一套完善的流程制度则可以在一定程度上弥补不足。武田对法庭口译的研究表明，尽管开庭之初出现了不少混乱，但整个审判过程中基本确保了一个有效并贯彻始终的口译监督和检查机制，[2] 即"语言裁定官-语言监督官-口译员"的金字塔形三级体系。那么书面翻译工作是否也存在相应的检查机制? 从现有国际检察局文书所见，至少在 IPS 内部明确规定了一套文件翻译-检查-复制制度。

IPS 语言部的人员配置基本为: 主任丹泽尔·卡尔(Denzel Carr)海军中校，此人精通多国语言，年轻时曾在伯克利大学学习中文与日文;[3] 下有执行主管、行政主管和协调员各一名;盟军总部工作人员和 75 名日籍译员分别在三个办公室进行日常办公，每一办公室再配一名美籍主管。此外语言部还配有三名日语打字员。[4] 所有人的工作就是为了保证将来呈送法庭的检方文书以及检方在法庭上的重要发言都有一份英语或日语的译本。1946 年 10 月 10 日 IPS 文件部的一份备忘录比较详细地说明了一份文件在翻译和复制前后是如何在语言部、文件部和申请人之间传递的过程:[5]

1　对日战犯审判文献丛刊编委会:《远东国际军事法庭庭审记录》(80 卷)，国家图书馆出版社，上海交通大学出版社，2013，第 28921 页。

2　关于东京审判的口译问题，亦可参考 Tomie Watanabe. Interpretation at the Tokyo War Crimes Tribunal: an overview and Tojo's cross-examination. TTR, 22: 1. 57 - 91, 2010.

3　University of California, In Memoriam, 1985, pp. 72 - 73.

4　"Organization and Capabilities of Language Division"，ハーバート・P. ビックス　粟屋憲太郎　豊田雅幸，『東京裁判と国際検察局——開廷から判決まで』第 2 卷，現代史料出版社，2000 年、第 83 頁。

5　"Document Memorandum No. 1"，ハーバート・P. ビックス　粟屋憲太郎、豊田雅幸，『東京裁判と国際検察局——開廷から判決まで』第 2 卷，現代史料出版社，2000 年、第 131—133 頁。

A. 文件翻译完成后，语言部会对译件进行一次彻底的双重检查，包括语法、句式和可读性——这些在文件复制部门不再作任何检查；

B. 文件离开语言部后被送至中央检查处（Central Checking Desk），此处唯一的检查是验看翻译概要是否已包括所有指定翻译文件以及确保不出现影响文件复制的因素。如若发现其他错误（如文件编号）则会在文件上贴上便签进行说明，返回文件所属之律师；

C. 律师接到文件后只对两种语言版本进行完整性检查和改正综合检查处指出的错误，而不能再进行句式和文法的改进。之后律师也会贴上改正的说明便签并给出同意文件复制的批准；

D. 文件再次回到语言部，在处理完来自中央检查处和律师的修订说明后，改订的译件再交到综合检查处，此时不再做任何检查便送交文件部门进行复制。

在国际检察局内部，一份译件在最终交付复制前，会经过语言部和第三方（中央检查处和申请人）的三重审查，并且每重审查各有重点。不过再严格的制度流程也不能完全消除所有担心，何况还有是否能严格执行的问题。丹泽尔本人也完全明白这一点，在 1946 年 5 月 7 日一份发给检辩双方以及法庭文件部、行政部的备忘录中，他强调"（英日）翻译并非如某些人所想是个简单机械的过程——好像把肉扔进搅拌机就能出来汉堡肉似的。事实上，英日语之间的互译是一项极为艰苦的脑力劳动"，[1] 而且"鉴于两种语言在文字上毫无相同，我们无法做到精准翻译，语言部没人可以做到这一点"。[2] 丹泽尔请求检察官们务必尽早提交文件翻译的

1　"Organization and Capabilities of Language Division"，ハーバート・P. ビックス　粟屋憲太郎、豊田雅幸、『東京裁判と国際検察局——開廷から判決まで』第 2 卷、现代史料出版社、2000 年、第 84 頁。

2　在该份备忘录中，丹泽尔曾以起诉书的翻译工作为例对语言部的工作效率进行过计算，18 名日籍和美籍工作人员花费 5 天时间完成了 45 页文本的翻译校对，还不包括额外的加班以及此前若干个旧版本的翻译工作。

申请，否则糟糕的翻译质量只会"使检方在法庭上蒙羞"。

随着审判日益临近，语言部面临的一大挑战便是如何保证不断增加的文件的翻译质量与效率。虽然丹泽尔表示不会牺牲翻译质量来换取速度，但开庭首日检方还是遭到辩方关于起诉书翻译问题的质疑：被告重光葵代律师高柳贤三表示起诉书"公海漂流者"一词的日译误作"海上漂流者"，[1] 尽管法庭并没有再深入讨论此事，但很快辩方就表示起诉书的日文翻译正由终战联络中央事务局[2] 负责进行，明确表示不接受国际检察局的译本。丹泽尔在上述备忘录中表示这是一个"严重的指控"。这也暴露出开庭初期的翻译工作确实相对混乱且存在一些问题。

与检方类似，辩护团也有单独的翻译检查办公室，紧挨着辩方的翻译办公室。[3] 尽管具体情况仍待进一步考察，不妨推测辩方的翻译-检查工作在流程上与检方相差不远。另一点需要指出的是，检、辩、法庭各有专门语言工作人员，因此在这些文件在法庭上宣读或者分发之后也是一个被相互检视的过程，当出现较严重的翻译问题后也能得到修订——即前文所论法庭书记处语言部的职能之一。实际上，在高柳贤三对起诉书提出异议后，法庭语言部主任表示他们已发现起诉书的一些错误，但不影响理解。

（三）小结

东京审判的翻译工作是由法庭、检方（国际检察局）以及辩护团三方的语言部门完成的。国际检察局和法庭的翻译人员有许多均来自原ATIS 部门，也曾向日本政府请求派遣译员，两方工作人员的重合度较

1　对日战犯审判文献丛刊编委会：《远东国际军事法庭庭审记录》(80 卷)，国家图书馆出版社，上海交通大学出版社，2013，第 1—91、99 页。

2　终战连络中央事务局(しゅうせんれんらくちゅうおうじむきょく、Central Liaison Office) 于 1946 年 8 月 26 日根据「昭和 20 年勅令 496 号」成立，负责统筹战后盟军占领事宜。其后在各地亦陆续设立「终战连络地方事务局」，作为盟军司令部的窗口，包括在京都、横滨、横须贺、札幌、仙台、佐世保、大阪、吴、鹿屋、福冈、松山、名古屋、馆山和歌山的全国 14 处地方。

3　島内龍起、『東京裁判弁護雑録』、1973 年、第 429 页。

高。辩护方的翻译工作开始多系律师们"自力更生",且美、日辩护人"互不通气",庭审初期反而产生了一些内部沟通问题。但双方均可向法庭派遣翻译人手。不难发现,数量的不足以及非专业化是东京审判翻译工作者的两大特点——这无疑是当时翻译人才紧缺导致的结果,同时也埋下了庭审中时不时产生的关于书面翻译和口译质量争议的种子。

二、翻译质量与效率的检证

上文通过论述东京审判翻译体系中的人员与制度问题,指出庭审初期不论口译还是书面翻译工作都存在一些混乱和不足,但法庭重视了这一问题并建立起了相应的翻译-检查机制。那么这一机制是否能发挥效用,保证庭审的顺利进行呢? 武田将翻译对庭审的影响力概括为三点:① 交替翻译及订正机制大大延长了审判时间;② 律师们讯问证人时难免顾忌翻译的难易度而尽量使用简单语句,进而影响质询质量;③ 英-日互译的困难程度和译员不稳定的表现可能影响法官们对证人的印象以及法庭最终判决。相较于前两点的确定性,不妨说第三点是武田提出的一个疑问。由于相关文献体量巨大,难以进行日、英文本的逐字检验,研究者往往只能进行抽样调查。尽管在过往的著述中能看到一些对法庭翻译的严厉指责,但能同时给出具体事例的则十分少见。本文借由两个源自当事辩护人的抱怨和审判批评者给出的事例,对庭审翻译的质量进行更有针对性的说明。

(一) 英-日口译检证

1. 季南对东条英机的质询

比托(Butow)曾在其著作中对法庭翻译发起抨击,指出在 1948 年1 月 6 日的庭审中"法庭在英日两种语言的交流明显出现了崩溃"。当日被告东条英机以证人身份出庭，首席检察官季南就日本与九国公约的问题对其进行质询。临结束时季南问到"When you were Prime Minister in October of 1941 and up until December 8, did you or did you not consider Japan **bound by** the Nine Power Treaty?"译员将"bound"译作"**拘束**"，东条随后给出肯定的回答。比托认为日语的"**拘束**"一词具有"检验""限制""束缚"的含义，与"bound"一词不匹配。而东条是在完全不同的理解之下给出肯定回答的。[1]

这一问题的核心在于将"bound"一词翻译成日语的"**拘束**"是否构成翻译事故以致影响证人的回答？如语言部主任丹泽尔所言，日英两种语言精确对应难以实现，"拘束"一词的确不能说是对"bound by"最恰当的翻译，但结合上下文的意思并不难看出这里所表达的是对条约负责，承诺遵守条约的含义。何况在这个问题之前，两人关于《九国公约》的问答已产生了长达近10页英文记录，很难想象东条在这种情境下会彻底搞错对方的意思。[2] 季南在这段讯问中就公约内容逐条追问东条内阁是否认可与尊重，而东条回答的逻辑则是：他的内阁当然重视《九国公约》，只是东亚的情况出现变化，不再适用公约。当然，季南的重点不是亚洲，他在最后的提问开头加上"在你担任首相的1941年10月至12月8日"的限制条件，这自然是要东条说明日本在袭击珍珠港之前是否考虑过此举违反公约。东条的回答"是，我认为受到公约约束"与之前的逻辑并无二致，即日本政府一直都充分尊重《九国公约》，只是周围环境变了，适用范围也只好随之改变。综观东条与季南的这段对话，东条的表达核心始终是一致的。而比托对这一处翻译的严厉批评则有些令人费解。因为即便这不是一个完美的翻译，也并未影响或损害东条为自己辩护的逻辑。

1　Robert J. C. Butow, *Tojo and the coming of the War* (Princeton University Press, 1961), p. 501.
2　东条本人懂一点英语，他会在对日语翻译有疑问时要求重新澄清（笔者与武田的邮件交谈）。

2. 萨顿对米内光政的质询

岛内龙起在其《东京审判辩护杂录》一书中谈及法庭翻译的问题时也给出了一个具体事例：1947年9月19—20日米内光政出庭作证时，面对萨顿检察官的反对讯问文不对题，令庭长大为光火，叱其为"蠢货"。岛内认为口译员从一开始就误译了萨顿检察官的问题，导致双方沟通不畅。[1]检视英、日庭审原文，萨顿的反对讯问从28921/VI672页开始，虽难免冗长，但此处为方便分析还是将相关庭审记录进行摘译，遇英、日两版不同之处则将日文内容以粗体表示，列于括号之内：

> 萨顿：请法庭准许，我们希望申请将米内的宣誓口供书交由语言部处理。已经发现其中某些段落存在翻译上的问题。
>
> （萨顿：**米内供述书中一部分内容存在许多翻译上的问题，因此我们希望将米内证人的宣誓口供书转交语言裁定官处理。**）
>
> 庭长：我们会转交摩尔少校处理。
>
> 萨顿检察官：将军，上周五闭庭前不久你就与畑陆军大臣会谈一事进行作证。该会谈的日期是什么时候？
>
> （[**监督官：你与畑陆军大臣的会谈**]）
>
> 米内：我觉得是在7月16号左右。
>
> 萨顿：我提醒你这次会谈是在1940年7月12号，这有没有唤起你的记忆？
>
> 米内：在我记忆中，6月份我没有和畑讨论过任何重要事项。
>
> 萨顿：我跟你提到的日期是7月12号，（**之后的翻译已经订正**）。我问你的是会谈是否在这日进行？
>
> 米内：你说的是什么会谈？

1　島内龍起，『東京裁判弁護雑録』，1973年、第419頁。

萨顿：我指的是你曾讯问畑是否了解到当时陆军次官和军务局长会见渡边书记长官，要求你的内阁集体辞职一事，并征询他的意见。

米内：当时我接到的报告是陆军次官没有与渡边会面。

萨顿：但我的问题是此事是否发生在 7 月 12 号？

米内：我对日期记得不是很清楚。

……

拉泽拉斯：庭长，我无意打断，但我们现在又遇到了和上周五一样的问题。证人已明确回答他不知道，他没有收到过这样的信件。现在任何关于这份信件的讨论和将其记录在案的尝试都只是在和证人进行无意义的争辩，他已声明他从未收到过信件。

庭长：该证人的回答远远不能证明他未收到照会，或者未发生过类似谈话——不管是什么。

（从证人的回答来看，证人说他完全没有收到过这样的信件或是照会。这样的话并没有明确说清楚这一点。

［监督官：他对于照会或是会谈一事并没有给出明确的回答］）

萨顿先生正通过引用一份当天东京主流报纸的报道努力唤起证人的回忆。

你说这报纸名为"东京新闻"？

萨顿："朝日新闻"。

……

庭长：这篇报道中是否引用了畑给你的信件？

米内：我不认为米内内阁的外交政策有任何被误解之处。

庭长：证人，这不是对我问题的回答。请回答我的问题，报道是否引用了畑给你的一份信件？

（［监督官：也就是畑给你的信件。］）

米内：我不记得接到过这样一封信件，我无法回答这个问题。

庭长：我再给你一次机会，在你刚刚阅读过的这篇报道中，有没有引用关于畑给你的一封信件？

……

萨顿：现在你有了放大镜，是否能够再看一遍报道并回答庭长的问题？

（证人现在有了放大镜，请回答庭长刚才的问题）

米内：我从未从畑那里听到报道中所写的内容，也从未接到畑写给我的东西。

庭长：你还没有告诉我们这篇报道中是否引用了畑给你的信件，如果你在离席前没有回答这个问题将被视为证言无效。

（日文：证人，你还没有回答报道中是否提及畑给你的信件内容。你必须回答这个问题。

[监督官：稍微订正一下，证人还没有回答畑给你的信件是否出现在报道内容中。在离开证人席之前必须回答这一问题，否则将被法庭视为不可信证人]

[翻译：证人明白了吗？]

米内：请再说一遍。

[翻译：庭长的问题是，在这篇报道中有没有出现畑写给你的信件的内容？]）

米内：我没注意到有。

……

庭长：我了解证人宣誓口供书的翻译件错漏甚多，必须重新翻译。进一步完善的工作交由语言部完成。

（进一步的翻译交给语言裁定官完成。）

萨顿：证人现在可以朗读指给他的那部分内容了吗？

庭长：可以。

米内：没有发生过这种事。我没有从畑那里接到过这种书信，听也没听说过。

庭长：这仍然不是回答。在我聆讯过的证人中，这位首相是最愚蠢的了。

（［监督官：身为首相来此作证者，此人是最为愚昧的。］）

萨顿：将军，你能从指给你的地方开始，朗读接下来的两节内容吗？

（萨顿：证人，请从指给你的地方开始到后面两节，全部朗读。即朗读指给你的部分以及第二节）

米内：（没有回答）（日文无）

（［监督官：请默读。请朗读］

［翻译：只朗读这两节］）

萨顿：证人明白我要求他做的是朗读我指给他的内容吗？

（萨顿：证人，请你体谅，请在法庭上朗读出指给你的那部分文字内容。）

米内：我明白，我正在找。

庭长：证人，你忘了没有放大镜你是无法阅读的。

米内：不，现在房间里有灯光了。

综观该段质询，在米内出庭作证的两天中，检辩双方质询的内容主要围绕当时担任米内内阁陆军大臣的畑俊六对当下情势的判断，以及是否因此与内阁成员意见不合而辞职。萨顿检察官追问证人是否接到过畑递交的一份表明观点的照会，而米内一律只以"不记得""不知道""没有"等语句回应，讯问一时陷入胶着。当萨顿出示明确记载这份照会内容的朝日新闻的报道时，米内依然拒绝对报道做出正面回答。庭长韦伯在亲自讯问无果之后终于爆发不满，口出怨言。从行文中看这段庭审的确存在"翻译上的问题"：一是米内的宣誓口供书被认定存在翻译缺陷而交由法庭语言部重新翻译，但这显然不是岛内所指"口译人员错翻检察官的提问"的问题；二是这段记录的确存在数处英日文版的不同，但稍微细看就会发现这几处不同基本可以分为两类：1. 检察官向米内提问时，语言监督官几次介入，对英-日翻译进行改进；2. 检察官的英文发言在译成日语时做了修饰，使语气更为和缓。可以说语言监督官的介入实际上起到了翻译更加准确的效果。而口译员面对检察官对证人的朗读要求以及庭长最后的叱责，尽管有意无意将语句翻译得更加和缓，[1]但亦未偏离原意。

综观此段质询，相比法庭翻译导致了沟通混乱的说法，倒不如说米内从一开始就决意不承认存在这样一份信件并将这一策略贯彻到底——当他在检方再三督促下终于准备朗读作为证据的报道时，庭长不无讽刺地"提醒"他忘了用老花镜——这恰恰表明"不用老花镜就无法阅读"只是辩方的一个挡箭牌。因此，从英日两种庭审记录来看，并不存在岛内所说的翻译错误导致无法沟通的情况。更有意思的是，当值的几名口译恰恰是岛内评价颇高的几人。[2] 笔者的推测是岛内将宣誓口供书的翻译错误当成法庭口译出现了问题——他非被告畑俊六的责任辩护人，对这段审理过程没有全力投入并非不可能。

（二）中介语言与汉字错误问题

庭审翻译面临的另一个问题是英日语之外的语种之间的互译。由于法庭事先没有充分考虑到这个问题，导致开庭三个月后中国证人秦德纯和溥仪的作证让法庭一度陷入尴尬：由于缺乏中-英文翻译，法庭先是决定以日语为中介语言翻译再转为英语，但鉴于法庭成员基本无法听懂日语，这种"二次翻译"而来的英语而遭到辩方的明确反对。此后虽然决定由梅汝璈法官的秘书充当临时翻译，但这种法官团队成员为检方证人进行翻译的做法显然也不合适，再度引起了辩方强烈抗议。法庭不得不紧急招聘中英文翻译，并确定了今后中文的翻译以英语为中介语言进行日

---

1 武田在其著作中对法庭译员自身的矛盾心态曾做过探讨，详见『東京裁判における通訳』第三章第三节。

2 当天的口译人员是岛内(敏郎)、冈(孝)、森(富男)、田路(当日日文速记录)。

语翻译。然而法庭不久再度遭遇了新的语言翻译问题,先后登场的法国检察官和苏联检察官坚持使用法语和俄语发言,辩方以检方使用了法庭宪章规定之外的语言再度提起抗议,这一时期的庭审记录里充满了对于法庭语言使用的激烈争论。[1] 最终法庭对于英日语言以外的他国语言翻译做出以下安排:

俄语:安排俄-日、俄-英翻译;

法语:安排法-日、法-英翻译;

德语:安排德-日、德-英翻译;

使用中介语言翻译:中文-英语-日语;荷兰语-英语-日语;蒙古语-俄语-英语/日语。[2]

东京审判法庭成员多来自英语国家,故基本以英语为中介语言再自然不过。但口译使用中介语言本系无奈之举,更容易产生歧义和错漏。以中文为例,庭审记录中涉及汉字的错误相当不少,不过仔细考察的话就会发现很难将它们与"英文中介翻译"联系起来。如英文庭审记录第3005页人名"LI Shao Kang",日文记为"李绍康",但联系上下文可知正确的应为"李绍庚"(曾为"满洲国"驻日大使)。此外还有时任"满洲国"外交部长张燕卿在英文记录中误拼为"CHANG Yen-Hsiang"(50-30),日语则作"張燕郷"。类似还能举出数处,显然这些错误是对中文材料中汉字字形误认导致的。[3] 如果说"康"和"庚"在字形和读音都有几分相近的话,由于"郷"在日语训读中不发"Hsiang"而发"Ko"之音,如以日语为中介语言,英文不应再写作"Hsiang"。但若断定英文为中介语言也难以解释日译本如何返回汉字。也许是中英译员将"卿"误作"Hsiang"后,英日译员返回汉字时未能修正。如果不考虑中介语言的存在,则还有一种可

1　对日战犯审判文献丛刊编委会:《远东国际军事法庭庭审记录》(80卷),国家图书馆出版社,上海交通大学出版社,2013。
2　武田珂代子,『東京裁判における通訳』、みすず書房、2008年、第22页。
3　参见程兆奇、赵玉蕙:《〈远东国际军事法庭庭审记录〉检索工具及人名问题》,《近代史研究》2014年第5期。

能是英译与日译分别进行,并犯了同样的错误——这也符合岛内龙起所说的中文书面翻译同时有中国和日本工作人员的情况。实际上国际检察局语言部曾专门为中日关系相关的庭审制作背景资料,旨在为译员提供人名和专有名词的中英文准确译法。其中"张燕卿"和"李绍庚"的中英文皆正确无误。[1] 也许是译员事前疏于核对,也许该帮助文档未能遍发,才导致这些错误遗留下来。总之,相比口译中涉及第三种语言时确定使用一种翻译中介语言,对庭审记录的检证表明东京审判的书面翻译并没有明确的转译机制。

庭审记录中汉字的不准确问题还见于日文人名。例如日文版记录中很多人名后加"(音译)"字样,如英文庭审记录第 18101 页载人名"Saeki, Yugi",汉字正确写法应为"佐伯有义",日文版则记为"佐伯悠义(音译)",显然负责日文庭审记录的人员并未核对过背景资料。但亦有例外,如英文庭审记录第 4654 页"A woman named Sazuki",相应的日文记录则给出了全名"铃木华子"。此前有学者判断庭审记录英语版本要优于日文版——因为整个庭审都由英语母语的人来主导,法庭成员中无一人懂日语,他们要不依靠英文文本,要不依靠从英文文本转译而来的其他语言文本,再加上被告方有美方律师团的支援(他们对有可能损害委托人利益的法庭证据、程序、优先权等非常警觉),所以英文十分自然地成为优势语言。[2] 但从上面的实例来看,两种庭审记录的文本在涉及人名等名词的互译中都存在一些问题,研究者在利用过程中应注意相互验证。

(三) 小结

对庭审中两个具体事例的检证表明以往一些对东京审判口译质量不

1　"Language Section, Background material for Interprters(II)", Entry 317 Records of the Chief Prosecutor Relating to Preparation for and Conduct of Cases Tried by the International Prosecution Section before the International Military Tribunal for the Far East, 1946 - 1948, 日本国立国会图书馆。

2　John R. Pritchard , "Preface," in The Tokyo War Crimes Trial : Index and Guide (New York & Lodon: Garland Publishing Inc. , 1987), p. xxxxiv.

佳的批评并不成立,反而审判的口译工作总体上是令人满意的。不过鉴于英日文记录体量庞大,且同样庞大的证据文献还未接受检证,有关庭审口译的质量和效率仍有进一步考察的空间。至于书面翻译的执行与检查则为各部门多头行事,当涉及多种语言间互译时也没有统一的转译机制。庭审记录中所体现的实际为检方、辩方以及法庭三方相关部分的翻译工作成果,它们虽然各自都经过不同程度的检查,但仍存在一些疏漏,并且两种语言的庭审记录版本均各有错误,在研究中应注意对两种文本取长补短。

三、结论

如何评价东京审判的正义性与合法性一直是学者们的一大争论热点——此处的"正义"一般都指向"实体正义"的概念。但对于东京审判另一种正义,即"程序正义(Procedure Justice)"的讨论不应该受到忽视。因为后者是实现实体正义的基础,其重要性甚至要高于前者。对东京审判这一国际法庭来说,法庭翻译则是体现审判程序正义的重要一环。东京审判的翻译毫无疑问是一项涉及人员众多、工作量巨大又极有难度的工程。本章在现有研究的基础上进一步描述了法庭翻译工作的全貌。尽管面临人手不足和翻译人才良莠不齐的难题,但相对完善的制度建设在一定程度上弥补了这一短板;文本翻译和庭审口译各有不同的工作流程以及检查体系,而这些机制都保持了有效的运作。本章最后部分对法庭翻译的批评者所给出的样本进行的深入研究表明,目前为止并没有出现能够真正支持他们关于法庭翻译糟糕到足以影响庭审走向的具体实例。

第七章　戴维·尼尔森·萨顿个人资料的收藏情况及其研究

一、萨顿与日本对华暴行的取证工作

(一) 东京审判中的萨顿检察官

戴维·尼尔森·萨顿(David Nelson Sutton)是东京审判中一位美籍助理检察官。他生于 1895 年,先后毕业于里士满大学(1915)和弗吉尼亚大学(1920)的法学院,并在 1928—1946 年期间于西点镇(West Point)担任弗吉尼亚州联邦检察官(Commonwealth's Attorney)的职务。二战结束后,他受邀赴东京参与同盟国对日本战犯罪行的检控工作,在美方检察人员中,他是少数非军方背景的检察官之一。

1946 年 12 月 6 日,以约瑟夫·季南为首的美国检察团抵达日本,负责东京审判一切检控工作的国际检察局即告正式运作,由季南担任局长。稳定的工作人员数目维持在 200 人左右,其中美方工作人员最多。从国际检察局 1946 年 5 月 7 日的一份任命文件中可以看到,萨顿来到东京后参与负责的调查部门有三个:1932—1945 年日本对中国的经济侵略,部门负责人是霍克斯赫斯特(Hauxhurst)助理检察官,同部门的还有中国的助理检察官裴劼恒;1932—1945 年中国及其他各地的麻药问题,部门负责人是中国的向哲濬检察官;1931—1945 年的 C 级战争罪行,部门负责人是菲律宾的洛佩兹(Lopez)检察官,同部门的还有向哲濬检察官。[1]
萨顿于1946年上半年两次到中国搜集包括南京大屠杀在内的日军战争
罪行相关证据。在随后的法庭审理过程中,他在"日本对中国的经济侵
略""日本在中国毒品贸易"和"日军的普通战争罪暴行"等与中国相关的
检方立证阶段都担任了不少当庭陈述和质询的工作。

图7-1　国际检察局庭审初期内部分工情况

(二) 调查日本在华罪行:国际检察局与中国政府的合作

东京审判于1946年5月3日开庭后,法庭各方围绕管辖权问题展开
了激烈的讨论。按照审理进程,当法庭处理完这些动议后就要进入中国
部分的立证阶段。以日本侵华时间之长与程度之烈,检方面临着大量中
文证据资料的筛查、分析和翻译工作,所以相关调查取证工作从一开始就
非常紧迫。但1946年2月7日抵达日本的中国检察团实际只有向哲濬

1　"Briefing Reassignment of Personnel Corrected Copy", Box 1, Folder 5 "Memoranda re
Assignments Summons Report on China 1946", Papers of David Nelson Sutton 1919-1965,
The Tokyo War Crimes Trial Digital Collection, http://imtfe.law.virginia.edu.

检察官及其助手裴劭恒两人,此后一直都为"人少事繁"所困。[1] 另一方面,在 1946 年初各国检察官陆续抵达之前,国际检察局从嫌疑人讯问到文件分析的各项工作都由美方人员主导。有此主客观因素存在,东京审判中与中国相关的立证是由中美检察人员共同侦办的。不仅如此,在庭审中关于中国部分的检方立证中,除了毒品贸易阶段由中国检察官负责法庭陈述,其余占领东北、全面侵华、对华经济侵略等阶段皆由美方律师负责陈述。

苏联检察团的助理检察官斯米尔诺夫(Simirnov)曾表示在东京审判中,国民党中国的利益是由美国检察团代表的。[2] 此话出自与美国暗中角力的苏方之口,颇为片面。最近关于日本在华罪行调查的研究都指出,战后国民党政府组织调查日军在华罪行的工作虽然不够彻底充分,但国际检察局赴华合作调查亦是建立在中国政府的前期工作基础之上的。[3]美籍检方人员的确非常深入地介入和参与了与中国相关的取证工作。概言之,国际检察局在中国的调查工作有三个阶段:1946 年 3 月 8 日至4 月 11 日,包括首席检察官季南、助理检察官萨顿和莫罗(Morrow)上校在内的国际检察局调查小组一行六人在向哲濬和裴劭恒陪同下来到中国搜集人证物证;[4] 4 月 11 日,莫罗和萨顿返回东京,中国政府成立军事委员会暨行政院战犯罪证调查小组,与国际检察局调查小组其余成员继续合作调查;[5] 5 月 31 日,萨顿二度来华。向哲濬检察官在 1946 年 6 月7 日电外交部函"塞顿律师(D. N. Sutton)奉派来京沪商洽证人飞日出

1　向隆万编:《向哲濬东京审判函电及法庭陈述》,上海交通大学出版社,2014,第 37 页。

2　常石敬一:《不起诉 731 部队的理由及其意义》,见田中利幸、蒂姆·麦科马克、格里·辛普森编,梅小侃译:《超越胜者之正义:东京战罪审判再检讨》,上海交通大学出版社,2014,第249 页。

3　相关研究可参见刘萍:《国民政府之日军罪证调查问题再考察》,《东岳论丛》2015 年第 12期;张连红:《战时国民政府对日军罪行的调查——以"敌人罪行调查委员会"为中心》,《江海学刊》2015 年第 2 期。

4　向隆万编:《向哲濬东京审判函电及法庭陈述》,上海交通大学出版社,2014,第 10 页。

5　《杨觉勇致外交部电》(1946 年 4 月 11 日),国民政府外交部档案:《审判日本战犯组织远东国际军事法庭案》(一),典藏号:020 - 010117 - 0029 - 0018,台北"国史馆"。

庭事宜,请饬予协助",[1]6 月 10 日电"美方邀我方何人出庭作证,经美方授权检察人员塞顿律师在华相机面洽办理,此间并无具体决定"。[2] 可以说,国际检察局将日后何人出庭作证的决定权交由萨顿权衡行事。从萨顿的一份总结报告中可以看出他在沪、宁等地积极联络和接触政府与民间人士,最终将 15 名证人经上海带去东京法庭作证:大卫·巴雷特、乔治·菲奇、贝茨、哈罗德·吉尔、皮特·劳莱斯、梁庭芳、许传音、多兰斯、孙恭度、王冷斋、尚德义、陈福宝、伍长德、徐节俊、秦德纯。同时带回的还有南京安全区国际委员会秘书路易斯·斯迈斯(Lewis Smythe)、传教士费吴生(George A. Fitch)等人的宣誓证词。这些都成为检方指证日军在华暴行的关键证据。近人撰写的萨顿检察官介绍指其"中文流利",[3] 如若属实,恐怕这也是国际检察局指派萨顿来华的原因之一。

鉴于萨顿参与调查和侦办的内容多与日本侵华密切相关,其个人的东京审判相关文书对于考察国际检察局初期的工作,如中国相关部分检方取证政策的确定、中美双方检方人员的合作模式、中国政府的日本在华罪行调查等议题都具有可利用的潜在价值,而此前国内尚未见撰文利用这批史料,因此本文将从史料角度出发,对现存以萨顿检察官为中心的资料进行梳理和比较研究,并对萨顿文书反映出的东京审判史料利用问题进行进一步的讨论。

二、萨顿文书的形成、分布与比较

(一) 三种"萨顿文书"

前文已述,萨顿检察官在 1946 年赴东京参加审判以前,求学和工作

1　向隆万编:《向哲濬东京审判函电及法庭陈述》,上海交通大学出版社,2014,第 13 页。
2　向隆万编:《向哲濬东京审判函电及法庭陈述》,上海交通大学出版社,2014,第 37 页。
3　Suzanne Corriell & Chris Kemp, "The Tokyo Trial at Richmond: Digitizing the Sutton Collection of Documents from the International Military Tribunal for the Far East," *Va. Libr.* 58 (Jul. 2012): 8.

经历都在美国弗吉尼亚州。审判结束后他回到家乡继续做回律师本行，在 1948 和 1953 年分别被任命为弗吉尼亚律师协会（Virginia State Bar Association）主席和美国律师协会理事会成员。除了东京审判的两年，萨顿检察官的生活和工作生涯大部分都在弗吉尼亚，此地成为萨顿个人文书保存最丰富和完整之地再自然不过。我们今天能够看到在美国弗吉尼亚大学、弗吉尼亚历史学会和里士满大学都保存了萨顿的个人文献，分别是：

（1）美国里士满大学法学院图书馆馆藏（下称里士满大学萨顿文书）：总量约为 85 000 页，除了常规的庭审记录、证据文献等，还有萨顿在审判期间产生的各类个人文书。[1]

（2）弗吉尼亚历史学会馆藏（下称历史学会萨顿文书）：总量为 16 盒，83 个文件夹，其内容包括：萨顿 1946 年去中国实地调查的委派书、在中国工作的报告、巢鸭监狱在押人名单、各类嫌疑人的讯问记录、国际检察局执行委员会会议记录、被告个人陈述等。目前弗吉尼亚大学的这批资料已在东京审判资源库悉数公开，可以在线浏览，后者虽未公布官方数字，但清点在线的文件可知其数量在 3 500 页左右。[2]

（3）弗吉尼亚大学法学院图书馆藏：该馆情况稍显复杂，有两个独立的萨顿文书资料群，一为"东京审判数字资源"数据库下的萨顿文书，即为弗吉尼亚历史学会所藏——从史料的角度看，可与弗吉尼亚历史学会馆藏合并视为一种。另外还有一个名为"戴维·尼尔森·萨顿文书"的特殊馆藏（The Paper of David Nelson Sutton，下称弗吉尼亚大学萨顿文书），共两盒，系萨顿之女弗朗西斯·萨顿·奥利弗（Francis Sutton Oliver）于 2004 年捐赠，该馆藏目前并未数字化。[3]

---

1 "Special Collections: David Nelson Sutton," University of Richmond, School of Law, Muse Law Library.

2 "Papers, 1919–1965, of David Nelson Sutton," Virginia Historical Society, MSS1 Su863a.

3 The Paper of David Nelson Sutton Special Collection, Arthur Morris Law Library Special Collections, Virginia University, http://archives.law.virginia.edu/records/mss/04-3.

　　从史料研究的角度来看,保存在弗吉尼亚几个学术机构的萨顿个人文书之间究竟存在什么样的区别和联系就成为一个值得关注的问题。要弄清这一问题,首要指征是其文献来源。根据收藏机构的描述,这几个馆藏均来自萨顿的家人在不同时期的捐赠:里士满大学的萨顿文书系1974年萨顿去世后捐赠;弗吉尼亚历史学会的萨顿文书为1989年捐赠;弗吉尼亚大学萨顿文书捐赠时间最晚,在2004年。苏珊娜(Suzanne)和坎普(Kemp)等人撰文指出这几个萨顿文书的馆藏并非具有独一性,而是存在复制的情况,[1]不过文章并未具体指明是否为弗吉尼亚这三家收藏存在着相互复制或者重复的情况。这几处馆藏均为萨顿检察官的家人陆续捐赠,那么是否存在萨顿子女在其父亲逝世后对其个人文献进行复制的情况呢?

(二)"萨顿文书"内容的辨析

　　这几个馆藏内容究竟重复与否,可通过考察各个文献群的具体内容得出进一步的结果。从几个机构已整理公布的目录来看,弗吉尼亚大学萨顿文书均为萨顿早年在弗吉尼亚大学求学和工作时的种种手稿、笔记、工作卷宗以及1948年回美国工作后产生的种种文件,时间至1955年为止。这批资料完全避开了萨顿在1946—1948东京审判的两年经历。[2]而里士满大学和历史学会萨顿文书则全部与萨顿在东京审判中的工作相关。(历史学会萨顿文书虽然题名为萨顿自1919至1965年间文献,但仔细检索其具体内容会发现均集中在东京审判时期)。这便使人自然想到萨顿的子女可能从一开始就将父亲的文书分为"东京审判时期"和"其他时期"两大部分,并先后捐出。因此苏珊娜等人所说的"复制"情况,多半只会出现在历史学会和里士满大学两个萨顿文书之间。对比历史学会和

1　Suzanne Corriell & Chris Kemp, "The Tokyo Trial at Richmond: Digitizing the Sutton Collection of Documents from the International Military Tribunal for the Far East," *Va. Libr.* 58 (Jul. 2012): 9.

2　http://archives.law.virginia.edu/records/mss/04-3.

里士满大学两处萨顿文书是关键。

两年多的东京审判在萨顿检察官一生积累的个人文件中占据了大部分内容。目前,历史学会萨顿文书可以在弗吉尼亚大学法学院的东京审判专题资源库中在线浏览。里士满大学萨顿文书仍在数字化过程中,但亦发布了详细的目录,不妨在此进行一个比较:[1]

表 7 - 1　里士满大学与弗吉尼亚历史学会馆藏萨顿文书目录对比

里士满大学萨顿文书	历史学会萨顿文书
1. 检方关于法庭质询东条的笔记	1. 讯问相关的备忘录、概要、总结、工作分配 (1946)
2. 编号 1—19 的"特别研究"	2. 有关讯问流程、犯人押运的备忘录(1946)
3. 萨顿关于日军 1937—1945 年间在中国反人道罪行(C 级罪行)的报告	3. 有关萨顿 1946 年接受的指令、命令和个人信息(1946)
4. 关于宪兵的一些备忘录	4. 1946 年萨顿关于中国的报告、备忘录、委任等(1946)
5. 米内光政相关的各类法庭文件	5. 同上(1946)
6. 1945 年日本道路地图	6. 包含巢鸭监狱在押人名单的行政备忘录(1946)
7. "中国法律体系"小册子	7. 各类备忘录(1946)
8. 编号 20、21 的"特别研究"	8. 各类指示、笔记等(1946)
9. 畑俊六总结陈词草稿	9. 各类备忘录、指令、通信(1946)
10. 1939 年文件一份	10. 萨顿的住宿信息
11. 三名中国人口供书	11. 1946 年 3 月 5 日执行委员会与讯问馆的会议记录
12. 关于细菌战的报告和备忘录	12. 1941 及 1946 年的备忘录、讯问安排,与畑有关的笔记
13. 关于日占区鸦片麻药贸易的报告	13. 日高信六郎的讯问记录
14. 中国证人和口供的收集	14. 森冈皋的讯问记录
15. 对岛田繁太郎等人讯问记录	15. 与村田有关的备忘录、讯问安排、笔记
16. 萨顿在中国时期的通信、地图和相关材料	16. 森冈皋的陈述
17. 关于证人口供的通信	17. 大田一郎
18. 1945 年 1 月 8 日检察官会议记录	18. 酒井隆的陈述
19. 关于中国战俘的调查和讯问	19. 萨顿关于日军 1937—1945 年间在中国反人道罪行(C 级罪行)的报告
20. 关于"南京大屠杀"的调查报告	20. 起诉书第一项
21. 关于日本全面侵略中国的报告概要	21. 东京审判法庭室座位表
22. 和塔夫纳检察官关于纽伦堡审判的通信	22. 检方证据
23. 一些会议笔记	
24. 中国司法行政部长写给 IPS 的信函	
25. 关于在日中国战俘和强制劳动者充当人证的备忘录	
26. 1945 年 7 月空军在名古屋的伤亡情况	

1　目录见 http://law.richmond.libguides.com/ld.php? content_id=21774317,中文翻译由笔者检阅完成。

里士满大学萨顿文书	历史学会萨顿文书
27. 关于有田八郎的法庭文件	23. 同上
28. 关于泽田茂的法庭文件	24. 南京大屠杀中有关埋葬点的文件
29. 关于"山下审判"的一些文件	25. 南京大屠杀事件相关证人证言及报告
30. 关于板垣征四郎的一些文件	26. 南京大屠杀中红卍字会相关文件
31. 关于 Miyano Masatoshi 的一些法庭文件	27. 南京大屠杀事件相关证人陈述
32. 关于村田省藏的分析文件	28. 外相币原喜重郎电报
33. 关于小仓邦彦的两份文件	29. IPS 证据文件
34. 两页庭审记录	30. 同上
35. 畑俊六总结陈词相关的文件	31. 同上
36. 有关日军毒气战的检控文件	32. 同上
37. 1941 年重庆事故的备忘录	33. 1946 年 7 月 29 日庭审记录
38. 用来回应辩方的备忘录	34. 1946 年 7 月 30 日庭审记录
39. IPS 图书馆的背景资料和图书	35. 1946 年 8 月 15 日庭审记录
40. 萨顿和塔夫纳办公室之间设门的请求	36. 1946 年 8 月 16 日庭审记录
41. 翻译请求文件	37. 1946 年 8 月 27 日庭审记录
42. 关于神道教的备忘录	38. 1946 年 8 月 28 日庭审记录
43. 2999 号辩方文书	39. 1946 年 8 月 29 日庭审记录
44. 关于证人正确姓名的文件	40. 1946 年 9 月 10 日庭审记录
45. 有关南次郎交叉质询的备忘录	41. 1946 年 8 月 30 日庭审记录
46. 关于芳泽谦吉的质询记录和手记	42. 1946 年 9 月 4 日庭审记录
47. 关于庭审"满洲国阶段"的备忘录	43. 1946 年 9 月 5 日庭审记录
48. 约翰·扬致萨顿的关于南京的信封	44. 1946 年 9 月 6 日庭审记录
49. 法庭证据索引	45. 1946 年 9 月 13 日庭审记录
50. 有关南次郎交叉质询的备忘录	46. 1946 年 9 月 9 日庭审记录
51. 致列文辩护律师的请求	47. IPS 文书以及致美国大使馆的请求
52. 法庭宪章	48. 相关照片
53. 开罗会议等重要法律依据文件	49. 萨顿的笔记本
54. 辩方文书 514 号	50. 萨顿的各种便签记录
55. 若干地图	51. 同上
56. 日本内阁组成图表	52. 同上
57. 国际条约文件	53. 同上
58. 背景书籍两册	54. 同上
59. World Call 杂志的拷贝	55. 同上
60. 李顿调查团报告部分拷贝	56. 同上
61. 布鲁塞尔会议小册子	57. 同上
62. "掠劫马尼拉"小册子	58. 同上
63. 国联关于中日关系的小册子	59. 国联关于中日冲突的决议
64. 500、3710、3711 号辩方文书	60. 1946 年 4 月 10 日 *China Press* 报纸
65. 萨顿和塔夫纳致检察官们的备忘录	61. 1946 年 4 月 10 日 *Shanghai Evening Post & Mercury* 报纸
66. 检方总结委员会的各种备忘录、手记等	
67. 部分辩方证据索引	62. 1946 年 4 月 11 日 *Shanghai Herald* 报纸
68. 部分辩方证人索引	63. 1946 年 8 月 30 日 *China Press* 报纸
69. 检方关于辩方在太平洋战争庭审阶段的陈述的备忘录	64. 1946 年 7、8、9 月的 *Nippon Times* 报纸若干

里士满大学萨顿文书	历史学会萨顿文书
70. 8 号检方文书	65. 1946 年 *Stars and Stripes* 报纸
71. 辩方文书和额外潜在证据的索引	66. 1946 年 2 月 17 日 *Richmond Times* 报纸
72. 布莱克尼辩护律师的开场陈词	67. 萨顿的各种便笺记录
73. 工作会议记录和笔记	68. IPS 工作分配表
74. 感谢信一封	69. 中国人名片
75. 上野帝国图书馆关于珍珠港战役的图书清单	70. 萨顿收集的中文文书
76. 辩方立证"满洲国"阶段文书	71. 萨顿收集的中国纸币
77. 起诉书副本	72. 杂物小件
78. 日本全面侵华的证据总结	73. 法庭各类电话联系名簿
79. 日常工作的建议	74. 日常杂物
80. 各类备忘录	75. 健康证明
81. 关于"日本计划发动战争"的总结	76. 邀请函
82. 各类备忘录	77. 萨顿在弗吉尼亚接受案件的文件一封
83. 被告律师名单	78. 地图两张
84. 太平洋战争阶段法庭文书副本	79. 北京战区服务团制作的手册
85. 法庭人员名单	80. 萨顿在日本的照片
86. 检方文书概要补充	81. 中国明信片若干
87. 日常工作安排备忘录	82. 日常凭据三件
88. 手稿一份	83. 明皇陵墓石一块
89. 中国官员致萨顿的信函	
90. 萨顿致原同事的信函	
91. 法庭事务文件拷贝	
92. 1947 年 2 月 13 日《日本时代》期刊一页	
93. 非审判相关法律文书草稿	
94. 关于寻找林久治郎与币原喜重郎之间电报的备忘录	
95. 关于 635 号辩方文书的备忘录	
96. 关于 IPS 文书额外扫描的备忘录	
97. 证据分析文件	
98. 辩方个人总结	
99. 检方个人总结	
100. 战时内阁会议、五相会议等会议记录	
101. 7 册《日本时代》期刊	
102. 1943 年太平洋地形图	
103. 完整庭审记录	
104. 法庭证据	

　　从以上目录可看出,两个关于萨顿在东京审判时期的文献群在内容上大致都包含了三个方面:① 萨顿 1946 年在中国出差期间搜集的关于日本战争罪行的证据、调查、报告和私人物件等;② 萨顿负责的检方其他立证阶段相关的证据、证人讯问记录、背景资料等;③ 检方呈交法庭的正

式文书、法庭证据、庭审记录等。虽然里士满大学萨顿文书在数量上远超历史学会萨顿文书，但考虑到前者包含了一套完整的庭审记录和法庭证据，因此尚不能以单纯的数量论其价值。

图7-2　南京暴行发生后崇光堂与红卍字会埋尸地摄影小册
（收藏于弗吉尼亚历史学会藏萨顿文书）

从馆藏细目所标示的内容来看，两者不存在互相复制的情况。考虑到里士满大学萨顿文书形成时间早于历史学会萨顿文书，数量上也远远超过后者，一个合理的假设是1974年萨顿本人去世后，其东京审判时期的文书被子女赠与母校之一的里士满大学，但因某种原因遗漏了一部分。这部分便是后来捐赠给弗吉尼亚历史学会的萨顿文书。

可以用图7-3来表示保存在弗吉尼亚州的三种萨顿文书之间的联系。完整的戴维·尼尔森·萨顿检察官东京审判个人文书应是里士满大学和弗吉尼亚历史学会的馆藏之和。从史料整理的角度来看，保存在弗吉尼亚州的三种萨顿个人文书，尤其是与东京审判相关的两个馆藏都已整理出细目，并正在陆续数字化过程中。其档案资源是目前东京审判相关当事人资料中整理状况较为理想的一种，利用起来也较为便利。[1]

---

[1] 类似的个人资料数据库还有哈佛大学法学院图书馆的"约瑟夫·贝瑞·季南数字文献"（Joseph Berry Keenan Digital Collection）。但据向隆万教授亲身调查，该馆的季南个人文书数量远超已完成数字化的部分。

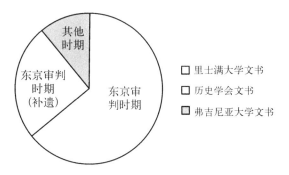

东京审判
时期
（补遗）

东京审
判时期

其他
时期

□ 里士满大学文书
□ 历史学会文书
□ 弗吉尼亚大学文书

图 7-3　萨顿检察官个人文书组成示意

　　不过,明确了里士满大学萨顿文书和历史学会萨顿文书系各自独立,
并共同组成了完整的萨顿检察官东京审判个人文书,这批史料仍然面临
苏珊娜等人谈到的"非独有性"的问题。实际上,两个馆藏的许多内容都
可以在其他种类的东京审判史料群中找到。例如八万多页的里士满萨顿
文书所包含的大部头的法庭庭审记录和法庭证据文献,在全世界范围内
多家机构都有收藏。而其他许多零散文件如萨顿致国际检察局同事的信
函、备忘录等也已囊括在国际检察局官方文书当中。而目前保存国际检
察局记录最为齐全的应当是美国国家档案馆所藏 RG331 组文献下"驻日
盟军司令部记录\国际检察局记录",仅缩微胶卷总数便超过 1 000 卷。[1]
日本资深的东京审判研究学者粟屋宪太郎曾在 20 世纪 80 年代辑录其中
资料并整理出版。[2] 两相对比即可知这些文件均为一式多份的公文。

　　那么应该如何去看待存在着"非独有性"问题的萨顿文书? 首先从内
容上说,虽然美国国家档案馆的国际检察局记录是所有相关资料里最为

1　NARA, RG331, Numerical Case Files Relating to Prticular Incidents and suspected War
　　Criminals, International Prosecution Section, 1945-1947.
2　这些资料包括:粟屋宪太郎、伊香俊哉、小田部雄次、宫崎章,『木戸幸一尋問調書——東京
　　裁判資料』,大月書店,1987 年;粟屋宪太郎、吉田裕,『国際検察局(IPS)尋問調書』,日本図
　　書センター,1993 年;粟屋宪太郎、安達宏昭、小林元裕,『田中隆吉尋問調書』,大月書店,
　　1994 年;粟屋宪太郎、吉田裕,『国際検察局押収重要文書』,日本図書センター,1994 年;粟
　　屋宪太郎、永井均,『東京裁判への道——国際検察局・政策決定関係文書』,現
　　代史料出版,1999 年;粟屋宪太郎、H・P・Picks、豊田雅幸,『東京裁判と国際検察局——開
　　廷から判決まで』,現代史料出版,2000 年。

庞大的，但缺漏仍难以避免。杨夏鸣在整理与南京暴行相关的国际检察局文书时发现缺失的一份文件恰恰就是萨顿检察官制作的"来自中国的报告，对平民的暴行，1946 年 4 月 23 号"。[1] 虽然笔者在历史学会萨顿文书中也未曾找到该份报告，但里士满大学萨顿文书仍然十分有可能弥补这份缺失。又如图 7-2 所示陈光虞编制的摄影小册，在后来成为有关南京暴行的法庭证据中并无此件，故也不存于法庭的正式档案中。因此，即便相对小型的个人文书馆藏内容多为大型资料库所覆盖，但只要存在"人无我有"的资料，其价值便不宜被低估。评判一个史料群价值，除了内容，其组织形式也不应该被忽略。"萨顿个人文书"以萨顿检察官的工作轨迹为纲，"国际检察局文书"则是全然不同的文件组织逻辑，以部门分工和时间为纲。当研究者倾向一个明确并且窄而深的题目时，或者希望从个人角度切入研究时，以个人文书的形式保存的文件有时会提供更有效率的途径。

三、结论

对三种萨顿检察官个人文献群的研究反映出了一个情况：现存世界各地机构的有关东京审判的史料，从官方的庭审记录、法庭证据到各方当事人的私人著作、笔记、信函等，体量巨大。不论是史料整理，还是利用史料进行研究，都会逐渐面临一个问题，那就是在东京审判史料的形成和流布过程中存在不同形式的内容重复，容易使人产生错觉，错误估计史料的实际数量，在利用研究时也容易造成效率不高的情况。恰当地处理和评估史料则是在开展深入研究前要解决的问题。

随着近年来中西方学界对东京审判研究的升温，相关史料文献也越来越得到有效的发掘和整理。而本文所介绍的东京审判萨顿检察官文

---

1 杨夏鸣，张生编 杨夏鸣等 译：《南京大屠杀史料集 29 国际检察局文书·美国报刊报道》，江苏人民出版社，凤凰出版传媒集团，2007，第 102 页。

书，是众多东京审判资料群中的一种。对它的辨析，也是东京审判史料整理工作的冰山一角。东京审判作为同盟国在亚太地区设立的唯一一个 A 级战犯法庭，对于战后东亚地区的新秩序形成起到了重要作用。然而对东京审判的研究在审判结束后相当长的时间内均无法和在欧洲的纽伦堡审判相比，其原因之一便是围绕东京审判相关文献资料的发掘、整理和出版工作的滞后。近年来这一工作得到了相当的重视，许多珍贵的资料逐渐得到整理、编目、制作索引，甚至进行数字化工程。但对研究者来说，如何在浩如烟海的史料中准确定位，辨明价值并善加利用已有文献数据库仍然是一项重要的课题。

附录一：《远东国际军事法庭庭审记录》检索工具及人名问题[*]

一、《庭审记录》

《远东国际军事法庭庭审记录》，顾名思义，是远东国际军事法庭的庭审记录。

远东国际军事审判是第二次世界大战后由美、中、英、苏、法、澳、荷、加、新、菲、印十一国代表联合国对在亚洲战场挑起战争和在战争中犯下广泛暴行的日本进行的审判。审判地点在东京，简称为"东京审判"。审判的根据是《波茨坦公告》《远东国际军事法庭宪章》以及近代以来一系列有关发动战争和战争暴行的国际法、条约、协定、保证和战争爆发后同盟国领导人关于惩罚战争犯罪的讲话。

日本接受《波茨坦公告》、美军进驻日本后，先后分四次（九批）逮捕了126名A（甲）级战犯嫌疑人，最后确定起诉其中的二十八名，分别是荒木贞夫、土肥原贤二、桥本欣五郎、畑俊六、平沼骐一郎、广田弘毅、星野直树、板垣征四郎、贺屋兴宣、木户幸一、木村兵太郎、小矶国昭、松井石根、松冈洋右、南次郎、武藤章、永野修身、大川周明、大岛浩、冈敬纯、佐藤贤了、重光葵、岛田繁太郎、白鸟敏夫、铃木贞一、东乡茂德、东条英机、梅津

---

* 本文作者程兆奇、赵玉蕙，载于《近代史研究》，2014年第5期。

美治郎。远东国际军事法庭于 1946 年 5 月 3 日开庭,至 1948 年 11 月 12 日宣判,期间庭审 416 日、817 次,[1]宣判 7 日、14 次,合计开庭 423 日、831 次。因开庭后松冈洋右和永野修身病亡,大川周明精神失常,法庭最终对二十五名被告分别处以绞刑、无期徒刑、有期徒刑。

《远东国际军事法庭宪章》规定审判语言为英语和被告方语言(即日语),《远东国际军事法庭庭审记录》包括了英文和日文的两种文本。英文本在审判结束后随国际检察局和法庭事务局档案文献一起移送美国国家档案馆。英文记录曾于审判期间由法庭事务局逐日印刷并隔日分发给法官、检察官、辩护律师等相关人员,英美的加兰德出版社和梅伦出版社分别于 1981 年和 1998 年至 2006 年结集影印出版。[2] 2013 年上海交通大学和国家图书馆重新影印出版了新版《远东国际军事法庭庭审记录》。[3] 日文庭审记录在审判期间也曾由日本政府印制局少量印刷,分发给日本辩护律师和相关人员。[4] 20 世纪 50 年代起日本法务省搜集有关战犯审判资料,后曾排印收藏。日本雄松堂据之于 1968 年影印出版。[5] 因庭审记录中起诉书的部分在审判结束之际已出版,[6]雄松堂版未再刊出。

英文和日文版的庭审记录本应只是语种不同的相同记录,但因远东国际军事审判是人类有史以来规模最大、参与国家最多、开庭时间最长、

---

1 以往记述庭审次数均为 818 次,我们在校核庭审记录的相关数据时,反复核查,都是 817 次,818 次之数当是将英文版庭审记录的 4 月 29 日提交起诉书作为了"第一次"。因 4 月 29 日没有开庭,不能计入开庭次数,所以应为 817 次。
2 John R. Pritchard and Sonia Magbanua Zaide, *The Tokyo War Crimes Trial* (New York & London: Garland Publishing Inc., 1981); John R. Pritchard, *The Tokyo Major War Crimes Trial: The Transcripts of the Court Proceedings of the International Military Tribunal for the Far East* (Lewiston: The Edwin Mellen Press), 1998-2005.
3 远东国际军事法庭庭审记录出版委员会:《远东国际军事法庭庭审记录》,国家图书馆出版社、上海交通大学出版社,2013。
4 据大岛浩的辩护律师岛内龙起回忆,庭审记录的英文版当日即完成校对印刷,次日开庭前即分发给法官、检察官、辩护律师;日文记录大致隔月才能印出。岛内龍起,『東京裁判弁護雑録』,東洋出版印刷株式会社,1973 年,第 417 页。
5 極東国際軍事裁判所,『極東国際軍事裁判速記録』,雄松堂書店,1968 年。
6 極東国際軍事裁判公判記録刊行会,『極東国際軍事裁判公判記録』I,富山房,1948 年。

提出的证据最为浩瀚的审判,任务极为烦冗,错失在所难免,所以不仅英、日文本各自都留下了数量不在少数的讹误,英、日文相互间存在的此有彼无、此详彼略、此是彼非,也所在多有。

英文版《远东国际军事法庭庭审记录》是对从 1946 年 4 月 29 日(日文版始于 1946 年 5 月 3 日)至 1948 年 11 月 12 日的庭审准备、庭审至宣判的记录,内容包括检方向法庭和被告提交起诉书、法庭成立、立证准备、检方立证、辩方反证、检方反驳辩方反证、辩方再反驳检方反驳、检方最终论告、辩方最终辩论、检方回答和法庭判决的全过程。英文版原有 49 858 页,此次交大国图影印出版将每日之前未计页码的证人、证据简目一并计入,对原页码诸如接续"1/2""A"、连续内容为同一页码、相同的内容在不同页码中重出以及空白页等,也都逐页计入,重编页码后共计 51 447 页。

二、庭审记录的检索工具

由于《远东国际军事法庭庭审记录》卷帙浩繁,为便于读者利用、检索,日本、西方曾多次编制索引。

1953 年日本朝日新闻调查研究室印制的《远东国际军事审判记录目录及索引》[1] 是第一部有关东京审判庭审记录的目录索引。该目录索引包括的对象是朝日新闻社搜集的东京审判庭审的相关文献。东京审判时日本一些公私机构,如日本最高法院(最高裁判所)、日本国会图书馆等都在有计划地搜集东京审判的相关文献,在该目录索引编辑的时点,以朝日新闻的收藏最为丰富。文献包括起诉书、审判手续速记、法庭陈述速记、法庭提出证据、未提出证据、法庭驳回证据、判决书、判决附属书、少数意见书等。朝日新闻将这批文献分类整理成 800 册,每册约 200—250 页。该索引的具体分类有两个层次,一是向法庭提出的证据和相关材料的顺

1 朝日新聞調查研究室,『極東国際軍事裁判記録 目録及び索引』,朝日新聞調查研究室、1953 年。

序,二是法庭分类的阶段。提出顺序为:检方提出的起诉证据、辩方反证的证据、检方反驳辩方反证的证据、辩方对检方反驳的再反驳、检方根据法庭受理的证据依法律和事实形成的见解向法庭提出最终论告、辩方根据法庭受理的证据依法律和事实形成的见解向法庭提出最终辩论、检方对辩方最终辩论的回答(最终意见)、法庭多数意见(判决)。法庭分类为:准备阶段(检方提出证据前的开庭准备)、检方立证阶段(证据提出 1 陈述证据阶段)、辩方反证阶段(证据提出 2 陈述证据中关于一般问题提出阶段)、个人辩论阶段(证据提出 2 陈述证据中关于个人证据提出阶段)、检方反证辩方再反证阶段(证据提出 3、4)、检方最终论告、辩方最终辩论(含检方最终意见)、判决(含未宣读的少数意见)。

1957 年密歇根大学出版社出版的《东京审判:远东国际军事法庭庭审记录多功能索引》[1]为西文世界最早出版的索引。索引以字母排序,词条则包括人名、罪名、地名、事件名等,又依内容分出层级,如在字母 C"中国"条下按首字母排序分出"抗日运动""荒木贞夫""轰炸""重庆"等子词条,子词条下又分次一级子词条,如"重庆"下有"大屠杀""空袭伤亡和破坏"等。

1987 年加兰德出版公司出版的《东京战争罪行审判:索引和指南》,[2]共 5 卷,内容包括姓名与主题索引、庭审纪要、检辩双方文件编号及相应证据编号对照表、庭审记录勘误表、法庭诉讼记事表及答辩状索引、法庭文件索引、法庭规则索引、法庭驳回证据列表、检辩双方证据索引以及国际检察局案件档案索引。书末附有日本战时政治体制、内阁列表、重要政治人物等介绍以及检辩双方律师名单。其中"姓名与主题索引"有 3 万条,下分次级词条,并可进行交叉索引。"庭审纪要"记载了从

---

1 Dull, Paul S. and Michael Takaaki Umemura, *The Tokyo Trials: A Functional Index to the Proceedings of the International Military Tribunal for the Far East* (Ann Arbor: The University of Michigan Press, 1957).

2 John R. Pritchard and Sonia Magbanua Zaide, *The Tokyo War Crimes Trial: Index and Guide* (New York & London: Garland Publishing Inc., 1987).

1946 年 4 月 29 日到 1948 年 11 月 12 日宣判完毕的每日庭审内容。本书是去年为止出版的最为详尽的东京审判索引工具书。

2010 年日本雄松堂出版了《东京审判审理要目》。[1] 该要目是对 1946 年 4 月 29 日起诉书提出始至 1948 年 11 月 12 日宣判止的东京审判全过程的详细目录。内容包括从准备阶段到庭审的检方立证、辩方要求放弃公诉动议、辩方反证、审理最终各阶段检辩双方提出的证据、双方的质证和回答以及判决和菲、法、印、澳、荷五国法官的个别意见书的要目。书后还附有远东国际军事法庭宪章、审判手续规定及原告代理人（检察官）、被告和代理人（辩护律师）、法官名单。该书后附的辩护律师名单与加兰德版索引所附名单略有出入。

以上索引、要目各有优长，如加兰德版"索引和指南"最为详尽，朝日新闻版索引和雄松堂版要目的特色是同时注明日文（和文）和英文两种庭审记录的页码。

在索引类工具书之外，日本、西方还编纂过一些远东国际军事审判的研究辅助书籍和知识性读物。这些书籍虽不是庭审记录的索引类工具，但作为入门的引导，对利用庭审记录也有帮助。其中《东京审判——英文文献研究指南》[2]《东京审判便览》[3] 是较重要的两种。《指南》是对西方相关文献、论著简要提要的研究工具，分为文献、被告、法官、检察官、辩护律师、判决、判决后、其他犯罪审判、东京审判的影响等。《便览》是东京审判的知识汇编，体例上接近词典。共有主要词条 160 条、短条 15 条、图表 28 张、相关文献 7 篇及主要参考文献目录、东京审判关系年表、人名索引、团体机关名索引。另外，最近我们也编有《东京审判研究手册》[4]，《手册》是知识性便览和研究工具的结合，与《指南》和《便览》包括 BC 级审判不同，

1 松元直岁，『東京裁判審理要目』，雄松堂書店，2010 年。
2 Welch, Jeanie Maxine, *The Tokyo Trial: A Bibliographic Guide to English-Language Sources* (Westport, Conn. Greenwood Press, 2002)；ジニー・ウェルチ，高取由紀（翻訳）、粟屋憲太郎，『東京裁判－英文文献，研究ガイド』，現代史料出版，2005 年。
3 東京裁判ハンドブック編集委員会，『東京裁判ハンドブック』，青木書店，1989 年。
4 程兆奇等：《东京审判研究手册》，上海交通大学出版社，2013 年。

《手册》的内容仅限于东京审判，包括文献和论著提要、人物简介与名单、东京审判年表、东京审判主要文献、文献和著作目录、主要相关档案收藏机构等，其中"提要"第一次概括了日本和中国的部分，第一次制作了庭审出席者的全名单，其他部分较之之前的相关著述也都更为详尽。

至今为止的这些工作为检索、认识远东国际军事法庭庭审记录提供了便利。但另一方面，迄今为止的索引可索对象都非以"全篇"为范围，如可索"主要人物"仅占人物总体的十分之一。而且在内容的选取上主观性过强，像中国检察官向哲濬的二十次法庭发言，《东京战争罪行审判：索引和指南》仅注明十次，这对充分利用庭审记录终是很大的不足。所以，虽然编纂《远东国际军事法庭庭审记录索引、附录》[1]这一浩大的工作不免"事倍功半"，为配合交大国图版庭审记录的出版，我们还是舍下其他工作把这一任务放在了最优先的位置。这次新编《远东国际军事法庭庭审记录索引、附录》的索引部分的主要特色是：首次以庭审记录中所有人名为对象编制全文人名索引；首次以中、英、日三种文字编制证据索引；首次将出庭人物和重要事件单独作为主题编制索引。附录部分的主要特色是：首次对东京审判研究最多的日本的研究成果作了提要和评点；首次对东京审判的法官、检察官、被告及未及审判的 126 名 A 级战犯嫌疑人的基本情况作了介绍，对证人、辩护律师等其他重要参加人员和所有出庭人物作了汇总；包括了以往国内不甚了了的东京审判的相关制度、史实、文献、研究成果等基本知识。该书是迄今为止有关远东国际军事法庭庭审记录最为详尽的索引类工具书，也是迄今有关远东国际军事审判最为详尽的辅助读物和研究工具。

通过编制索引、附录对庭审记录所作的彻查，使我们对庭审记录本身特别是其中的人名问题有了更深入的认识。

---

[1]　上海交通大学东京审判研究中心：《远东国际军事法庭庭审记录索引、附录》，上海交通大学出版社，国家图书馆出版社，2013 年。

三、庭审记录中的人名问题

远东国际军事法庭任务的繁难艰巨，我们已三复其言，因此《远东国际军事法庭庭审记录》留下的各种疏失实为意料之中。经过对庭审记录的全面查核，发现各种问题为数不在千例之下。其中人名方面的问题最多，包括拼法歧异，称谓不同，音、训读并列，误认汉字，误记身份，以他（它）名为本名，不同语种并存，英日文本异文，不明所以的错误，无法判别正误的情况等；至于传写中的笔误则更是不胜枚举。以下略陈数类以为说明。

（一）拼写多歧

不同拼法的情况相当普遍，除了拼法尚未规范化的原因，和方音难辨也有关。两种拼法的情况，如肃亲王有 Hsiu Ching-wan、Soo Ching-wan；斋藤实有 Saito Makoto、Saito Minoru；山本五十六有 Yamamoto Isoroku、Yamamoto Isorokfu；永井三树三有 Nagai Mikizo、Nakai Mikizo；柴扬诺夫（苏联法官）有 I. M. Zarayanon、I. M. Zaryanov。三种拼法的情况，如韩复榘有 Han Fu-chu、Hung Fu-Chu、Han Fuchii；阎锡山有 Yen His-shan、Yen His-shang、Yen Hsi-shan；赵登禹有 Chao Teng-yu、Chao Tang-yu、Chao Tung-yu；土肥原贤二有 Dohihara Kenji、Doihara Kenji、Dohiro Kenji；冈村宁次有 Okamura Yasuji、Okamura Neiji、Okamura Meiji。四种拼法的情况，张自忠有 Chang Tze-chung、Chang Tzu-chung、Chang Tsu-chung、Chang Chi-chung；周佛海有 Chou Fu-hai、Chou Fuo-hai、Chow Fu-hai、Chow Fu-Hia。五种拼法的情况，段祺瑞有 Tuan Chi-jui、Tuan Chi-juei、Tuan Chi-lueh、Tuan Chi-lui、Tuan Chi-Juel；何应钦有 Ho Ying-chin、Ho Ying-chien、Ho Yin-chin、Ho Yiang-chin、Ho Ying-qin；罗振玉有 Lo Chen-yu、Lou Chen-yu、Luo Chen-yu、Loh Tseng-yu、Lao Tin-yu；于学忠有 Yu Hsueh-cheng、Yu

Hsueh-chun、Yu Hsueh-chang、Yu Hung-chun、Liu Sue-chung;王克敏有 Wang Ko-min、Wang Keh-min、Wang Keh-ming、Wan Ko-ming、Wan Ko-min。六种拼法的情况,张作霖有 Chang Tso-lin、Chiang Tso-lin、Chang Tso-ling、Chang Tsuo-lin、Chang Tsuo-ling、Chang So-lin。七种拼法的情况,张学良有 Chang Hsueh-liang、Chang Hsueh-lian、Chiang Hsueh-liang、Chiang Sue-liang、Chang Hseu-liang、Chang Hsui-liang、Chang Hsieh-liang;宋哲元有 Sung Cheh-yuan、Sung Cheh-yuen、Sung Che-yuan、Sung Cheh-ye、Sung Chen-yuan、Sun Chih-yuan、Sung Wen-lin。八种拼法的情况,张景惠有 Chang Ching-hui、Cheng Ching-hui、Chang Chin-hui、Chang Hin-hui、Chang Ching-Kui、Chang King-hui、Chao Ching-hui、Chang Chin;郑孝胥有 Cheng Hsiao-hsu、Cheng Hsiao-his、Cheng Hsiao-his、Cheng Hsiao-shu、Tsang Hsiao-hsu、Tsang Hsia-tsu、Tseng、Ting。秦德纯的拼法更让人吃惊,多至十三种:Chin Teh-chun、Chin Te-chun、Chin T-chen、Chin To-chum、Chin To-chun、Ching Teh-chun、Ching Teh-tsun、Ching Teh-chin、Ching Teh-chuns、Ching Te-chun、Cheng te-Chun、Cheng Teh-Chun、Chintechun。

(二) 称谓不同

中国人中名、字、号等并存的情况不在少数。如既有 Sun Yat-sen(孙逸仙),也有 Sun Wen(孙文);既有 Wang Ching-wei(汪精卫),也有 Wang Chao-ming(汪兆铭);溥仪则更多,有 Aishinjeher Pu-yi、Henry Pu-yi、Emperor Hsung Tung、Manchukuo Emperor、Manchurian Emperor、Emperor Kangte。

(三) 音、训读并存

日本人最多的是音读、训读并存。如日本人山口英治,既有 Yamaguchi Eiji,也有 Yamaguchi Hideji;有马成甫,既有 Arima Seiho,也有 Arima Narisuke；内田信也，既有 Uchida Shinya，也有 Uchida Nobuya；斋藤良卫，既有 Saito Ryoei，也有 Saito Yoshie；多田骏，既有 Tada Shun，也有 Tada Hayao；岸信介，既有 Kishi Shinsuke，也有 Kishi Nobusuke；杉山元，既有 Sugiyama Gen，也有 Sugiyama Hajime；有马赖宁，既有 Arima Rainei，也有 Arima Yoriyasu；森有礼，既有 Mori Yurei，也有 Mori Arinori；河边虎四郎，既有 Kawabe Torashiro，也有 Kawabe Koshiro；三宅光治，既有 Miyake Mitsuharu，也有 Miyake Mitsuji；片仓衷，既有 Katakura Tadashi，也有 Katakura Chu。

（四）误认汉字

如 1946 年 10 月 30 日所记日本总力战研究所所长 Iimura Yuzuru（第 15 册第 346、358、361、364 页，指交大国图本，下同），当是将饭村穰的"穰"（じょう，Ziyou）误认为"讓"所致；如 1946 年 8 月 1 日所记"满洲国"交通部长 Li Shao-kang（Li Sho-ko——原括注）（第 5 册第 482 页）当是将李绍庚的"庚"（Gen）误认为"康"所致；如 1947 年 10 月 8 日所记"满洲国"外交部长 Chang Yen-hsiang（第 50 册第 30 页）当是将张燕卿的"卿"误认为"鄉"所致；如 1948 年 3 月 22 日所记"满洲国"交通部长 Ku Tsu-hsiang（第 72 册第 578 页）当是将谷次亨的"亨"误认为"享"所致；如 1947 年 7 月 23 日所记第 37 师师长 Feng Yeh-an（第 34 册第 55 页）当是将冯治安的"治"误认为"冶"所致。

（五）误记身份

如 1947 年 1 月 21 日所记 Koyama Matsukichi（小山松吉）为"文部大臣"（第 26 册第 409 页），实际应是法务大臣。

（六）以他（它）名为本名

如以 Emperor Hsiao（1947 年 5 月 12 日，第 36 册第 187、189 页；

1948 年 4 月 9 日，第 76 册第 404、405、410 页）名朱元璋，当是将明孝陵的"孝"混为朱元璋的庙号或姓名了。

（七）不同语种并存

如仅在第 12 卷中记法国驻日大使阿森纳－亨利，既有英语拼法"Arsene-Henry"（第 59、61、92、112、123、127、132、137、141、152、154、176、177、180、183、186、188、192、206、265、344 页），也有法语拼法"Arsene-Henri"（第 69、73、147、149、160、190、281、311 页）。

（八）英、日异文

如 1946 年 6 月 19 日所记 Matsuhashi（松桥，第 2 册第 332 页），日文本同日同人为"本桥"（Motohashi）。

（九）简单笔误

如将 Li Yuan-hung（黎元洪）作"Li Yuan"（1946 年 8 月 20 日，第 7 册第 299 页），"hung"当为遗漏；如将加拿大检察官"Nolan Henry"（亨利·格拉顿·诺兰）误作"Nolan Harry"（1946 年 11 月 1 日，第 16 册 90 页）；如将稻叶虎雄（Inaba Torao）误作"Inaba Torau"（第 7 册第 543 页）等，不赘举。

（十）不明所以的错误

"中村事件"中的关键人物关玉衡，被不可思议的拼写成"Han Yu-pu"（第 5 卷第 509 页）；而日文版的"常濱郷"（第 1 卷第 797 页），在英文版作"Chang Han-ching"（第 8 册第 463 页），因所记为史无明载的"小人物"，我们可以说两记必有一非，但我们无法肯定两记必有一是；日军占领南京时的日本驻南京领事福田笃泰，应为"Fukuda Tokuyasu"，不知何故，"Tokuyasu"或为"Toyoyasu"，或为"Tokuyosu"，或为"Takuyasu"（第

5 册第 30 页、第 7 卷第 164 页、第 35 册第 412 页、第 36 册第 217 页)，竟无一处拼写正确。

(十一) 无法确认正确与否的人名

有些日本和中国人名，日文版代之以假名或虽用汉字而以"音"注明，说明东京审判时法庭已无法判别所用汉字正确与否；因日、中人名的拼法的根据是汉字，因此，不能确知汉字也就无法确认英文拼写是否正确。名字不能确认的情况如："Suzuki Yoshimichi"(1946 年 8 月 1 日，第 5 册第 490 页)，日文版作"铃木ヨシミチ"(第 1 卷第 458 页)；"Matsuura Sagaei"(1946 年 10 月 31 日，第 15 册 490 页)，日文版作"松浦サガヘイ"(第 2 卷第 697 页)；"Miyake Yashitaka"(1946 年 10 月 31 日，册同上第 498 页)，日文版作"三宅ヨシタカ"(第 2 卷第 698 页)；"Takahashi Yaichi"(1946 年 10 月 31 日，第 15 册 489 页)，日文版作"高桥ヤイチ"。姓名均不能确认的情况如："Yoshikawa Sadichiro"(1946 年 12 月 16 日，第 21 册第 536 页)，日文版作"ヨシカワ・サダイチロウ"(第 3 卷第 548 页)；"Yanagizawa Eiji"(1946 年 12 月 11 日，第 21 卷第 166 页)，日文版作"ヤナギサワ・エイジ"(第 3 卷第 476 页)；"Takahashi Sakaypshi"(1948 年 2 月 19 日，第 65 册 75 页)，日文版作"タカハシ・サカヨシ"(第 9 卷第 13 页)；"Sasaki Ichi"(1948 年 2 月 19 日，第 65 册第 49 页)，日文版作"ササキ・イチ"(第 9 卷第 13 页)。日文版以汉字注音的情况如："Yoshida Chutaro"(第 7 册第 375 页)的日文版对应为"吉田忠太郎(音)"、"Wakamatsu Makoto"(第 15 册第 454 页)的日文版对应为"若松真(音)""Nishimura Haruichi"(第 15 册第 486 页)的日文版对应为"西村春一(音)""Morikami Shigeo"(第 15 册第 488 页)的日文版对应为"守上茂雄(音)""Wada Kei"(第 31 册第 203 页)的日文版对应为"和田启(音)""Shima Shunichi"(第 31 册第 698 页)的日文对应为"岛俊一(音)""Suzuki Sosaku"的日文对应为"铃木宗作(音)""Mitani Suejiro"(第 50

册第 71 页)的日文对应为"三谷末次郎(音)""Suzuki Masami"(第 54 册第 427 页)的日文对应为"铃木正美(音)"。此外,也有少量中国人名以汉字注音,如:"Yang Shou-chung"(第 13 册第 413 页)的日文版对应为"杨寿仲(音)"。

人物之外,英、日文本之间还有此有彼无,如英文版有起诉书,日文版无;彼此扦格,如法庭证据 377 号中"昌图县公署令"英文本作"26 号"(第 8 册第 343 页),日文本作"二百六號"(雄松堂本,第 1 册第 779 页);起始时间不同,英文本始于 1946 年 4 月 29 日,日文本为 5 月 3 日;英文本昭和误加一年,如辩方律师大原信一对证人山口重次的讯问中昭和三年(1928)被误作"1929"(庭审记录第 31 册 164、196 页);原文重复,如 1361 页、36608 页各有相同两页(为保持原貌,今版仍收入,页码排入第 3 册第 76、77 页和第 59 册第 583、584 页),诸如此类,不一而足。这些问题虽然只有文献学的意义,但作为深入研究东京审判的基础,清理并解决的必要性是不言而喻的。

四、一点余谈

行文至此,题意已尽,但我们还是想再谈一点虽在题外、不算无关的看法。

先举一例。东京审判证据第 327 号为南京地方法院首席检察官陈光虞的"宣誓供述书",题为"南京地方法院检察处敌人罪行调查报告",其中说到在南京对日军暴行调查时遇到的困难:

> 此间因敌方欺骗、妨害激烈,民气消沉,不特自动举发者甚少,即派员访问,亦竟有噤若寒蝉,或否认其事实。[1]

1　極東国際軍事裁判所『極東国際軍事裁判速記録』第 1 册、第 751 頁。

曾以《南京大屠杀之谜》[1]为题在日本最早对南京大屠杀提出疑问的铃木明,在时隔二十余年后以《新南京大屠杀之谜》为题再次提出疑问,在引述了上述证据后说:

> 敌国日本无条件投降,市民应该狂喜进而协助"调查"才是常识。然而南京的市民非但完全不予协力,反而害怕"敌方的欺骗、妨害"。战争以中国方面胜利已经经过了三个月,"敌方的妨害"指的是什么?直到派出委员,为什么市民仍闭口不言?[2]

铃木明的意思一望而可知,但正如他的一贯态度,[3]他并不把话挑明。因为只要有隙可乘,"虚构派"[4]中自有"解人",不怕"明珠暗投"。果然,不久北村稔[5]在《"南京事件"的探究》中,对"敌方的欺骗、妨害"又加以发挥:

> 日本军占领南京以来经过了近十年,搬迁而去处不明的市民不在少数。然而,"敌方的欺骗、妨害工作激烈,民气销沉"却让人无法理解。调查进行的是 45 年冬到 46 年 2 月,"敌方"的日本投降已经三四个月,蒋介石的国民政府已从重庆回归到了南京,日本的统治已被扫清,日本的傀偏政权汪精卫政权成员已经或遭逮捕,或被审判。日本方面的阴影此时仍对市民发生影响,令人难以想象。所谓"敌方

1　铃木明 1972 年在日本右翼重镇《诸君!》4 月号发表《"南京大屠杀"之谜》,成为 20 世纪 70 年代以来否定"南京大屠杀"浪潮的滥觞,次年铃木明的论集也以此为名(铃木明著《"南京大虐殺"のまぼろし》,東京,文藝春秋社 1973 年版)。

2　铃木明,『新"南京大虐殺"のまぼろし』,飛鳥新社,1999 年,第 302—303 頁。

3　铃木明虽然首开 20 世纪 70 年代以来虚构主张的先河,但"语气"并不像后出者那样激烈。

4　日本按对南京大屠杀多少和有无,分为屠杀派(10—20 万)、中间派(数千—4 万余)、虚构派(无)。

5　北村稔为立命馆大学文学部教授,主治中国近现代史。北村自己并不自认为哪一派,但《"南京事件"的探究》出版后日本左翼学者对其著之"政治"倾向进行了批判。(见山田要一,『歷史改ざんの新意匠——北村稔〈南京事件〉の探究"の実像』,『人権と教育』341 号、社会評論社 2002 年 5 月 20 日、第 139—149 頁。)

的欺骗、妨害工作激烈"的状况完全不存在。

但中国语的时间观念淡漠。因此"工作激烈"是现在还是过去无法判断。如果是现在，则战败后的日本方面做过这样的工作完全不是事实，如果是过去，这种影响继续保持到战败后也极不自然。因此，以"敌方的欺骗、妨害工作……"开始的文章，不过是调查人员对当时状况的随心所欲的判断。讲到事实，则是在南京的居民对日本军人的暴行、杀人没有什么鲜明的记忆。此外，"涉及名誉赧然不宣者"可以理解，但"噤若寒蝉，或否认其事者"则无法理解。"噤若寒蝉"是"有所畏惧而不敢言"的意思，但畏惧什么呢？更有甚者，为什么否认调查官认为的"事实"呢？"噤若寒蝉"所描绘的状况告诉我们，居民几乎都没有告发，即便调查官诱导也多遭到否定。[1]

北村稔所引同语较铃木明又衍出"工作"两字，使陈光虞"宣誓供述书"所述"调查之经过"的费解度进一步强化。日本既已投降，何能继续"欺骗、妨碍"，而且猖獗到"工作激烈"？莫非日本真是降而未退？但真实世界岂有此理？又岂有此事！陈光虞编谎也编得太不高明——如果天下只有东京审判的"日语速记"，大概谁都不能不这样看。

幸好，"调查之经过"的原始中文文本尚存于天壤间，让陈光虞，也让当时的中国政府，免背了一个莫名其妙的黑锅。原来，所谓"敌方的欺骗、妨害激烈""敌方的欺骗、妨害工作激烈"，原文只是：

惟此间经敌伪摧残最烈，民气销沉……[2]

1　北村稔，『南京事件の探究——その実像をもとめて』，文藝春秋社、2001 年、第 143—144 頁。

2　《南京首都地方法院检察处奉令调查敌人罪行报告书》(一)"调查之经过"，中央档案馆、中国第二档案馆、吉林省社会科学院合编《日本帝国主义侵华档案资料选编·南京大屠杀》，中华书局，1995 年，第 404 页。

此句句意十分明确,不仅和北村稔的"时间观念"云云毫不相干,铃木明所谓"'敌方的妨害'指的是什么"的疑问也完全落空。日本"虚构派"以为从源头上抓住了南京大屠杀虚构的把柄,只不过是一场会错意的自作多情。

我们举这一例子是为了说明,看似无关宏旨,在一些喜谈"方法""大义"的人的口中甚至常常被讥为"饾饤之学,繁而寡要"的文献整理,有如地基,对建筑物是否牢靠实有至关重要的意义。我们一直有一个顽固的偏见:史学走出粗放化阶段后,衡量一个作品的价值,"真""难""繁"("烦")是最基本的指标,空有"宏大",固然是空中楼阁,即使所谓"高明",如没有扎实基础,也只会流入与史学无关的谈玄。

附录二: 远东国际军事法庭及战后亚洲太平洋地区对日战犯审判史料指引

一、档案

（一）中国

第二历史档案馆

　　国民政府对日审判档案

台北"国史馆"

　　国民政府对日审判档案

台北"国家发展委员会档案局"

　　日籍战犯审理档案

（二）美国

National Archives and Records Administration，Maryland，United States.

　　Records of International Conference，Commissions，and Expositions，RG43.

　　Records of the United States Department of State，RG59.

　　Records of the Office of the Secretary of War，RG107.

　　Records of the Allied Operational and Occupation Headquarters，World War II，RG331.

Records of Interdepartmental and Intradepartmental Committees (State Departement), RG353.

(三) 日本

偕行文庫,靖国神社

井上忠雄極東軍事裁判関係聴取資料,1961.

国立公文書館

『戦争裁判記録関係資料目録』法務大臣官房司法法政調査部編,1973.

『戦争犯罪裁判外資料』法務大臣官房司法法政調査部编,1973.

(四) 英国

The National Archives

FO371.

WO203,WO235,WO311,WO325,WO353 – 357.

(五) 澳大利亚

Australian War Memorial

International Military Tribunal for the Far East, Documents Presented in Evidence, AWM83 Series.

National Archives of Australia

Correspondence Files of the Department of External Affairs, A1066, A1067, and A1838 Series.

General Correspondence Files of the Second Australian War Crimes Commission, A6238 Series.

Cuppaidge Papers, M1417 Series.

二、资料汇编

（一）中文文献

［1］ 中国第二历史档案馆，东京审判研究中心.中国对日战犯审判档案集成：全102卷［M］.上海：上海交通大学出版社，2020.

［2］ 东京审判文献丛刊编委会.远东国际军事法庭庭审记录：全80卷［M］.北京：国家图书馆出版社，上海：上海交通大学出版社2013.

［3］ 东京审判文献丛刊编委会.远东国际军事法庭证据文献集成：全50卷［M］.北京：国家图书馆出版社，上海：上海交通大学出版社，2014.

［4］ 对日战犯审判文献丛刊编委会.国际检察局讯问记录：全70册［M］.北京：国家图书馆出版社，上海：上海交通大学出版社，2015.

［5］ 对日战犯审判文献丛刊编委会.丸之内审判文献汇编：全80册［M］.北京：国家图书馆出版社，2016.

［6］ 对日战犯审判文献丛刊编委会.马尼拉审判文献汇编：全53册［M］.北京：国家图书馆出版社，2014.

［7］ 对日战犯审判文献丛刊编委会.横滨审判文献汇编：全105册［M］.北京：国家图书馆出版社，2014.

［8］ 对日战犯审判文献丛刊编委会.伯力审判庭审记录：中、英、俄、德、日文版：全5册［M］.北京：国家图书馆出版社，2016.

［9］ 对日战犯审判文献丛刊编委会.二战日军暴行报刊资料汇编：全5册［M］.北京：国家图书馆出版社，2016.

［10］ 对日战犯审判文献丛刊编委会.二战日军战史资料汇编：全30册［M］.北京：国家图书馆出版社，2016.

［11］ 对日战犯审判文献丛刊编委会.东京审判历史图片集［M］.北京：

国家图书馆出版社,2014.

[12] 对日战犯审判文献丛刊编委会.二战后审判日本战犯报刊资料选编：全6册[M].北京：国家图书馆出版社,2014.

[13] 东京审判研究中心.远东国际军事法庭证据文献集成索引、附录：全3册[M].北京：国家图书馆出版社,上海：上海交通大学出版社,2014.

[14] 东京审判研究中心.国际检察局询问记录索引、附录：全3册[M].北京：国家图书馆出版社,上海：上海交通大学出版社,2016.

[15] 程兆奇.远东国际军事法庭庭审记录·中国部分：全12册[M].上海：上海交通大学出版社,2016.

[16] 程兆奇,向隆万.远东国际军事法庭庭审记录·全译本(第一辑)：全10卷[M].上海：上海交通大学出版社,2017.

(二) 英文文献

[1] Anon. Materials on the Trial of Former Servicemen of the Japanese Army Charged with Manufacturing and Employing Bacteriological Weapons[M]. Moscow：Foreign Language Publishing House，1950.

[2] Anon. All India Reporter：Calcutta Section[M]. vol 34，Nagpur，1914-1947.

[3] Anon. Calcutta Weekly Notes[M]. vol 69，Calcutta：Eastern Book Company，1896-1965.

[4] Anon. Documents on Australian Foreign Policy，1937-1949[M]. vol 16，Canberra：Australian Government Publishing Service，1975-2001.

[5] Anon. Documents on New Zealand External Relations，vol II：

The Surrender and Occupation of Japan[M]. New Zealand: P. D. Hasselberg, Government Printer, 1982.

［6］ Anon. Foreign Relations of the United States[M]. Washington D. C. : U. S. Government Printing Office, 1945-1948.

［7］ Röling, B. V. A. , C. F. Ruter. The Tokyo Judgement: The International Military Tribunal for the Far East (I. M. T. F. E), 29 April 1946 to 12 November 1948[M]. vol 2, Amsterdam: APA-University Press, 1977.

［8］ Anon. International Military Tribunal for the Far East: Dissentient Judgment of Justice Pal[M]. Tokyo: Kokusho Kankokai, 1999.

［9］ Friedman, Leon. The Law of War: A Documentary History [M]. vol 2, New York: Random House, 1972.

［10］ International Military Tribunal: The Trial of German Major War Criminals by the International Military Tribunal Sitting at Nuremberg, Germany, Commerncing 20th November, 1945 [M]. Buffalo, New York: William S. Hein & Co. Inc. , 2001.

［11］ International Military Tribunal: Trials of War Criminals Before the Nuermberg Military Tribunals Under Control Council Law No. 10[M]. vol 15, Buffalo, New York: William S. Hein & Co. Inc. , 1997.

［12］ John R. Pritchard, Sonia Magbanua Zaid and Donald Cameron Watt. The Tokyo War Crimes Trial: Index and Guide[M]. vol 5, New York and London: Garland, 1985.

（三）日文文献

［1］ 極東国際軍事裁判速記録：全 10 巻[M].東京：雄松堂,1968.

［2］ 粟屋憲太郎,吉田裕.国際検察局（IPS）尋問調書：全52巻［M］.東京：日本図書センター,1993.

［3］ 細菌戦用兵器ノ準備及び使用ノ廉で起訴サレタル元日本軍軍人ノ事件ニ関スル公判書類［M］.モスクワ：外国語図書出版所,1950.

［4］ 小菅信子,永井均.GHQ日本占領史第5巻：BC級戦争犯罪裁判［M］.東京：日本図書センター,1996.

［5］ 中村政則、山極晃編,岡田良之助.資料日本占領1：天皇制［M］.東京：大月書店.

［6］ 北博昭.十五年戦争極秘資料集第5巻：東京裁判大山文雄関係資料［M］.東京：不二出版,1987.

［7］ 毎日新聞政治部.新聞史料にみる東京裁判・BC級裁判：1.東京裁判：全2巻［M］.東京：現代史料出版,2000.

［8］ 戦争犯罪関係法令集：全3巻［M］.東京：法務大臣官房司法法政調査部,1963－1967.

［9］ 細野長良,等.新體綜合註釋大六法全書［M］.東京：法文社,1940.

［10］ 粟屋憲太郎,伊香俊哉,小田部雄次,宮崎章,岡田信弘.東京裁判資料：木戸幸一尋問調書［M］.東京：大月書店,1987.

［11］ 粟屋憲太郎,安達宏昭,小林元裕,岡田良之助.東京裁判資料：田中隆吉尋問調書［M］.東京：大月書店,1994.

［12］ 粟屋憲太郎,ハーバート,ビックス,豊田雅幸.東京裁判と国際検察局：開廷から判決まで：全5巻［M］.東京：現代史料出版,2000.

［13］ 毎日新聞社.東京裁判判決：極東国際軍事裁判所判決文［M］.東京：毎日新聞社,1949.

［14］ 粟屋憲太郎,永井均,豊田雅幸.東京裁判への道：国際検察局政

策决定関係文書：全 5 卷[M].東京：現代史料出版,1999.

[15] 茶園義男.BC 級戦犯関係資料集成：全 15 集[M].東京：不二出版,1983 - 1992.

三、在线资源

[1] 联合国档案盒记录管理科：https：//archives. un. org/

[2] 美国国家档案馆：https：//www. archives. gov/

[3] 日本国立公文书馆：https：//www. archives. gov/

[4] 中国国家图书馆东京审判资源库：http：//mylib. nlc. cn/web/guest/djsp/index

[5] 上海交通大学东京审判文献数据库：http：//tokyotrial. cn/

[6] 台湾"国家发展委员会档案管理局"：https：//www. drnh. gov. tw/

[7] 台湾"国史馆"：https：//www. archives. gov. tw/

[8] 日本国立国会图书馆：http：//www. ndl. go. jp/zh/index. html

[9] 澳大利亚战争纪念馆：https：//www. awm. gov. au/

[10] 澳大利亚国家档案馆：http：//www. naa. gov. au/

[11] 美国国会图书馆：https：//www. loc. gov/

[12] 英国国家档案馆：http：//www. nationalarchives. gov. uk/

[13] 新西兰国家档案馆：http：//archives. govt. nz/

[14] 法国当代国际文献图书馆：http：//www. bdic. fr/

[15] 加拿大国家档案馆：http：//www. bac-lac. gc. ca

[16] 美国麦克阿瑟纪念馆：http：//www. macarthurmemorial. org/

[17] 美国杜鲁门图书馆：https：//www. trumanlibrary. org/

[18] 美国哈佛大学法学院图书馆：https：//hls. harvard. edu/library/

[19] 美国弗吉尼亚大学法学院图书馆：https：//www. law. virginia.

edu/library

[20] 美国里士满大学图书馆：https：//law. richmond. edu/library/

[21] 美国哥伦比亚大学法学院图书馆：https：//www. law. columbia. edu/library

[22] 美国马凯特大学法学图书馆：http：//libraryguides. law. marquette. edu/? b＝g&d＝a

[23] 美国杜克大学图书馆：https：//library. duke. edu/

[24] 美国新墨西哥大学图书馆：http：//elibrary. unm. edu/

[25] 美国威廉玛丽学院图书馆：https：//libraries. wm. edu/

[26] 美国密歇根大学图书馆：https：//www. lib. umich. edu/

[27] 新西兰坎特伯雷大学图书馆：https：//www. canterbury. ac. nz/library/

[28] 日本东京大学社会科学研究所：http：//library. iss. u-tokyo. ac. jp/

[29] 日本关西大学图书馆：http：//opac. lib. kansai-u. ac. jp/

[30] 日本外务省：http：//www. mofa. go. jp/mofaj/index. html

[31] 耶鲁大学"Avalon"工程，"法律、历史与外交档案"http：//avalon. law. yale. edu/default. asp

[32] 日本战争责任资料中心：http：//www. jca. apc. org/JWRC/index-j. html

[33] 纳粹战争罪行和日本帝国政府记录机构间工作组（IWG）：http：//www. archives. gov/iwg'japanese-war-crimes

[34] 罗马规约 http：//www. un. org/law/icc/statute/romefra. htm

[35] 联合国国际法网站 http：//www. un. org/law

[36] 联合国前南斯拉夫国际军事法庭 http：//www. un. org/icty

[37] 联合国卢旺达国际军事法庭 http：//www. un. org/ictr

[38] 伯克利大学战争责任研究中心：http：//socrates. berkeley.

edu. /～warcrime

［39］ The World and Japan 数据库：http://www. ioc. u-tokyo. ac. jp/～worldjpn/front-ENG. shtml

四、影像资料

［1］ 市川崑监督『野火』大映,1959.

［2］ 伊藤俊哉监督『プライド：運命の瞬間』DVD,東映,1998.

［3］ 原一男监督『ゆきゆきて神軍』DVD,ジェネオンエンタテイメント,2000.

［4］ NHKスペシャル『パール判事は何を問いかけたのか：東京裁判、知られざる攻防』,2007 年 8 月 14 日.

［5］ 中央电视台科教频道：《丧钟为谁而鸣——远东国际军事法庭审判日本战犯纪实》(7 集),2015 年。

［6］ 上海电视台外语频道(ICS)：《东京审判》(3 集),2016 年。

五、概论、研究和论文

(一) 中文资料

［1］ 程兆奇.东京审判——为了世界和平［M］.上海：上海交通大学出版社,2017.

［2］ 梅汝璈著,梅小侃、梅小璈编.东京审判亲历记［M］.上海：上海交通大学出版社,2016.

［3］ 向隆万编.东京审判·中国检察官向哲濬［M］.上海：上海交通大学出版社,2010.

［4］ 向隆万编.向哲濬东京审判函电及法庭陈述［M］.上海：上海交通大学出版社,2015.

［5］ 阿诺德·C.布拉克曼.另一个纽伦堡：东京审判未曾述说的故事［M］.梅小侃,余燕明,译.上海：上海交通大学出版社,2017.

［6］ 上海交通大学东京审判研究中心.东京审判文集［M］.上海：上海交通大学出版社,2011.

［7］ 程兆奇,龚志伟,赵玉蕙编.东京审判研究手册［M］.上海：上海交通大学出版社,2013.

［8］ 艾迪安·若代尔.东京审判：被忘却的纽伦堡［M］.杨亚平,译.上海：上海交通大学出版社,2013.

［9］ 田中利幸,蒂姆·麦科马克,格里·辛普森编.超越胜者之正义——东京战罪审判再检讨［M］.梅小侃,译.上海：上海交通大学出版社,2014.

［10］ 弗莱德·基特尔.纽伦堡和东京审判之后——1945—1968年间日本与西德的"历史清算"［M］.吕澍,王维江,译.上海：上海交通大学出版社,2014.

［11］ 东京审判研究中心编.东京审判再讨论［M］.上海：上海交通大学出版社,2015.

［12］ 张效林节译,向隆万、徐小冰等补校译.远东国际军事法庭判决书［M］.上海：上海交通大学出版社,2015.

［13］ 日暮吉延.东京审判的国际关系：国际政治中的权力与规范［M］.翟新,彭一帆,译.上海：上海交通大学出版社,2015.

［14］ 理查德·雷尔.审判山下奉文：战争罪与指挥官责任［M］.韩华,译.上海：上海交通大学出版社,2016.

［15］ 户谷由麻.东京审判：第二次世界大战后对法与正义的追求［M］.赵玉蕙,译.上海：上海交通大学出版社,2016.

［16］ 严海建.抗战后期国统区的经济危机及其连锁反应——基于国民党高层个人记述的观察［J］.日本侵华南京大屠杀研究,2018(2)：100－109＋142.

[17] 严海建.犯罪属地原则与证据中心主义：战后北平对日审判的实态与特质[J].民国档案,2018(1)：133-140.

[18] 严海建.国民政府与日本乙丙级战犯审判[J].近代史研究,2017(1)：89-105+161.

[19] 严海建.通向战后审判之路：盟国对二战战罪惩处拟议述论[J].南京社会科学,2016(2)：148-156.

[20] 程兆奇.裕仁天皇战争责任的再检讨[J].军事历史研究,2015,29(6)：1-6.

[21] 程兆奇,赵玉蕙.《远东国际军事法庭庭审记录》、检索工具及人名问题[J].近代史研究,2014(5)：153-159.

[22] 程兆奇.小川关治郎证词的再检讨——东京审判有关南京暴行罪被告方证词检证之二[J].江海学刊,2010(4)：143-155+239.

[23] 程兆奇.从《东京审判》到东京审判[J].史林,2007(5)：19-33+190.

[24] 程兆奇.松井石根战争责任的再检讨——东京审判有关南京暴行罪被告方证词检证之一[J].近代史研究,2008(06)：4-23+2.

[25] 刘统.国民政府对日本重要战犯的审判[J].军事历史研究,2015,29(6)：7-16.

[26] 刘统.国民政府审判日本战犯概述(1945—1949)[J].民国档案,2014(1)：72-84.

[27] 程兆奇.东京审判与中国[N].人民法院报,2018-11-09(007).

[28] 程兆奇.向哲濬检察官在东京审判中表现"懦弱"吗[N].中华读书报,2018-09-26(009).

[29] 张楠.论东京审判中的危害人类罪——与纽伦堡审判对比的视角[J].法治社会,2018(4)：108-118.

[30] 王毅.南京大屠杀：历史与现实的审视——东京审判中威尔逊的证词分析[J].岭南师范学院学报,2018,39(2)：135-141.

[31] 赵心.东京审判惩治侵略罪的法理依据研究[J].四川大学法律评论,2017,17(2):250-271.

[32] 雷亮.东京审判庭审记录中的卢沟桥事变[J].中国档案,2017(9):82-83.

[33] 曾巍.拨开"事后法"的迷雾——反思东京审判中的"事后法"争议[J].河北法学,2017,35(9):165-180.

(二) 英文资料

[1] Bass, Gary Jonathan. Stay the Hand of Vengeance: the Politics of War Crimes Tribunals[M]. Princeton and Oxford: Princeton University Press, 2000.

[2] Beigerud, Eric. Touched with Fire: The Land War in the South Pacific[M]. New York: Penguin Books, 1996.

[3] Bix, Herbert P. Hirohito and the Making of Modern Japan[M]. New York: Harper Collins, 2000.

[4] Bose, Sugata, Ayesha Jalal. Modern South Asia: History, Culture, and Political Economy[M]. New York: Routledge, 2001.

[5] Brackman, Arnold C. The Other Nuremberg: The Untold Story of the Tokyo War Crimes Trials[M]. New York: William Morrow and Company, 1987.

[6] Bradsher, Greg. World War II Japanese Records: History of their Capture, Exploitation, and Disposition. 未刊行.

[7] Bradsher, Greg, et al. Researching Japanese War Crimes Records: Introductory Essays[M]. Washington, DC: National Archives and Records Administration for the Nazi War Crimes and Japanese Imperial Government Records Interagency Working

Group, 2006.

[8] Brook, Timothy. The Tokyo Judgment and the Rape of Nanking [J]. The Journal of Asian Studies, 2001, 60(3): 673 - 700.

[9] Broomfield, J. M. Elite Conflict in a Plural Society: Twentieth-Century Bengal[M]. Berkeley and Los Angeles: University of California Press, 1968.

[10] Buruma, lan. Wages of Guilt: Memories of War in Germany and Japan[M]. London: Atlantic Books, 2015.

[11] Cassese, Antonio, Paola Gaeta, John R. W. D. Jones, ed. The Rome Statute of The International Criminal Court: A Conmentary. vol 2 [M]. Oxford and New York: Oxford University Press, 2002.

[12] Chang, Iris. The Rape of Nanking: The Forgotten Holocaust of World War II[M]. New York: Basic Books, 1997.

[13] Chatterji, Joya. Bengal Divided: Hindu Communalism and Partition, 1932 - 1947[M]. Cambridge: Cambridge University Press, 1994.

[14] Cohen, David. Beyond Nuremberg: Individual Responsibility for War Crimes[M]//Carla Hesse, Robert Post. In Human Rights in Political Transitions: Gettysburg to Bosnia. New York: Zone Books, 1999: 53 - 92.

[15] Cohen, David. Bureaucracy, Justice, and Collective Responsibility in the World War II War Crimes Trials [J]. Rechtshistorisches Journal, 1999, 18: 313 - 42.

[16] Dallaire, Roméo. Shake Hands with the Devil: the Failure of Humanity in Rwanda[M]. Toronto: Random House Canada, 2003.

[17] Daws, Cavan. Prisoners of the Japanese: POWs of World War II in the Pacific[M]. New York: W. Morrow, 1994.

[18] Des Forges, Alison. Leave None To Tell the Story: Genocide in Rwanda [M]. New York, Washington, London, Brussels: Human Rights Watch. 1999.

[19] Douglas, Lawrence. The Memory of Judgement: Making Law and History in the Trials of the Holocaust[M]. New Haven and London: Yale University Press, 2000.

[20] Dower, John W. Embracing Defeat: Japan in the Wake of World War II[M]. New York: W. W. Norton & Company, 1999.

[21] Drea, Edward, et al. Researching Japanese War Crimes Records: Introductory Essays[M]. Washington, DC: National Archives and Records Administration for the Nazi War Crimes and Japanese Imperial Government Records Interagency Working Group, 2006.

[22] Duus, Peter. Remembering the Empire: Postwar interpretations of the Greater East Asia Coprosperity Sphere[J]. The Woodrow Wilson Center, Asian Program, Occasional Paper, no. 54 (March 1993).

[23] Eichelberger, Robert L. Jungle Road to Tokyo[M]. London: Odham Press, 1951.

[24] Gordon, Leonard A. Bengal: The Nationalist Movement 1876 – 1940[M]. New York & London: Columbia University Press, 1974.

[25] Gourevitch, Philip. We Wish To Inform You That Tomorrow We Will Be Killed With Our Families: Stories from Rwanda [M]. New York: Picador USA, 1998.

[26] Gutman, Roy, David Rieff, ed. Crimes of War: What the Public Should Know[M]. New York and London: W. W. Norton, 1999.

[27] Hankey, Maurice Pascal Alers, Baron, Politics, Trials and Errors[M]. Chicago: Henry Regnery Company, 1950.

[28] Harries, Meirion, Susie Harries. Sheathing the Sword: the Demilitarization of Post War Japan[M]. New York: Macmillan, 1987.

[29] Harris, Sheldon H. Factories of Death: Japanese Biological Warfare 1932 – 1945 and the American Cover-up[M]. London and New York: Routledge, 1994.

[30] Horwitz, Solis. The Tokyo Trial[M]. New York (State): Carnegie Endowment for International Peace, 1950: 473 – 584.

[31] Institute of International Studies Library, comp. Bibliography on the International Military Tribunal for the Far East (Tokyo)[M]. University of California, October 1964.

[32] Jones, Dorothy V. Towards a Just World: the Critical Years in the Search for International Justice[M]. Chicago and London: University of Chicago Press, 2002.

[33] Kopelman, Elizabeth. Ideology and International Law: The Dissent of the Indian Justice at the Tokyo War Crimes Trial[J]. New York University Journal of International Law and Politics, 1991, 28(2): 373 – 494.

[34] Lael, Richard L. The Yamashita Precedent: War Crimes and Command Responsibility [M]. Willmington, Delaware: Scholarly Resources Inc., 1982.

[35] Lee, Roy S, ed. The International Criminal Court: The Making

of the Rome Statute. Issues, Negotiations, Results[M]. The Hague, London, and Boston: Kluwer Law International, 1999.

[36] Lewis, John R., comp. Uncertain Judgment: A Bibliography of War Crimes Trials[M]. Santa Barbara, California, and Oxford, UK: ABC-Clio, 1979.

[37] MacArthur, Douglas. Reminiscence[M]. New York: McGraw Hill, 1964.

[38] Maga, Tim. Judgment at Tokyo: the Japanese War Crimes Trials [M]. Lexington, Kentucky: University Press of Kentucky, 2001.

[39] Minear, Richard H. In Defense of Radha Binod Pal[J]. The Japan Interpreter, 1977, 11: 263–71.

[40] Minear, Richard. Victors' Justice: the Tokyo War Crimes Trial [M]. Ann Arbor, Michigan: Princeton University Press, 2001.

[41] Nandy, Ashis. The Other Within: The Strange Case of Radhabinod Pal's Judgment on Culpability [J]. New Literary History: A Journal of Theory and Interpretation, 1992, 23(1): 45–67.

[42] Neier, Aryeh. War Crimes: Brutality, Genocide, Terror, and the Struggle for Justice[M]. New York: Random House, 1998.

[43] Neuffer, Elizabeth. The Key to My Neighbor's House: Seeking Justice in Bosnia and Rwanda[M]. New York: Picador USA, 2001.

[44] Oppenheim, L. International Law: A Treatise, Disputes, War and Neutrality[M]. London and New York: Longmans, Green and Co., 1952.

[45] Oppler, Alfred C. Legal Reform in Occupied Japan: A

Participant Looks Back[M]. Princeton: Princeton University Press, 1976.

[46] Pal, Radhabinod. Crimes in International Relations [M]. Calcutta: University of Calcutta, 1955.

[47] Pal, Radhabinod. The History of Hindu Law in the Vedic Age and the Post-Vedic Times Down to the Institutes of Manu[M]. Calcutta: University of Calcutta, 1959.

[48] Pal, Radhabinod. In Defense of Japan's Case [M]. Tokyo: Kenkyusha, 1976.

[49] Piccigallo, Philip R. The Japanese on Trial: Allied War Crimes Operations in the East, 1945 – 1951[M]. Austin and London: University of Texas Press, 1979.

[50] Powell, John. A Hidden Chapter in History[J]. Bulletin of the Atomic Scientists, 1981, 37(8): 44 – 53.

[51] Powell, John. Japan's Germ Warfare: The U. S. Cover-Up of A War Crime[J]. Bulletin of Concerned Asian Scholars, 1980, 12 (4): 2 – 17.

[52] Pritchard, R. John. An Overview of the Historical Importance of the Tokyo War Trial[J]. Nissan Occasional Paper Series, 1987, 5: 1 – 51.

[53] Reel, A. Frank. The Case of General Yamashita[M]. Chicago: University of Chicago Press, 1949.

[54] Robertson, Geoffrey. Crimes against humanity: The Struggle for Global Justice[M]. New York: The New Press, 1999.

[55] Röling, B. V. A. , Antonio Cassese. The Tokyo Trial and Beyond: Reflection of a Peacemonger[M]. Cambridge: Polity Press, 1993.

[56] Schabas, William A. An Introduction to the International Criminal Court[M]. Second edition. Cambridge, UK: Cambridge University Press, 2004.

[57] Schabas, William A. The UN International Criminal Tribunals: The Former Yugoslavia, Rwanda and Sierra Leone[M]. Cambridge, UK: Cambridge University Press, 2006.

[58] Stanton, John. Canada and War Crimes: Judgment at Tokyo [J]. International Journal, 2000, 55(3): 376 – 400.

[59] Takaki, Ronald. Strangers from A Different Shore: A History of Asian Americans[M]. Boston: Little, Brown, 1989.

[60] Takeda, Kayoko. Sociopolitical Aspects of Interpreting at the International Military Tribunal for the Far East (1946 – 1948) [D]. Universitat Rovira i Virgili & Monterey Institute of International Studies, 2007.

[61] Takemoto Tadao and Ohara Yasuo. The Alleged "Nanking Massacre": Japan's Rebuttal to China's Forged Claims [M]. Tokyo: Meiseisha, 2000.

[62] Tanaka, Yuki. Hidden Horrors: Japanese War Crimes in World War II[M]. Boulder, Colorado and Oxfold: Westview Press, 1996.

[63] Taylor, Telford. The Anatomy of the Nuremberg Trials: A Personal Memoir[M]. New York: Alfred A. Knoph, 1992.

[64] Taylor, Telford. Final Report to the Secretary of the Army on the Nuremberg War Crimes Trials under Control Council Law No. 10[M]. Buffalo, New York: William S. Hein & Co., Inc. 1997.

[65] Trotter, Ann. New Zealanders and the International Military

Tribunal for the Far East[J]. The New Zealand Journal of History, 1989, 23(2): 142 - 56.

[66] Truman, Harry S. Memoirs by Harry S. Truman[M]. New York: Doubleday & Company, Inc., 1955,

[67] United Nations War Crimes Commission, ed. History of the United Nations War Crimes Commission and the Development of the Laws of War[M]. London: His Majesty's Stationery Office, 1948.

[68] United Nations War Crimes Commission, ed. Law Reports of Trials of War Criminals[M]. Selected and prepared by the United Nations War Crimes Commission. Buffalo, New York: William S. Hein & Co., Inc. 1997.

[69] Van Poelgeest, L. The Netherlands and the Tokyo Tribunal[J]. Japan Forum, 1992, 4(1): 81 - 90.

[70] Welch, Jeanie M. The Tokyo Trial: A Bibliographic Guide to English-Language Sources [M]. Westport, Connecticut and London: Greenwood Press, 2002.

[71] Werrell, Kenneth P. Blankets of Fire: U. S. Bombers over Japan during World War II [M]. Washington & London: Smithsonian Institises Press, 1996.

[72] Yamamoto, Masahiro. Nanking: Anatomy of an Atrocity[M]. Westport, Connecticut, and London: Praeger, 2000.

[73] Yang, Daqing. The Malleable and the Contested: The Nanjing Massacre in Postwar China and. Japan [M]//T. Fujitani, Geoffrey M. Wnite, Lisa Yoneyama ed. Perilous Memories: The Asia-Pacific War (s). Durham and London: Duke University Press, 2001: 50 - 86.

［74］ Yoshida，Takashi． The Making of the "Rape of Nanking"：History and Memory in Japan，China，and the United States［M］．Oxford，England：Oxford University Press，2006．

［75］ Zhang，Kaiyuan，ed． Eyewitnesses to Massacre：American Missionaries Bear Witness to Japanese Atrocities in Nanjing［M］．Armonk，New York：M. E. Sharpe，2001．

（三）日文资料

［1］ 荒敬.東京裁判戦争責任論の源流：東京裁判と占領下の世論［J］.歴史評論,1984,39(408)：2-22.

［2］ 新井利男.中華人民共和国の戦犯裁判［M］//バウネットジャパン.日本軍性奴隷制を裁く2000年女性国際戦犯法廷の記録.第1巻：戦犯裁判と性暴力.東京：緑風出版.2000：123-153.

［3］ 朝日新聞法廷記者団.東京裁判：全3巻［M］.東京：東京裁判刊行会,1963.

［4］ 朝日新聞社.現代日本朝日人物辞典［M］.東京：朝日新聞社,1990.

［5］ 朝日新聞取材班.戦争責任と追悼：1・歴史と向き合う［M］.東京：朝日新聞社,2006.

［6］ アジアに対する日本の戦争責任を問う民衆法廷準備会.時効なき戦争責任：裁かれる天皇と日本,増補版［M］.東京：緑風出版,1998.

［7］ アジアに対する日本の戦争責任を問う民衆法廷準備会編.問い直す東京裁判［M］.東京：緑風出版,1995.

［8］ 粟屋憲太郎.戦争犯罪と現代史研究［J］.歴史学研究,1978,46(453)：17-27.

［9］ 粟屋憲太郎.東京裁判の被告はこうして選ばれた［J］.中央公論,

1984,99(1176)：80－96.

[10] 粟屋憲太郎.東京裁判への道[M].朝日ジャーナル,全 26 回.26
(42)－27(15)（1984 年 10 月―1985 年 4 月）単行本.東京：講談
社,2006.

[11] 粟屋憲太郎.東京裁判論[M].東京：大月書店,1989.

[12] 粟屋憲太郎.東京裁判：訴追と免責.[M]//藤井彰,今井誠一.十
五年戦争史,4：占領と講話.東京：青木書店,1989：87－128.

[13] 粟屋憲太郎.未決の戦争責任[M].東京：柏書房,1994.

[14] 粟屋憲太郎.占領,非占領：東京裁判を事例に.[M]//朝尾直弘.
岩波講座日本通史,近代四,第 19 巻.東京：岩波書店,2001：
171－208.

[15] 粟屋憲太郎.NHKスペシャル：東京裁判への道[M].東京：日本
放送出版協会,1994.

[16] 粟屋憲太郎,内海愛子.東京裁判：日本の戦争責任[M]//竹前栄
司,袖井林二郎.戦後日本の原点,第 1 巻：占領史の現在.東京：
悠思社,1992：217－292.

[17] 家永三郎.一歴史学者の歩み：教科書裁判にいたるまで[M].東
京：三省堂,1967.

[18] 家永三郎.極東裁判についての試論[M]//家永三郎.戦争と教育
をめぐって.東京：法政大学出版局,1973：3－22.

[19] 家永三郎.極東裁判をどう考えるべきか[M]//家永三郎.歴史と
責任.東京：中央大学出版部,1973：101－113.

[20] 家永三郎.十五年戦争とパール判決書[M]//家永三郎.戦争と教
育をめぐって.東京：法政大学出版局,1973：23－43.

[21] 家永三郎.ふたたびパール判事判決について：マイニア教授に
答える[M]//家永三郎.歴史と責任.中央大学出版部,1973：
114－126.

[22] 家永三郎.戦争責任[M].東京：岩波書店,1985.

[23] 家永三郎.太平洋戦争[M].東京：岩波書店,2002.

[24] 家永三郎,高嶋伸欣.教科書裁判はつづく[M].東京：岩波書店, 1998.

[25] 家永教科書訴訟弁護団.家永教科書裁判：32年にわたる弁護団 活動の総括[M].東京：日本評論社,1998.

[26] 池田佑編.秘録：大東亜戦史：6.原爆国内東京裁判編[M].東 京：富士書苑.

[27] 伊香俊哉.中国国民政府の日本戦犯処罰方針の展開[M]//吉田 裕,笠原十九司.現代歴史学と南京事件.東京：柏書房,2006： 94-124.

[28] 伊香俊哉.戦略爆撃から原爆へ：拡大する『軍事目標主義の虚 妄』[M]//岩波講座アジア太平洋戦5.戦場の諸相.東京：岩波書 店,2006：271-298.

[29] 石田勇治.中国河北省における三光作戦：虐殺の村・北疃村 [M].東京：大月書店,2003.

[30] 石田勇治,笠原十九司,吉田裕.資料ドイツ外交官の見た南京事 件[M].東京：大月書店,2001.

[31] 井上清.法の論理と歴史の論理[J].歴史評論,1948,3(6)：1-13.

[32] 井上清.天皇の戦争責任[M].東京：岩波書店,1991.

[33] 井上清.昭和天皇の戦争責任[M].東京：明石書店,1989.

[34] 入江啓四郎.東京判決の要領とその小解[J].法律時報,1949,21 (2)：12,29-45.

[35] 岩川隆.孤島の土となるとも：BC級戦犯裁判[M].東京：講談 社,1995.

[36] 牛村圭.文明の裁きをこえて：対日戦犯裁判読解の試み[M].東 京：中央公論新社,2000.

[37] 牛村圭. 戦争責任論の真実：戦後日本の知的怠慢を断ず[M]. 東京：PHP研究所, 2006.

[38] 内田力蔵. 極東裁判の法理論の意義：主として英米法学の立場から[J]. 潮流, 1948, 3(8)：22-30.

[39] 内海愛子. 朝鮮人BC級戦犯の記録[M]. 東京：勁草書房, 1982.

[40] 内海愛子. 戦時性暴力と東京裁判[M]//バウ ネットジャパン. 日本軍性奴隷制を裁く2000年女性国際戦犯法廷の記録：第1巻. 東京：緑風出版, 2002：58-102.

[41] 内海愛子, 韓国・朝鮮人BC級戦犯を支える会. 死刑台から見えた二つの国：韓国・朝鮮人BC級戦犯の証言・文泰福, 洪鐘黙[M]. 東京：梨の木舎, 1992.

[42] 幼方直吉. 東京裁判をめぐる諸論点：『人道に対する罪』と時効[J]. 思想, 1984, 5(719)：101-112.

[43] 江口圭一. 十五年戦争小史[M]. 青木書店, 1991.

[44] 大沼保昭. 戦争責任論序説：平和に対する罪の形成過程におけるイデオロギー性と拘束性[M]. 東京：東京大学出版会, 1975.

[45] 大沼保昭. 東京裁判から戦後責任の思想へ：増補版[M]. 東京：有信堂, 1987.

[46] 大沼保昭. 東京裁判, 戦争責任, 戦後責任[J]. 思想, 1984, (5)719：70-100.

[47] 大沼保昭, 保阪正康, 内海愛子, 吉田裕. 連続討論戦後責任：第1回, 東京戴刊と戦争責任[J]. 世界, 2003, 709：277-291.

[48] 岡部牧矢. 十五年戦争史論：原因と結果と責任と[M]. 東京：青木書店, 1999.

[49] 奥原敏雄. 東京裁判おける共同謀護理論, 全3回. 国士舘大学政経論叢[J]. 1966, (5)：155-192, 1968(7)：387-443, 1970, (12)：181-204.

[50]　奥原敏雄.紹介：Victors' justice：The Tokyo War Crimes Trial
　　　[J]，国士舘大学政経論叢[J]，1973，(18)：349－363.

[51]　小野寺利隆.戦争責任と戦後補償：よりよい未来を築きあげる
　　　ために[J].法と民主主義，2003，(284)：3－7.

[52]　戒能通孝.法廷技術[M]//塩見利隆.戒能通孝著作集第3巻：裁
　　　判.東京：日本評論社，1977：3－116.

[53]　戒能通孝.極東裁判[M]//日本資本主義講座1.東京：岩波書店，
　　　1951：385－396.

[54]　戒能通孝.極東裁判：その後[M]//塩見利隆.戒能通孝著作集第
　　　3巻：裁判.東京：日本評論社，1977：275－284.

[55]　戒能通孝.戦争裁判の法律理論[J].歴史評論，1948，3(6)：13－
　　　24.

[56]　戒能通孝，丸山眞男，高野雄，辻清明，鵜飼信成.座談会：東京裁
　　　判の事実と法理[J].法律時報，1948，21(2)：12－28.

[57]　梶居住広.東京裁判におけるBC級犯罪追及[J].立命館法学学生
　　　論集.1996，(42)：492－531.

[58]　笠原十九司.中国戦線における日本軍の性犯罪：河北省，山西省
　　　の事例[J].季刊戦争責任研究，1996，(13)：2－11.

[59]　笠原十九司.南京事件[M].東京：岩波書店，1997.

[60]　笠原十九司.南京事件と三光作戦：未来に生かす戦争の記憶
　　　[M].東京：大月書店，1999.

[61]　笠原十九司.南京事件論争史：日本人は史実をどう認識してき
　　　たか[M].東京：平凡社，2007.

[62]　笠原十九司.日本軍の残虐行為と性犯罪：山西省孟県の事例
　　　[J].季刊戦争責任研究，1997，(17)：38－50.

[63]　上坂冬子.巣鴨プリズン13号鉄扉[M].東京：PHP研究所，
　　　2004.

［64］ 菊池健次. 日本を衰亡に導く「東京裁判史観」［M］. 東京：全貌社，1991.

［65］ 木戸幸一. 木戸幸一日記：全 2 巻［M］. 東京：東京大学出版会，1966.

［66］ 木村宏一郎. 忘れられた戦争責任：カーニコバル島事件と台湾人軍属［M］. 東京：青木書店，2001.

［67］ 教科書検定訴訟を支援する全国連絡会. 家永教科書裁判のすべて：32 年の運動とこれから［M］. 東京：民衆社，1998.

［68］ 清瀬一郎. 秘録：東京裁判［M］. 東京：読売新聞社，1966.

［69］ 具島兼三郎. 東京裁判の歴史的意義［J］. 歴史評論，1948，3（6）：25 - 32.

［70］ 具島兼三郎. 奔流：わたしの歩いた道［M］. 福岡：九州大学出版会，1981.

［71］ 児島襄. 東京裁判［M］. 東京：中央公論社，1982.

［72］ 佐治暁人. 東京裁判における東条尋問の裏面：極東国際軍事裁判弁護人塩原時三郎氏からの聴取書より［J］. 季刊戦争責任研究，2007，（56）：81 - 83.

［73］ 澤登佳人，澤登俊雄，庭山英雄. 刑事訴訟法史：刑事訴訟法講義［M］. 名古屋：風媒社，1968.

［74］ 重光葵. 被告席の回想：キーナンの印象［J］. 文藝春秋，1952，30（7）：60 - 61.

［75］ シソンズ，D. C. S.，小菅信子. オーストラリアによる戦争犯罪調査と裁判：天皇免責に至る過程［M］//淡田喬二. 岩波講座近代日本と植民地 8：アジアの冷戦と脱植民地化. 東京：岩波書店，2005：291 - 314.

［76］ 島内龍起. 東京裁判［M］. 東京：日本評論社，1984.

［77］ 上法快男. 東京裁判と東条英機［M］. 東京：芙蓉書房，1983.

[78]　管原裕.東京裁判の正体：復刻版[M].東京：国書刊行会,2002.

[79]　杉原達.中国人強制連行[M].東京：岩波書店,2002.

[80]　鈴木千惠子.南京大虐殺をめぐる動向と課題[J].刊戦争責任研究,2004,(46)：30 - 37.

[81]　住谷雄幸.戦争犯罪裁判論,戦争責任論の動向：文献紹介を中心に[J].思想 1984,(719)：123 - 131.

[82]　宋志勇.終戦前後に於ける中国の対日政策[J].史苑,1993,52(1)：63 - 80.

[83]　高橋幸春.悔恨の鳥ミンダナオ[M].東京：講談社,1994.

[84]　高柳賢三.東京裁判と国際法[M].東京：有斐閣,1948.

[85]　高柳賢三.極東判決の法律論[J].法律タイムズ,1949,3(2 - 3)：1 - 11.

[86]　高柳賢三.東京刊決の液枚[J].法律タイムズ,1949,3(5)：44 - 51.

[87]　武田清子.天皇観の相剋：1945 年前後[M].東京：岩波書店,2001.

[88]　竹前栄治.象徴天皇制への軌跡[J].中央公論,1975,90(3)：195 - 214.

[89]　滝川政次郎.東京裁判を裁く：全 2 巻[M].東京：東和社,1953.

[90]　田中正明.パール博士述,真理の裁き,日本無罪論[M].東京：太平洋出版社,1952.

[91]　田中正明.パール博士のことば：東京戴判後・来日されたときのエピソード[M].東京：下中記念財団,1995.

[92]　田中正明.パール博士の日本無罪論[M].東京：慧文社,1963.

[93]　田畑茂二郎.東京裁判の法理[J].世界,1949,(42)：12 - 20.

[94]　団藤重光.戦争犯罪の理論的解剖[M]//団藤重光.刑法の近代的展開.東京：弘文堂,1948：159 - 184.

［95］　中国帰還者連絡会.三光：焼きつくし,殺しつくし,奪いつくす[M].東京：光文社,1957.

［96］　中国帰還者連絡会.新編三光[M].東京：光文社,1982.

［97］　中国帰還者連絡会.完全版・三光[M].東京：晩聲社,1984.

［98］　中国帰還者連絡会.侵略：中国における日本戦犯の告白[M].東京：新読書社,2002.

［99］　中国人戦争被害賠償請求事件弁護団.砂上の障壁：中国人戦後補償裁判10年の軌跡[M].東京：日本評論社,2005.

［100］　常石敬一.標的イシイ：七三一部隊と米軍諜報活動[M].東京：大月書店,1984.

［101］　東京裁判研究会.共同研究パル判決書：全2巻[M].東京：講談杜学術文庫,1984.

［102］　東京裁判研究会.東条英機宣誓供述書[M].東京：洋洋社,1948.

［103］　東京裁判ハンドブック編集委員会.東京裁判ハンドブック[M].東京：青木書店,1989.

［104］　戸谷由麻.東京裁判における戦争犯罪訴追と判決：南京事件と性奴隷制に対する国家指導者責任を中心に[M]//笠原十九司,吉田裕.現代歴史学と南京事件.東京：柏書房,2006：125－163.

［105］　戸塚悦郎.日本が知らない戦争責任：国連の人権活動と日本軍慰安婦問題[M].東京：現代人文社,1999.

［106］　豊田隈雄.戦争裁判余録[M].東京：泰生社,1986.

［107］　内藤雅雄.M・K・ガーンディーと日本人：日中戦争をめぐって[J].アジア・アフリカ言語文化研究,2002,(63)：125－174。

［108］　永井均.フイリピンと東京裁判：代表検事の検察活動を中心として[J].史苑,1997,57(2)：43－67.

[109]　中島岳志. 中村屋のボース：インド独立運動と近代日本のアジア主義[M]. 東京：白水社, 2005.

[110]　中島岳志. パール判事：東京裁判批判と絶対平和主義[M]. 東京：白水社, 2007.

[111]　中村政則. 戦後史と象徴天皇[M]. 東京：岩波書店, 1992.

[112]　仲根眞太郎. 聴け! 日本無罪の叫び：戦後五十年決議と被告・村山富市[M]. 東京：日本出版放送企画（星雲社）, 1995.

[113]　南京事件調査研究会. 南京事件資料集：全 2 巻[M]. 東京：青木書店, 1992.

[114]　日本の戦争史料センター研究事務局. 東京裁判で裁かれた日本軍慰安婦制度[J]. 季刊戦争責任研究, 2007, (56)：11 - 17.

[115]　野添憲治. 花岡事件と中国人：大隊長耿諄の蜂起[M]. 東京：三一書房, 1997.

[116]　野添憲治. 花岡事件の人たち：中国人強制連行の記録[M]. 東京：社会評論社, 1975.

[117]　野添憲治. 聞き書き花岡事件[M]. 秋田：無明舎, 1982.

[118]　パール, ラーダビノード, 田中正明. 平和の宣言[M]. 大分：東西文明社, 1953.

[119]　パール, ラーダビノード. パル博士大いに語る! [J]. 文藝春秋, 1952, 30(17)：100 - 108.

[120]　パール, ラーダビノード. 全訳日本無罪論[M]. 東京：日本書房, 1952.

[121]　バール下中記念館建設委員会. バール下中記念館[M]. 東京：平凡社, 1975.

[122]　バウネットジャパン. 日本軍性奴隷制 2000 年女性国際戦犯法廷の記録, 全 6 巻[M]. 東京：緑風出版, 2002.

[123]　林博史. 裁かれた戦争犯罪：イギリスの対日戦犯裁判[M]. 東

京：岩波書店,1988.

[124] 林博史.BC 級裁判：イギリスは何を裁いたか[M]//バウネソトジャパン.日本軍性奴隷制を裁く2000 年女性国際戦犯法廷の記録,第 1 巻.東京：緑風出版,2002：104 - 122.

[125] 林博史.BC 級戦犯裁判[M].東京：岩波書店,2005.

[126] 林博史.連合国戦争犯罪政策の形成：連合国戦争犯罪委員会と英米[J].自然・人間・社会,2004,37：51 - 77.

[127] 林博史.オーストラリアの討日戦犯政策の展開（上）[J].季刊戦争責任研究,2004,43：78 - 83.

[128] 林博史.オーストラリアの討日戦犯政策の展開（下）[J].季刊戦争責任研究,2004,44：35 - 43.

[129] 林博史.シンガボール華僑粛清[M].東京：高文研,2007.

[130] 林房雄,保阪正康.大東亜戦争肯定論[M].東京：中央公论新社〈中公文庫〉,2014.

[131] 東野真福,粟屋憲太郎,吉田裕.昭和天皇二つの独白録[M].東京：日本放送出版協会,1998.

[132] 日暮吉延.極東国際軍事裁判所構成国の条件：インド裁判官任命問題をめぐって[J].国際政治,1990,(95)：151 - 166.

[133] 日暮吉延.バル判決再考：東京裁判における別個意見の国際環境[M]//伊藤敬.日本近代史の再構築,東京：山川出版社,1993：384 - 411.

[134] 日暮吉延.東京裁判の国際関係：国際政治における権力と規範[M].東京：木鐸社,2002.

[135] ファーネス,ジョージ・A.東京裁判の舞台裏：秘録[J].文藝春秋,1952,30(7)：50 - 59.

[136] ファン・プールヘースト,L.,水島治郎,塚原東吾,粟屋憲太郎.東京裁判とオランダ[M].東京：みすず書房,1997.

［137］ ヴオートリン，ミニー. 南京事件の日々：ミニー・ヴォートリンの日記［M］. 東京：大月書店，1999.

［138］ 冨士信夫. 私の見た東京裁判，全2巻［M］. 東京：講談社，1988.

［139］ 藤田久一. 戦争犯罪とは何か［M］. 東京：岩波書店，1995.

［140］ 藤田久一. 東京裁判の今日的意味［J］. 法律時報，1989，61（9）：24 - 30.

［141］ 藤原彰. 三光作戦と北支那方面軍全2回［J］. 季刊戦争責任研究，1998，（21 - 22）：21 - 29，68 - 75.

［142］ 藤原彰. 海南島における日本海軍の三光作戦［J］. 季刊戦争責任研究. 1999，（2）：46 - 54.

［143］ 細谷千博，安藤仁介，大沼保昭. 東京裁判を問う：国際シンポジウム［M］. 東京：講談社，1989.

［144］ 洞富雄編. 日中戦争南京人虐殺事件資料集，全2巻［M］. 東京：青木書店，1985.

［145］ 本多勝一. 南京への道［M］. 東京：朝日新聞社，1987.

［146］ 丸山眞男. 現代政治の思想と行動［M］. 東京：未来社，1964.

［147］ 水島朝穂. 未来創造としての戦後補償：過去の清算を越えて［M］. 東京：現代人文社，2003.

［148］ 森村誠一. 悪魔の飽食［M］. 東京：光文社，1981.

［149］ 山田朗. 昭和天皇の軍事思想と戦略［M］. 東京：校倉書房，2002.

［150］ 山極晃. 研究ノート一中華民国政府の日本人主要戦犯名簿について：天皇の戦犯指名問題を中心に［J］. 横浜市立大学論集，1990，41（1 - 3）：179 - 191.

［151］ 横田喜三郎. 世界の審判：自衛論を粉砕［M］//永井均，内海愛子. 新聞資料に見る東京裁判，BC級裁判，第1巻：東京裁判. 東京：現代資料出版，2000：346.

[152]　横田喜三郎. 戦争犯罪論・増訂版[M]. 東京：有斐閣, 1949.

[153]　横田喜三郎. 東京判決と自衛論[J]. 法律時報, 1949, 21(2)：5 - 12.

[154]　横浜井護士会 BC 級戦犯横浜裁判調査研究特別委員会. 法廷の星条旗：BC 級戦犯横浜裁判の記録[M]. 東京：日本評論社, 2004.

[155]　吉田裕. 敗戦前後における公交書の焼却と隠匿[M]//吉田裕. 現代歴史学と戦争責任. 東京：青木書店, 1997：127 - 141.

[156]　吉田裕. 極東国際軍事裁判と戦争責任問題[M]//吉田裕. 現代歴史学と戦争責任. 東京：青木書店, 1997：142 - 178.

[157]　吉田裕. 南京事件論争と国際法[M]//吉田裕, 笠原十九司. 現代歴史学と南京事件. 東京：柏書房, 2006：68 - 93.

[158]　吉田裕. 日本人の戦争観：戦後史のなかの変容[M]. 東京：岩波書店, 1995.

[159]　吉田裕. 昭和天皇の終戦史[M]. 東京：岩波書店, 1992.

[160]　吉見義明. 従軍慰安婦[M]. 東京：岩波書店, 1995.

[161]　吉見義明. 毒ガス戦と日本軍[M]. 東京：岩波書店, 2004.

[162]　吉見義明. 従軍慰安婦資料集[M]. 東京：大月書店, 1992.

[163]　吉見義明, 林傳史. 共同研究：日本軍慰安婦[M]. 東京：大月書店, 1995.

[164]　ラーベ, ジョン, 平野卿子. 南京の真実：The Diary of John Rabe [M]. 東京：講談社, 1997.

[165]　レーリンク, B. V. A. 東京裁判の現代史的意義[J]. 中央公論, 1983, 98(9)：190 - 193.

参考文献

一、中文资料

［1］ 张效林节译，向隆万、徐小冰等补校译. 远东国际军事法庭判决书［M］. 上海：上海交通大学出版社，2015.

［2］ 东京审判研究中心编. 远东国际军事法庭庭审记录索引、附录（中）·证据索引［M］. 北京：国家图书馆出版社，上海：上海交通大学出版社，2013.

［3］ 向隆万编. 向哲濬东京审判函电及法庭陈述［M］. 上海：上海交通大学出版社，2014.

［4］ 东京审判研究中心编. 东京审判再讨论［M］. 上海：上海交通大学出版社，2015.

［5］ 刘宇蕾. 东京审判再探讨［D］. 西北大学，2017.

［6］ 陈波. 美国人眼中的"东京审判"——基于"季南档案"的历史考察［J］. 江苏师范大学学报（哲学社会科学版），2017(02)：131－136.

［7］ 程兆奇，龚志伟，赵玉蕙编. 东京审判研究手册［M］. 上海：上海交通大学出版社，2013.

［8］ 张宪文主编. 南京大屠杀史料集［M］. 南京：江苏人民出版社，2005.

［9］ 严海建. 南京审判研究——以南京大屠杀案为论述中心［D］. 南京

师范大学,2007.

[10] 胡菊蓉.中外军事法庭审判日本战犯——关于南京大屠杀[M].天津:南开大学出版社,1988.

[11] 严海建.对战后南京大屠杀案审判的再认识[J].南京师大学报(社会科学版),2008(3):67-71.

[12] 严海建.谷寿夫战争责任的再检证[J].民国档案,2014(1):85-92.

[13] 严海建.法理与罪责:国民政府对战犯谷寿夫审判的再认识[J].江海学刊,2013(6):162-170,239.

[14] 严海建.国民政府对南京大屠杀案审判的社会影响论析[J].福建论坛(人文社会科学版),2011(4):108-113.

[15] 台籍战犯两人判徒刑,另两人无罪[N].中央日报,1947-04-03.

[16] 伪军总司令李炳仙军事法庭提起公诉[N].前线日报,1946-10-31.

[17] 伪首都警察厅长苏成德覆判死刑[N].中央日报,1947-04-03.

[18] 军事法庭起诉女战犯陈杏村[N].中央日报,1947-01-14.

[19] 行政院.敌人罪行调查办法[J].行政院公报,第七卷第8期:34-41.

[20] 国民政府三十五年十二月二十四日:战争罪犯审判条例[J].国防部公报,1946(4):16-19.

[21] 杨幼炯.晚近我国法制渊源与法典编纂事业[J].法令周报,1945(19):1-7.

[22] 向隆万编.向哲濬东京审判函电及法庭陈述[M].上海:上海交通大学出版社,2014.

[23] 田中利幸,蒂姆·麦科马克,格里·辛普森编.超越胜者之正义:东京战罪审判再检讨[M].梅小侃,译.上海:上海交通大学出版社,2014.

［24］ 刘萍.国民政府之日军罪证调查问题再考察［J］.东岳论丛,2015（12）：53-61.

［25］ 张连红.战时国民政府对日军罪行的调查——以"敌人罪行调查委员会"为中心［J］.江海学刊,2015(2)：166-172.

［26］ 中央档案馆,中国第二档案馆,吉林省社会科学院合编.日本帝国主义侵华档案资料选编·南京大屠杀［M］.北京：中华书局,1995.

［27］ 杨夏鸣,张生编 杨夏鸣等译.南京大屠杀史料集29 国际检察局文书·美国报刊报道［M］.南京：江苏人民出版社,2007.

［28］ 东京审判研究中心.远东国际军事法庭庭审记录索引、附录［M］.北京：国家图书馆出版社,上海：上海交通大学出版社,2013.

［29］ 远东国际军事法庭庭审记录出版委员会.远东国际军事法庭庭审记录［M］.北京：国家图书馆出版社,上海：上海交通大学出版社,2013.

二、英文资料

［1］ D. C. Watt. Historical Introduction［M］//Pritchard,R. John, Sonia Magbanua Zaide. The Tokyo War Crimes Trial：Index and Guide. New York & London：Garland Publishing Inc. ,1987：ix.

［2］ Pritchard,R. John, Sonia Magbanua Zaide. The Tokyo War Crimes Trial：Index and Guide［M］. New York & London：Garland Publishing Inc. ,1987.

［3］ James T. C. Liu. The Tokyo Trial：Source Materials［J］. Far Eastern Survey,1948,17(14)：168-170.

［4］ Pritchard,R. John, Sonia Magbanua Zaide. The Tokyo War Crimes Trial［M］. New York & London：Garland Publishing

Inc. , 1981.

[5] Edward Drea, Greg Bradsher, Robert Hanyok, James Lide, Michael Petersen, Daqing Yang. Researching Japanese War Crimes Records: Introductory Essays[M]. Nazi War Crimes and Japanese Imperial Government Records Interagency Working Group, Washington, DC: NARA 2006.

[6] Documents on New Zealand External Relations. Volume 2: The Surrender and Occupation of Japan. Edited by Robin Kay. Wellington: P. D. Hasselberg, Government Printer, 1982.

[7] Numerical Case Files Relating to Prticular Incidents and suspected War Criminals, International Prosecution Section, 1945 - 1947[B], RG331, Microfilm, NARA.

[8] Greg Bradsher. Japanese War Crimes and Related Topics: A Guide to Records at the National Archives, electronic guide on NARA website, https://www. archives. gov/iwg/japanese-war-crimes.

[9] Trotter, Ann. New Zealand and Japan 1945 - 1952: The Occupation and the Peace Treaty[M]. London: Bloomsbury Publishing Plc, 2012.

[10] J. W. Morley. Check List of Seized Japanese Records in the National Archives[J]. The Far Eastern Quarterly, 1950, 9(3): 306 - 333.

[11] Dull, Paul S. , Michael Takaaki Umemura. The Tokyo Trials: A Functional Index to the Proceedings of the International Military Tribunal for the Far East [M]. Ann Arbor: The University of Michigan Press, 1957.

[12] Boister, Neil, Robert Cryer, eds. Documents on the Tokyo War

Crimes Tribunal: Charter, Indictment and Judgments [M].
Oxford: Oxford University, 2008.

[13] Welch, Jeanie Maxine. The Tokyo Trial: A Bibliographic Guide
to English-language Sources [M]. New York: Bloomsbury
Publishing USA, 2001.

[14] B. V. A Röling and Antonio Cassese. The Tokyo Trial and
Beyond: Reflections of a Peacemonger [M]. London: Polity
Press, 1993.

[15] Taylor Telford. The Anatomy of the Nuremberg Trials: A
Personal Memoir[M]. Skyhorse Publishing, 2013.

[16] Establishment of the State-War-Navy Coordinating
Subcommittee for the Far East, The Apprehension and
Punishment of War Criminals (March 5 and August 9, 1945)
[B], T1205(microfilm)/Reel♯1/RG 353, NARA.

[17] Barak Kushner. Men to Devils, Devils to Men: Japanese War
Crimes and Chinese Justice[M]. Cambridge: Harvard University
Press, 2015.

[18] Georgina Fitzpatrick, Timothy L. H., McCormack, Narrelle
Morris. Australia's War Crimes Trials 1945 – 1951[M]. Leidon:
Brill Nijhoff, 2016.

[19] Yuma Totani. Justice in Asia and the Pacific Region, 1945 – 1952
[M]. Cambridge, UK: Cambridge University Press, 2014.

[20] The United Nations War Crimes Commission. History of the
United Nations War Crimes Commission and the Development of
the Laws of War[M]. London: His Majesty's Stationary Office,
1948.

[21] Tomie Watanabe. Interpretation at the Tokyo War Crimes

Tribunal：an overview and Tojo's cross-examination．［J］TTR：
Traduction，terminologie，rédaction，22：1. 57－91，2010.

［22］ Robert J. C. Butow. Tojo and the coming of the War［M］.
PrincetonNJ：Princeton University Press，1961.

［23］ Anon. Language Section，Background material for Interprters
(II)［M］//Entry 317 Records of the Chief Prosecutor Relating to
Preparation for and Conduct of Cases Tried by the International
Prosecution Section before the International Military Tribunal for
the Far East，1946－1948. National Diet Library.

［24］ Suzanne Corriell，Chris Kemp. The Tokyo Trial at Richmond：
Digitizing the Sutton Collection of Documents from the
International Military Tribunal for the Far East. Virginia State
Library，2012.

三、日文资料

［1］ 極東国際軍事裁判所(1968 年)『極東国際軍事裁判速記録』［M］、
雄松堂書店.

［2］ 島内龍起(1973)『東京裁判弁護雑録』［M］、東洋出版印刷株式
会社.

［3］ 『極東國際軍事裁判』,缩微胶卷［B］,日本国士馆大学附属图书馆。

［4］ 極東国際軍事裁判所(1968)『極東国際軍事裁判速記録』［M］、雄
松堂書店.

［5］ 吉田裕(1997)『現代歴史学と戦争責任』［M］、青木書店.

［6］ 粟屋憲太郎,吉田裕(1993)『国際検察局(IPS)尋問調書』［M］、日
本図書センター.

［7］ 粟屋憲太郎(2013)『東京裁判への道』［M］、講談社.

［8］ 原田熊雄述(1950～1952)『西園寺公と政局』8 巻・別巻 1［M］、岩波書店.

［9］ 『副領事山本晃外一名極東国際軍事裁判所の法廷通訳として極東国際軍事裁判所に応聘中同裁判所より俸給及び其の他の給与を受くるの件』［B］、请求番号本館‒2A‒029‒01 纂 03119100.

［10］ 『極東国際軍事裁判判決文配賦の件』［B］、请求番号‒2A‒029‒04 昭 57 総 00057100.

［11］ 朝日新聞調査研究室(1953)『極東国際軍事裁判記録　目録及び索引』［M］、朝日新聞調査研究室.

［12］ 豊田隈雄(1986)『戦争裁判余録』［M］、泰生社.

［13］ 粟屋憲太郎(2013)『東京裁判への道』［M］、講談社.

［14］ 庄司孝(2003)「宮内庁移管極東国際軍事裁判関係資料について」［J］、『北の丸』、卷数(36)：22‒40.

［15］ 日暮吉延(1993)「東京裁判の弁護側：日本人弁護団の成立とアメリカ人弁護人」［J］、『鹿児島大学社会科学雑誌』、16 該期刊一共 1—19 号没有卷数：29‒57.

［16］ 極東国際軍事裁判公判記録刊行会(1948—1949)『極東国際軍事裁判公判記録』［M］、富山房.

［17］ 極東国際軍事裁判所(1968)『極東国際軍事裁判速記録』［M］、雄松堂書店.

［18］ 朝日新聞調査研究室(1953)『極東国際軍事裁判記録　目録及び索引』［M］、朝日新聞調査研究室.

［19］ 田中正明(1952)『パール博士の日本無罪論』［M］、太平洋出版社.

［20］ 東京裁判研究会(1984)『パル判決書』［M］、講談社.

［21］ 東京裁判資料刊行会編(1995)『東京裁判却下未提出弁護側資料』［M］、国書刊行会.

［22］ 小堀桂一郎(1997)『東京裁判の呪ひ：呪縛から日本人を解き放

て』[M]、PHP 研究所.

[23] ジニー・ウェルチ、粟屋憲太郎、高取由紀訳(2005)『東京裁判英文文献ガイド』[M]、現代史料出版社.

[24] 松元直歳(2010)『東京裁判審理要目』[M]、雄松堂書店.

[25] 国士舘大学法学部比較法制研究所(監修)・松元直歳(監修、編集、翻訳)、山本昌弘(翻訳)(2013—2018)『極東国際軍事裁判審理要録：東京裁判英文公判記録要訳』第1—6巻[M]、原書房.

[26] 武田珂代子(2008)『東京裁判における通訳』[M]、みすず書房.

[27] 戸谷由麻(2008)『東京裁判：第二次大戦後の法と正義の追求』[M]、みすず書房.

[28] 林博史(2005)『BC 級戦犯裁判』[M]、岩波新書.

[29] 永井均(2013)『フィリピンBC 級裁判』[M]、講談社.

[30] 法務大臣官方司法法制調査部、(1968)『戦争犯罪裁判概史第十五冊(各國裁判、仏、比)』[M]、法務省.(?)

[31] 茶園義男編・解説(1992)『BC 級戦犯中国・仏国裁判資料』[M]、不二出版.

[32] ハーバート・P. ビックス　粟屋憲太郎　豊田雅幸(1993)『東京裁判と国際検察局——開廷から判決まで』[M]、現代史料出版社.

[33] 粟屋憲太郎、伊香俊哉、小田部雄次、宮崎章(1987)『木戸幸一尋問調書——東京裁判資料』[M]、大月書店.

[34] 粟屋憲太郎、吉田裕(1993)『国際検察局(IPS)尋問調書』[M]、日本図書センター.

[35] 粟屋憲太郎、安達宏昭、小林元裕(1994)『田中隆吉尋問調書』[M]、大月書店.

[36] 粟屋憲太郎、吉田裕(1994)『国際検察局押収重要文書』[M]、日本図書センター.

［37］ 粟屋憲太郎，永井均，豊田雅幸（1999）『東京裁判への道——国際
検察局・政策決定関係文書』［M］、現代史料出版.

［38］ 粟屋憲太郎，H・P・Picks，豊田雅幸（2000）『東京裁判と国際検
察局——開廷から判決まで』［M］、現代史料出版.

［39］ 東京裁判ハンドブック編集委員会（1989）『東京裁判ハンドブッ
ク』［M］、青木書店.

［40］ 極東国際軍事裁判所（1968）『極東国際軍事裁判速記録』［M］、雄
松堂書店.

［41］ 極東国際軍事裁判公判記録刊行会（1948）『極東国際軍事裁判公
判記録』Ⅰ［M］、富山房.

［42］ 朝日新聞調査研究室（1953）『極東国際軍事裁判記録　目録及び
索引』［M］、朝日新聞調査研究室.

四、未出版档案

［1］ 法务大臣官方司法法制调查部『戦争犯罪裁判関係法令』、日本国
立公文书馆藏.

［2］ 法务大臣官方司法法制调查部『中国戰犯裁判記録』、日本国立公
文书馆藏.

［3］ Records of the Allied Operational and Occupation Headquarters,
World WarⅡ (Record Group 331). The U. S. National Archives
& Record Administration. College Park, MD.

［4］ "Special Collections: David Nelson Sutton", University of
Richmond, School of Law, Muse Law Library.

［5］ "Papers, 1919 - 1965, of David Nelson Sutton", Virginia
Historical Society, MSS1 Su863a

［6］ "Papers of David Sissons", National Library of Australia, MS

3092.

[7] 国民政府外交部档案:《审判日本战犯组织远东国际军事法庭案》(一),典藏号:020 - 010117 - 0029 - 0018,台北"国史馆".

五、在线资源

[1] https://www.legal-tools.org

[2] http://tokyotrial.cn/

[3] http://archives.law.virginia.edu/records/mss/04-3

后 记

本书是国家社科基金青年项目"东京审判史料研究"（14CZS006）的成果。作者以中国历史地理的专业背景新耕战后审判研究的领域，不胜惶恐。幸而在项目研究期间，得到程兆奇教授，向隆万教授、刘统教授、张连红教授、王健研究员、程维荣研究员等多位师长的指点和帮助，得以勉力完成课题研究。在此作者要对可敬可爱的师友们致以深深的谢意和敬意。

2019 年，书稿蒙学院推荐进入上海交通大学人文社会科学成果文库资助计划。不意因选题敏感要求送审，此后杳无音信，径直耽搁到今年方才得以出版，令人感慨。如今回头看书中不少内容已颇不满意，可能也说明自己这几年好赖有些微进步吧。近年来国内外对东京审判相关史料的披露和整理持续进展，也有越来越多的研究同道加入队伍。不如便用此书的出版勉励自己继续前行。

最后要感谢上海交大出版社编辑崔霞和蔡丹丹。两位严谨而细致工作让本书呈现出更好的面貌。

赵玉蕙

2023 年 12 月 26 日